# 교감국역 송남잡지 09

*An Encyclopedia of Songnam*

**지은이 조재삼**(趙在三)은 1808년에 태어나서 1866년까지 생존하였다. 본관은 임천(林川)이고 호는 송남(松南)이며 자는 중기(仲璣)이다. 졸수재(拙修齋) 조성기(趙聖期)의 5대손이다. 저서로 『송남잡지』 외에도 유고 2권이 있다고 한다.

**옮긴이 강민구**(姜玟求)는 성균관대학교를 졸업(문학박사)하고 민족문화추진회 국역연수원을 졸업하였으며 연청(硏靑) 오호영(吳虎泳) 선생을 사사하였다. 현재 경북대학교 교수이다. 논문으로 「영조대 문학론과 비평에 대한 연구」, 역서로 『국역 낙재선생문집』 외 다수가 있다.

교감국역校勘國譯 송남잡지松南雜識 09

1판 1쇄 인쇄 2008년 10월 5일
1판 1쇄 발행 2008년 10월 10일

지은이 / 조재삼
옮긴이 / 강민구
펴낸이 / 박성모
펴낸곳 / 소명출판
등록 / 제13-522호
주소 / 137-878 서울시 서초구 서초동 1621-18 (란빌딩 1층)
대표전화 / (02) 585-7840
팩시밀리 / (02) 585-7848
somyong@korea.com / www.somyong.co.kr



값 26,000원

ISBN 978-89-5626-328-1 94810
ISBN 978-89-5626-319-9 (전13권)

# 교감국역 송남잡지 09

松南雜識

조재삼 지음 | 강민구 옮김

## 일러두기

### 1. 저본(底本)

이 책은 1987년 동서문화원에서 영인 출판한 『송남잡지』를 저본으로 삼아 역주하되, 1986년 아세아문화사에서 영인 출판한 『송남잡지』와 규장각 소장본 『송남잡지』를 참고하였다.

### 2. 교감(校勘)

『송남잡지』의 모든 내용을 교감하였다.
인용 원문과 『송남잡지』의 내용을 대조하여 상호 출입을 모두 표시하였다. 인용 원문과 『송남잡지』 사이에 또 다른 전적이 개재되었을 경우, 즉 재인용의 경우에는 그들 간의 변형 과정과 양태를 제시하였다.
『송남잡지』에 인용되지 않은 부분이라도 원문의 이해를 위해 필요할 경우 전후를 제시하였다.
인용 원문을 왼쪽에 두고 『송남잡지』를 오른쪽에 두었으며, 화살표(→)로 변형된 것임을 표시하였다.

### 3. 역문(譯文)

역문은 쉬운 우리말로 옮기는 것을 원칙으로 하였다. 교감을 거친 번역이므로 원문과 차이가 있는 것이 많다. 그러한 경우 반드시 각주의 형식으로 교감기를 제시하였다.
시(詩)는 역문을 왼쪽에 두고 원문을 오른쪽에 배치하였다.

### 4. 주석(註釋)

주석은 내용이 간단하고 짧은 경우에는 간주(間註)로 처리하고, 내용이 긴 경우에는 각주로 처리하였다.
각주는 해당 항목을 제시하고 주석하였으며, 긴 항목은 앞뒤의 어구만 제시하고 중간에 …… 부호를 넣어 중략하였음을 표시하였다.

### 5. 맞춤법

맞춤법과 띄어쓰기는 한글맞춤법과 표준어규정을 따르는 것을 원칙으로 하였다. 단 필요한 경우 두음법칙 등을 적용하지 아니하고 원음을 그대로 제시하였다.

### 6. 부호

이 책에 사용한 부호는 다음과 같다.
( ) : 번역문과 음이 같은 한자를 묶는다.
[ ] : 번역문과 뜻은 같으나 음이 다른 한자를 묶는다.
“ ” : 대화 등의 인용문을 묶는다.
‘ ’ : “ ” 안의 재인용, 또는 강조 부분을 묶는다.
「 」 : 편명을 묶는다.
『 』 : 책명을 묶는다.
〈 〉 : 인용된 주석을 묶는다.

# 해제

『송남잡지(松南雜識)』는 조재삼(趙在三 : 1808~1866)이 1855년(哲宗 6년)에 저술한 백과전서적 성격의 유서(類書)이다. 조재삼은 재야의 사인(士人)으로 호가 송남(松南)이고 자는 중기(仲璣)이며 졸수재(拙修齋) 조성기(趙聖期)의 5대손이다.

현재 『송남잡지』는 세 가지 종류가 전해진다. 하나는 임기중(林基中) 교수가 편의상 '임씨본(林氏本)'으로 칭하는 것이고 하나는 규장각 소장본이고 나머지 하나는 청주에서 프린트본으로 발간된 것이다.

임씨본은 총 7책으로 비·파·귤·율·도·매·리(枇·杷·橘·栗·桃·梅·李)로 차례가 정해져 있다. 임기중 교수는 이 책만이 『임천조씨가보(林川趙氏家譜)』에서 "송남잡지 7권을 저술하여 세상에 행(行)하고 있다[著雜識七卷印行于世]"라고 한 기록에 부합되는 유일한 현존본이며 기타 두 종과 대조한 결과 임씨본이 초고본이라는 견해를 제시하였다. 즉 규장각본과 유인본(油印本)은 각각 임씨본을 필사하고 유인(油印)했다는 것이다. 그리고 그 근거로 후자의 두 책과 전자의 편차를 비교해 보면 권차(卷次)가 흐트러져 있는데, 제책(製冊) 후에도 보충이 계속되었다는 점을 제시하였다.

규장각본(奎章閣本)은 총 14권으로 되어 있는데, 비(枇)를 1·2로, 파(杷)를 11·12로, 귤(橘)을 3·4로, 률(栗)을 10·13으로, 도(桃)를 7·8로, 리(李)를 5·6으로 편차하였으니 이는 나무의 이름으로 편차를 정하는 방법이 일반적이지 않기 때문에 생긴 오류로 보인다.

청주의 유인본은 임형택(林熒澤) 교수가 조재삼의 방손(傍孫)인 조남식(趙南植) 옹으로부터 입수하여 아세아 문화사에서 1986년에 영인하였다. 이것은 해방 후 청주 지방에서 이광(李光 : 1887~1966)씨의 주선에 의해 상·중·하 세 책으로 약간부가 유인(油印)되었다고 한다.

유인본은 필경(筆耕)하여 유인(油印)한 것으로 임씨본과 큰 차이는 없다. 단 필경(筆耕)하는 과정에서 자구(字句)의 첨삭을 가하는 교정이 이루어졌을 가능성이 있다. 그러나 규장각본은 임씨본과 제책상(製冊上) 편차에서 차이를 보일 뿐만 아니라 항목의 구성에도 다소간의 차이를 보이고 있다. 규장각본은 임씨본에 있는 항목이 다수 누락되어 있다. 그런데 제책 후 누락된 내용은 원본을 보고 항목간의 빈 공간에 채워 넣은 것으로 보인다. 이는 마치 간주(間注)의 형식처럼 보이는데 사실은 누락된 항목의 보충에 불과하다. 그것의 글씨는 알아보기 어려울 정도로 조악한 것도 있다.

임씨본 역시 결락(缺落)된 글자가 어떤 이에 의하여 가필(加筆)된 흔적이 있다. 그런데 그것은 문맹자의 소위(所爲)로 보이는 바, 전혀 문리가 닿지 않는 글자뿐만 아니라 존재하지도 않는 글자를 그려 넣었기 때문이다.

『송남잡지』는 1,743장으로 이루어진 거질로 '백과전서적 유서'라고 할 만한데, 그 구성을 살펴보면 다음과 같다.

천문류(天文類) 70항목, 세시류(歲時類) 153항목, 지리류(地理類) 189항목, 국호류(國號類) 35항목, 역년류(歷年類), 외국류(外國類) 117항목, 인사류(人事類) 40항목, 가취류(嫁娶類) 75항목, 상제류(喪祭類) 139항목, 성명류(姓名類) 71항목, 과거류(科擧類) 41항목, 문방류(文房類) 85항목, 무비류(武備類) 114항목, 농정류(農政類) 64항목, 어렵류(漁獵類) 16항목, 실옥류(室屋類) 121항목, 의식류(衣食類) 244항목, 재보류(財寶類) 77항목, 집물류(什物類) 90항목, 음악류(音樂類) 94항목, 기술류(技術類) 151항목, 구기류(拘忌類) 80항목, 선불류(仙佛類) 117항목, 상이류(祥異類) 118항목, 계고류(稽古類) 407항목, 이기설(理氣說) 33항목, 인물류(人物類), 조시류(朝市類) 119항목, 방언류(方言類) 816항목, 화약류(花藥類) 180항목, 초목류(草木類) 179항목, 충수류(蟲獸類) 207항목, 어조류(魚鳥類) 187항목으로 상위 범주가 33류이고 하위 항목이 4432항이다.

위와 같이 『송남잡지』는 한문학 · 국문학 · 국어학 · 역사학 · 철학 · 민속학 · 종교학 · 천문학 · 지리학 · 농학 · 병학 · 건축학 · 동물학 · 식물학 · 한의학 · 복식사 · 음악사 · 과학사 · 외교사 · 제도사 등 다양한 분야의 지식을 담고 있다.

『송남잡지』의 '잡지(雜識)'라는 서명은 『성호사설(星湖僿說)』의 '사설(僿說)'이나 『반계수록(磻溪隨錄)』의 '수록(隨錄)'과 같은 의미이다. 이 책은 형식적 측면에서 유서의 전통적 양식을 충실히 계승하고 있을 뿐만 아니라 작가의 선명한 의식을 드러내고 있다.

조재삼은 『송남잡지』 자서에서 저작 동기와 저술 의식을 명확히 제시하고 있으니, 그는 추상물인 '태평(太平)'의 기록과 구체적 형상을 지니고 있는 '만물(萬物)'의 문자화를 자신의 책무로 자임하였다. 그 두 가지 중에서 조재삼의 주된 서술 의식은 전자에 맞춰져 있다. 즉 조재삼은 자서에서 "『송남잡지』는 태평(太平)의 기록으로 시작하여 태평(太平)의 기록으로 끝을 맺은 책"이라고 언명하고 있다. 과연 조재삼의 말대로 『송남잡지』의 첫 항목명은 '동방왈태평(東方曰太平)'이고 마지막 항목명은 '태평봉(太平鳳)'인데다가 '태평(太平)' 두 글자로 끝을 맺고 있다. 그런데 흥미로운 점은 조재삼의 강한 민족적 의식의 자각이다. 즉 '태평'은 우리나라의 태평에 다름 아니고 만물은 우리나라에 존재하는 만물에 다름 아니다. 조재삼은 우리나라를 '태평지역(太平之域)'이라고 명명하고 있으며, 우리나라가 천하에 존재하는 만물 가운데 절반을 보유하고 있다고 말하였다. 그러므로 『송남잡지』는 외우내환으로 나라가 병들어 가던 시기에 민족적 자존과 문화적 긍지를 고양하기 위한 의식의 소산이라고 할 수 있다. 그와 같이 선명한 의식이 백과전서적 형식 속에서 증명 분석되고 있다는 점이 기존의 유서와 다른 점이라고 할 수 있다.

그렇다면 『송남잡지』의 출현 동인은 무엇인가?

임형택(林熒澤) 교수는 『송남잡지』의 출현 동인으로, "새로운 지식에 대하여 경시하는 등 고루(固陋)와 고식(姑息)에 빠진 당대의 학풍을 반성하고 진작하려는 움직임"으로 파악하였다.

지금도 백과사전은 그것을 발행한 사회나 국가의 문화적·학술적 수준을 평가하는 하나의 척도가 될 수 있다. 『송남잡지』를 비록 '백과전서'라고 표현하고 있기는 하지만, 현대적 용어로 달리 대체할 만한 것이 없기 때문에 편의상 사용할 뿐이다. 현대적 의미의 백과사전은 중세의 유서들이 취하고 있는 분류 체계와는 전혀 다르기 때문이다. 즉 백과사전이 글자의 배열 순서에 입각해서 편찬된다면 유서는 작가의 가치관에 의해 차서(次序)가 정해진다. 그러므로 유서로서 『송남잡지』는 현재의 백과사전과 같이 다양한 정보를 제공하는 기능을 지니고 있는 동시에 당대인들의 가치관을 명확하게 볼 수 있는 유용한 자료라고 할 수 있다.

무엇보다 간과할 수 없는 점은 『송남잡지』가 문예미학적 특성을 갖추고 있다는 점이다. 이는 중국의 『운부군옥(韻府群玉)』·『사문류취(事文類聚)』 등이 문학 창작의 중요한 공구서(工具書)로 활용된 전통을 계승한 것이다. 그리고 또 하나의 중요한 사실은 『송남잡지』가 우리나라에서 발행된 『대동운부군옥(大東韻府群玉)』과 같은 운서류와 『지봉유설(芝峯類說)』·『성호사설(星湖僿說)』·『반계수록(磻溪隨錄)』과 같은 유서류의 전통을 충실히 계승하고 있다는 점이다. 조재삼은 중세의 막바지에서 유서라는 형식을 통하여 이전의 문화적 축적을 체계적으로 정리하려고 한 것이다.

### 참고문헌

임형택, 「송남잡지 해제」, 『松南雜識』, 아세아문화사, 1986.
임기중, 「송남잡지 해제」, 『松南雜識』, 동서문화원, 1987.

## 29. 방언류 方言類

# 松南雜識 전체 차례

# 28. 조시류(朝市類)

## 동서
東西

후한(後漢)에 남부(南部)와 북부(北部)가 있으니 이것이 당(黨)의 시초이다. 송나라 역사에 다음과 같은 기록이 있다.

원우(元祐)[1] 말기에 명당(明堂)[2]에서 사면령이 내리고 신료들이 축하가 끝나자 사마광(司馬光)에게 가서 조문하고자 했는데, 이천(伊川) 정이(程頤)가 말하였다.

"공자께서 '곡을 했으면 노래 부르지 않는다'라고 하셨습니다. 어

1) 원우(元祐) : 송나라 철종(哲宗)의 연호로 1086~1093년에 걸쳐 사용되었다. 이 시기에는 사마광(司馬光)을 중심으로 한 구법당(舊法黨)과 왕안석(王安石)을 중심으로 한 신법당(新法黨)이 대립하는 등 정쟁이 치열하였다.
2) 명당(明堂) : 고대 제왕이 정치를 하고 조회를 받던 곳.

찌하여 축하가 겨우 끝나자마자 도리어 조문하러 갈 수 있겠습니까?"

그러자 좌객(坐客)들이 비난하며 말하였다.

"노래했으면 곡하지 않는다는 말은 들은 적이 없습니다."

소식(蘇軾)이 마침내 이 말로 이천 정이를 놀렸다.[3]

그래서 마침내 낙당(洛黨)·촉당(蜀黨)·삭당(朔黨)이라는 이름이 생기게 되었다. 낙당(洛黨)은 정이가 당수가 되고 주광정(朱光庭)[4] 등이 보좌하였다. 촉당(蜀黨)은 소식이 당수가 되고 여도(呂陶)[5] 등이 보좌하였다. 삭당(朔黨)은 유지(劉摯)[6]가 당수가 되었고 보좌하는 이들이 더욱 많았다. 오로지 여대방(呂大防)[7]은 진인(秦人)으로 당이 없었고 범조우(范祖禹)[8]는 사마광을 스승 삼았으면서 당이 없었다.

논하는 자들이 촉당은 '침략하는 병사'라고 하고 낙당은 '응전(應戰)하는 병사'라고 하고 삭당은 '스스로 지키는 병사'라고 여겼다.

유안세(劉安世)[9]가 "오직 사대부가 이러한 명절(名節)을 세우기를 바라

---

3) 明堂降赦, 臣僚**稱**賀訖, **兩省官**欲往奠**司馬光**. **程頤言**曰, 子**於是日**哭則不歌, 豈可賀**赦纔**了, 却**往**弔喪? **坐**客有**難之**曰, **孔子言**, **哭則不歌**, **卽不言**歌則不哭. **蘇軾**遂戲**程頤云**, **此乃枉死市**, **叔孫通所制禮也**. **衆皆大笑**. **結怨之端**, **蓋自此始**.(『宋史全文, 卷十三上, 宋哲宗一』) → **元祐末**, 明堂降赦, 臣僚賀訖, 欲往奠**溫公**. **伊川**曰, 子哭則不歌, 豈可賀**才訖**, 却吊喪. 客有曰, **未聞**歌則不哭. **東坡**遂**以語**戲**伊川**.(『松南雜識』)

4) 주광정(朱光庭) : 송나라 사람. 언사(偃師) 출신. 자는 공섬(公掞). 인종(仁宗) 가우(嘉佑) 연간에 진사에 합격하고 수무현(修武縣), 원곡현(垣曲縣) 등의 현령을 역임했다.

5) 여도(呂陶) : 송나라 성도(成都) 출신. 자는 원균(元鈞), 호는 정덕(淨德). 진사에 합격했지만 왕안석의 신법을 반대하여 주로 폄직을 당하였다. 그러다가 철종 때 다시 기용되어 전중시어사(殿中侍御史) 등을 역임하였다.

6) 유지(劉摯) : 송나라 사람. 동광(東光) 출신. 자는 신로(莘老). 시호는 충숙(忠肅). 왕안석의 신법을 격렬하게 비판하여 여러 차례 귀양을 갔다. 『서경』·삼례(三禮)·『춘추(春秋)』 등에 조예가 깊었다.

7) 여대방(呂大防) : 송나라 사람. 자는 정민(正愍). 신종(神宗) 때의 당인(黨人)들을 등용하여 옛날의 원한을 풀게 하려라고 하였다.

8) 범조우(范祖禹) : 송나라 사람. 자는 순보(淳甫)·몽득(夢得). 저서에 『당감(唐鑑)』·『태사집(太史集)』 등이 있음. 세상에서 당감공(唐鑑公)이라 칭함.

며 사대부가 이러한 문호(門戶)를 세우는 것은 바라지 않습니다"[10]라고 한 말이 이것이다.

『택리지(擇里志)』에서 말하였다.

심의겸(沈義謙)[11]이 김효원(金孝元)[12]이 이조전랑(吏曹銓郞) 되는 것을 저지하니, 이를 계기로 선조 계미(1583)・갑신(1584) 연간에 '동인(東人)'과 '서인(西人)'이라는 이름으로 비로소 나누어졌다. 동인은 김효원(金孝元)・유성룡(柳成龍)・김우옹(金宇顒)[13]・이산해(李山海)[14]・정지연(鄭芝衍)[15]・정유길(鄭惟吉)[16]・허봉(許篈)[17]・이발(李潑)[18] 등을 추대

---

9) 유안세(劉安世) : 송나라 사람. 원성(元城) 출신. 사마광(司馬光)의 문하에서 수업하였으며 간의대부로 직간을 잘해 '궁궐의 호랑이[殿上虎]'라는 별명을 얻었다.

10) **先正嘗謂**, 願士大夫**立**此名節, 不願士大夫**立**此門戶.(『明儒學案, 卷四十六, 儒學案上四』) → **劉元城所謂**, **惟**願士大夫**有**此名節, 不願士大夫**有**此門戶.(『松南雜識』)

11) 심의겸(沈義謙) : 조선 선조 때의 문신(1535～1587). 자는 방숙(方叔), 호는 손암(巽庵)・간암(艮庵)・황재(黃齋). 이황의 문인으로 대사헌을 지냈다.

12) 김효원(金孝元) : 조선 선조 때의 문신(1532～1590). 자는 인백(仁伯), 호는 성암(省庵). 명종 20년(1565)에 문과에 장원하고 정언, 지평을 거쳐 이조 참의에 이르렀다. 저서에 『성암집』이 있다.

13) 김우옹(金宇顒) : 조선 중기의 문신・학자(1540～1603). 자는 숙부(肅夫), 호는 동강(東岡)・직봉포의(直峯布衣). 조식(曺植)의 문인으로 대사성을 거쳐 대사헌, 이조 참판을 지냈다. 선조 22년(1589) 기축옥사 때에 유배되었다가 임진왜란 때에 석방되었다. 배소(配所)에서 『속강목(續綱目)』 15권을 편찬하였다. 저서에 『동강집』, 편저에 『경연강의(經筵講義)』 등이 있다.

14) 이산해(李山海) : 조선 선조 때의 문신(1539～1609). 자는 여수(汝受). 호는 아계(鵝溪)・종남수옹(終南睡翁). 1561년 식년 문과에 급제하여 영의정에 올랐으며, 문장과 서화에 능했는데, 특히 대자(大字)와 산수묵도(山水墨圖)에 뛰어났다. 문집에 『아계집』이 있다.

15) 정지연(鄭芝衍) : 조선 선조 대의 문신(1527～1583). 자는 연지(衍之). 호는 남봉(南峯). 본관은 동래(東萊). 1569년 별시문과에 급제하였으며 우의정을 지냄.

16) 정유길(鄭惟吉) : 조선 선조 때의 문신(1515～1588). 자는 길원(吉元). 호는 임당(林塘)・상덕재(尙德齋). 벼슬은 경상도 관찰사 등을 거쳐 좌의정에 이르렀다. 시문(詩文)에 능하였으며, 송설체(松雪體)를 잘 썼다. 저서에 『임당유고』가 있다.

17) 허봉(許篈) : 조선 중기의 문신(1551～1588). 본관 양천(陽川). 자 미숙(美叔). 호 하곡(荷谷). 유희춘(柳希春)의 문인. 이조좌랑(吏曹佐郞)으로 김효원(金孝元) 등과 동인의 선봉이 되어 심의겸(沈義謙) 등 서인들과 대립하였다. 문집에 『하곡집』・『하곡수어(荷谷粹語)』 등이 있고, 편저에 『의례산주(儀禮刪註)』・『북변기사(北邊記事)』・『독역관

하였다. '동인'이라 이름 한 것은 김효원의 집이 서울 동쪽에 있었기 때문이다.

서인은 심의겸(沈義謙)·박순(朴淳)[19]·정철(鄭澈)[20]·윤두수(尹斗壽)[21]·윤근수(尹根壽)[22]·구사맹(具思孟)[23] 등을 추대하였다. '서인'이라 이름 한 것은 심의겸의 집이 서울 서쪽에 있었기 때문이다. 이것이 바로 우리나라 붕당(朋黨)의 시작이다.[24]

---

견(讀易管見)』·『이산잡술(伊山雜述)』·『해동야언(海東野言)』 등이 있다.

18) 이발(李潑): 조선 중기의 문신(1544~1589). 본관은 광산(光山), 자는 경함(景涵), 호는 동암(東巖)·북산(北山). 전남 남평에서 출생하였다. 동인의 지도자로 활동하면서 특히 서인을 이끌던 정철(鄭澈)과 크게 대립하였다. 1589년, 가까이 지내던 정여립(鄭汝立)이 모반하였다는 옥사가 일어나자 종성으로 유배되었다가 다시 압송되어 심문을 받던 중에 고문으로 죽었다.

19) 박순(朴淳): 조선 선조 때의 문신(1523~1589). 자는 화숙(和叔). 호는 사암(思菴). 명종 8년(1553)에 문과에 장원, 벼슬이 우의정, 영의정에 이르렀다. 율곡과 퇴계를 변론하여 서인으로 지목받고 탄핵당하여 영평(永平) 백운산에 은거하였다. 한당체(漢唐體)의 시를 잘 지었으며, 저서에 『사암집』이 있다.

20) 정철(鄭澈): 조선 명종·선조 때의 문신·시인(1536~1593). 자는 계함(季涵). 호는 송강(松江). 가사 문학의 대가로 국문학사상 중요한 「관동별곡(關東別曲)」·「사미인곡(思美人曲)」 등의 가사 작품과 시조 작품을 남겼다. 저서에 『송강집』·『송강가사(松江歌辭)』가 있다.

21) 윤두수(尹斗壽): 조선 중기의 문신(1533~1601). 자는 자앙(子茫). 호는 오음(梧陰). 시호는 문정(文靖). 이황의 문인으로, 1558년 식년 문과에 을과로 급제해 승문원에 들어간 다음, 검열(檢閱)·정자(正字)·저작(著作)을 역임했다. 저서로는 『오음유고』·『기자지(箕子誌)』 등이 있다.

22) 윤근수(尹根壽): 조선 선조 때의 문학자·공신(1537~1616). 자는 자고(子固). 호는 월정(月汀). 명나라와의 외교를 담당하여 국난 극복에 힘썼으며, 이황의 제자로 성리학을 깊이 연구하였다. 특히 그는 영화(永和)의 체라는 독특한 서체를 사용하였다. 저서에 『사서토석(四書吐釋)』 등이 있다.

23) 구사맹(具思孟): 조선 중기의 문신(1531~1604). 자는 경시(景時). 호는 팔곡(八谷). 명종 13년(1558)에 문과에 급제하였고, 좌찬성을 지냈다. 저서에 『팔곡집(八谷集)』이 있다.

24) 宣廟朝金孝元有盛名當薦, 吏曹參議沈義謙, 卽戚里也. 枳孝元不許. …… 癸未甲申間, 東西名號, 始分. 以孝元家在東故, 謂之東人, 義謙家在西故, 謂之西人, 東人推金孝元·柳成龍·金宇顒·李山海·鄭芝衍·鄭惟吉·許篈·李潑等西人推沈義謙·朴淳·鄭澈·尹斗壽·尹根壽·具思孟等, 此乃我國朋黨之始.(『擇里志, 卜居總論, 人心』)→沈義謙枳金孝元銓郎, 宣廟癸未甲申間, 東西名號始分. 東人推金孝元·柳成龍·金宇顒·李山海·鄭芝衍·鄭惟吉·許篈·李潑等, 以孝元家在東也.

나의 선조이신 졸수재(拙修齋) 조성기(趙聖期[25])가 창계(滄溪) 임영(林泳[26])에게 답장한 편지에 "사류(士類)로서 훈척(勳戚)을 공격하거나 훈척으로서 사류를 공격하는 것이 나라에 도움이 되지 않고 사사로운 의도로 같이 귀착되기는 매일반입니다"라고 하였다.

선조가 의주(義州)에 이르러 정원(政院)에 내린 시에서

| | |
|---|---|
| 나라일로 허둥지둥하는 오늘날 | 國事蒼黃日 |
| 누가 능히 이·곽[27]처럼 충성할까 | 誰能李郭忠 |
| 서울 떠남은 대계(大計)를 위함인데 | 去邠存大計 |
| 훗날의 회복은 제공에게 의지하리라 | 恢復仗諸公 |
| 관산의 달빛에 울음이 절로 나고 | 痛哭關山月 |
| 압록강의 바람에 마음이 아프구나 | 傷心鴨水風 |
| 조정의 신하들이여, 오늘 이후에도 | 朝臣今日後 |
| 또다시 서인이니 동인이니 할 텐가 | 寧復更西東[28] |

라고 하였다.

아! 당나라 문종(文宗)이 "하북(河北)의 적을 없애기는 쉬워도 조정의 붕당(朋黨)을 없애기는 어렵다"[29]라고 한 말이 이것이다.

---

西人推沈義謙·朴淳·鄭澈·尹斗壽·尹根壽·具思孟等, 以義謙家在西也. 此乃我國朋黨之始.(『松南雜識』)

25) 조성기(趙聖期) : 조선 숙종 때의 학자(1638~1689). 자는 성경(成卿). 호는 졸수재(拙修齋). 평생을 독서와 학문에만 전심하였다. 시문에 능통하고 성리학을 집대성하였으며, 경제학에도 밝았다. 한문 소설 『창선감의록(彰善感義錄)』을 지었으며, 저서에 『졸수재집』이 있다

26) 임영(林泳) : 조선 중기의 문신·학자(1649~1696). 자는 덕함(德涵). 호는 창계(滄溪). 사마시에 합격한 후 여러 벼슬을 거쳐 대사헌을 지냈다. 저서에 『의승기(義勝記)』·『창계집』이 있다.

27) 이·곽 : 당나라의 중흥에 힘쓴 이광필(李光弼)과 곽자의(郭子儀)를 가리킨다.

28) 寧復**更**西東.(『亂中雜錄二, 趙慶男撰, 壬辰下 萬曆二十年 我宣廟 壬辰二十五年』) → 寧復**各**西東.(『松南雜識』)

29) 文宗**以二李朋黨繩之不能去, 嘗謂侍臣曰**, 去河北賊**非難**, 去此朋黨**實**難.(『舊唐書, 卷一百七十六, 列傳, 第一百二十六, 李宗閔』) → 文宗**所謂**去河北賊**易**, 去朝廷朋黨

## 남북
### 南北

동인(東人) 중에서 또 남인(南人)과 북인(北人)으로 나뉘었다. 그래서 유성룡을 높이는 자인 이원익(李元翼)[30] · 이덕형(李德馨) · 이수광(李睟光)[31] · 윤승훈(尹承勳)[32] · 이광정(李光庭)[33] · 한준겸(韓浚謙)[34]은 모두 '남인(南人)'이라 하니, 유성룡이 영남사람이기 때문이었다.

이산해(李山海)를 높이는 자인 유영경(柳永慶)[35] · 기자헌(奇自獻)[36] · 박

---

難.(『松南雜識』)

30) 이원익(李元翼) : 조선의 문신(1547~1634) 자는 공려(公勵). 본관은 전주(全州). 시호는 문충(文忠). 저서로 『오리집(梧里集)』·『속오리집(續梧里集)』·『오리일기(梧里日記)』가 있다. 이덕형(李德馨) : 조선 중기의 문신(1561~1613). 자는 명보(明甫). 호는 한음(漢陰) · 쌍송(雙松). 선조 25년(1592)에 예조 참판에 올라 대제학을 겸임하였다. 임진왜란 때 왕을 정주까지 호종하였고, 청원사(請援使)로 명나라에 파견되어, 원병을 요청하여 성공을 거두었다. 광해군 즉위 후에 영의정에 올랐다. 저서에 『한음문고(漢陰文稿)』가 있다.

31) 이수광(李睟光) : 조선 중기의 문신 · 학자(1563~1628). 자는 윤경(潤卿). 호는 지봉(芝峯). 이조 판서를 지냈으며, 사신으로 여러 차례 명나라에 다녀오면서 천주교 지식과 서양 문물을 소개하여 실학 발전의 선구자가 되었다. 저서에 『지봉유설』·『채신잡록(采薪雜錄)』 등이 있다.

32) 윤승훈(尹承勳) : 조선 중기의 문신(1549~1611). 본관은 해평(海平). 자는 자술(子述), 호는 청봉(晴峰). 1581년 사간원정언으로 있을 때, 대사헌 이이(李珥), 장령 정인홍(鄭仁弘) 등과 함께 심의겸(沈義謙)을 탄핵하였는데, 그때 정철(鄭澈)의 탄핵문제까지 아울러 거론되자 이에 대하여서는 이이가 반대하는 태도를 취함으로써, 그를 논죄하다가 왕의 노여움을 사 신창현감으로 좌천되었다. 영의정으로 있을 때 선조의 존호제정문제로 좌의정 유영경(柳永慶)의 모함을 입고 파직당하였으나 곧 신원되었다. 시호는 문숙(文肅)이다.

33) 이광정(李光庭) : 조선 중기의 문신(1552~1627). 본관은 연안(延安). 자는 덕휘(德輝). 호는 해고(海皐). 예조 · 이조 판서 등 요직을 역임하였다. 정묘호란 때 왕을 강화도까지 호종하였다가 병사했다. 인품이 근검하고 신중하여 주요 직책을 두루 맡았다.

34) 한준겸(韓浚謙) : 조선 중기의 문신(1557~1627). 자는 익지(益之). 호는 유천(柳川). 시호는 문익(文翼). 임진왜란 때 명나라 도독 마귀(麻貴)를 도와 병량보급에 힘썼다. 인조반정으로 딸이 인열왕후(仁烈王后)로 책봉되자 서원부원군(西原府院君)에 봉해졌으며, 이괄(李适)의 난 때 왕을 호종하고 정묘호란 때 세자를 전주에 배종했다. 문집에 『유천유고(柳川遺稿)』가 있다.

35) 유영경(柳永慶) : 조선 선조 때의 문신(1550~1608). 자는 선여(善餘). 호는 춘호(春湖). 과거에 급제하여 여러 벼슬을 지냈고, 북인이 대 · 소로 분당될 때 소북의 영수가

승종(朴承宗)[37]・유몽인(柳夢寅)[38]・박홍구(朴弘耉)[39]・홍여순(洪汝諄)[40]・이이첨(李爾瞻)[41]은 모두 '북인(北人)'이라 하니 이산해의 집이 서울에 있기 때문이었다.

오성(鰲城) 이항복(李恒福)이 일찍이 정원(政院)에 도착하여 장난삼아서 "오늘 아침오던 길에 중과 내시가 싸우는 것을 보았는데 내시가 중의 상투를 잡고 중은 내시의 불알을 잡았더이다"라고 한 말이 이것이다.

---

되었으며, 선조 말 광해군 대신 영창 대군을 옹립하려다가 대북 일파의 탄핵으로 사약을 받았다.

36) 기자헌(奇自獻) : 조선 시대의 문신(1562~1624). 자는 사정(士靖). 호는 만전(晩全). 부제학・대사헌・영의정을 지냈고, 광해군을 즉위시키는 데 공헌하였으나, 영창 대군의 살해를 반대하다가 제주로 귀양을 갔다. 이괄(李适)의 난 때 무고한 혐의를 받아 사사(賜死)되었다.

37) 박승종(朴承宗) : 조선 중기의 문신(1562~1623). 본관은 밀양(密陽). 자는 효백(孝伯), 호는 퇴우당(退憂堂). 영의정까지 올랐으며 밀양부원군(密陽府院君)에 봉해졌다. 1623년 인조반정 때 아들 사홍(子興)과 같이 자결하였다. 시호는 숙민(肅愍).

38) 유몽인(柳夢寅) : 조선 중기의 문장가(1559~1623). 자는 응문(應文), 호는 어우당(於于堂)・간재(艮齋)・묵호자(默好子). 인조반정으로 벼슬을 내놓고 전전하다가 역모로 몰려 사형당하였다. 저서로는『어우야담(於于野談)』・『어우집』등이 있다.

39) 박홍구(朴弘耉) : 조선 중기의 문신(1552~1624). 본관은 죽산(竹山). 초명은 홍로(弘老), 자는 응소(應邵), 호는 이호(梨湖). 요직을 두루 거쳐 좌의정까지 이르렀다. 이괄(李适)의 난 때 역모죄로 사사(賜死)되었다.

40) 홍여순(洪汝諄) : 조선 중기의 문신(1547~1609). 본관은 남양(南陽). 자는 사신(士信). 임진왜란이 끝난 뒤 남이공(南以恭)・김신국(金藎國) 등과 함께 유성룡(柳成龍) 등을 몰아내고 정권을 잡았다. 1599년 그의 대사헌 임명을 남이공이 반대하자 북인에서 다시 분당하여 대북이라 부르고, 이이첨(李爾瞻) 등과 함께 남이공 등의 소북과 당쟁을 벌이다가 1600년 병조판서에서 삭탈관직되었다. 이듬해 곧 복관되었으나, 1608년 광해군이 즉위하자 또다시 탄핵을 받아 진도에 유배되어 이듬해 배소에서 죽었다.

41) 이이첨(李爾瞻) : 조선 광해군 때의 문신(1560~1623). 자는 득여(得輿). 호는 관송(觀松)・쌍리(雙里). 선조의 후사(後嗣) 문제로 대북과 소북이 대립하자 대북의 영수로서 광해군의 옹립을 주장하다가 유배되었으나, 광해군이 즉위하자 예조 판서에 올랐다. 1623년 인조반정이 일어나자 실각되었다.

## 대북 · 소북

大小北

폐모론(廢母論)을 주장한 자는 대북(大北)이 되고 조금 차이가 있는 자는 소북(小北)이 되었다.

대북은 이이첨(李爾瞻)을 영수로 삼아, 허균(許筠)[42] · 한찬남(韓纘南)[43] · 이성(李惺) · 백대형(白大珩)[44] 등이 그를 도왔다. 소북은 남이공(南以恭)[45]을 영수로 삼아, 기자헌(奇自獻) · 박승종(朴承宗) · 유희분(柳希奮)[46] · 김신국(金藎國)[47] 등이 남이공의 폐모론 공격을 많이 도왔다. 그 안에 또 골북(骨北)[48] · 육북(肉北)[49] · 피북(皮北) · 중북(中北)[50]의 이름이 있었는데, 홍

42) 허균(許筠) : 조선 시대의 문신 · 소설가(1569~1618). 자는 단보(端甫). 호는 교산(蛟山) · 성소(惺所) · 학산(鶴山) · 백월거사(白月居士). 서자를 차별에 반대하였으며, 광해군의 폭정에 항거하기 위하여 서인을 규합하여 반란을 계획하다 발각되어 참형을 당하였다. 우리나라 최초의 국문 소설인 「홍길동전」을 지었으며, 시문집으로 『성소부부고(惺所覆瓿藁)』 등이 있다.

43) 한찬남(韓纘南) : 조선 중기의 문신(1560~1623). 본관은 청주(淸州). 자는 경서(景緖). 호조참의 · 사예 · 좌우부승지 · 대사간을 거쳐 이듬해 재차 좌승지가 되어 이이첨(李爾瞻)의 사주를 받아 해주옥사를 일으켰다. 인조반정으로 주살(誅殺)되었다.

44) 백대형(白大珩) : 조선 중기의 문신(1575~1623). 본관은 수원. 자는 이헌(而獻). 이이첨(李爾瞻)의 심복으로 한찬남 등과 폐모론을 주도하여 광해군 14년(1622)에 이위경(李偉卿)과 함께 서궁에 난입하여 인목대비를 시해하려다 미수에 그치는 등 온갖 횡포를 자행하였다. 인조 1년(1623) 인조반정으로 사형되었다.

45) 남이공(南以恭) : 조선 중기의 문신(1565~1640). 자는 자안(子安). 호는 설사(雪簑). 소북(小北)의 영수로 이조 판서, 공조 판서 등을 지냈다. 청나라에 볼모로 보내게 된 왕제(王弟)와 대신들을 다른 사람으로 바꾸어 보낸 사건으로 파면당하였다. 저서에 『설사집(雪簑集)』이 있다.

46) 유희분(柳希奮) : 조선 광해군 때의 권신(1564~1623). 자는 형백(亨伯). 호는 화남(華南). 선조 30년(1597)에 별시 문과에 급제한 후, 춘추관 편수관이 되어 임진왜란 때 소실된 역대 실록을 재간하였다. 그 후 인목 대비를 폐위하자는 주장이 관철되어 권력을 잡았으나 인조 반정으로 참형되었다.

47) 김신국(金藎國) : 조선 중기의 문신(1572~1657). 자는 경진(景進), 호는 후추(後瘳). 임진왜란이 일어나자 의병을 모아 적에게 큰 타격을 주고 참봉이 되었으며, 이후에 평안도 관찰사 · 우참찬 · 호조 판서를 지냈다. 병자호란 후 볼모로 가는 소현 세자의 이사(貳師)로서 심양까지 배종(陪從)한 뒤 귀국하여, 기로소에 들었다.

48) 골북(骨北) : 조선 중기에, 대북(大北)에서 갈리어 나온 홍여순 일파. 광해군 때 정권을 한때 잡았으나 서인(西人)의 인조반정 때 몰락하였다.

여순(洪汝諄)은 골북의 영수가 되었다.

## 노론·소론
老少論

서인(西人) 안에서 또 노론(老論)이 나뉘니, 김석주(金錫胄)[51]·김만기(金萬基)[52]를 영수로 삼고, 송시열(宋時烈)[53]·김수항(金壽恒)[54]·김수흥(金壽興)[55]·민유중(閔維重)[56]·민정중(閔鼎重)[57]이 그를 추대하였다.

---

49) 육북(肉北) : 조선 선조 말에서 광해군 초에 걸쳐 이산해를 중심으로 형성된 대북(大北)의 일파. 인조반정으로 세력이 꺾여 그 뒤 없어졌다.

50) 중북(中北) : 조선 선조 말엽의 북인 가운데 정온·유몽인 등을 중심으로 한 파. 인조반정으로 세력이 꺾였다.

51) 김석주(金錫胄) : 조선 시대의 문신(1634~1684). 자는 사백(斯百). 호는 식암(息庵). 현종 3년(1662)에 증광 문과에 급제하고, 우의정을 지냈다. 서인으로서 남인과의 당파 싸움에 앞장섰으나, 같은 서인의 소장파로부터 반감을 샀고, 이것이 노론·소론 분열의 원인이 되었다.

52) 김만기(金萬基) : 조선 중기의 문신(1633~1687). 자는 영숙(永淑). 호는 서석(瑞石). 영돈령부사, 대제학을 지냈으며, 광성부원군(光城府院君)에 봉하여졌다.

53) 송시열(宋時烈) : 조선 숙종 때의 문신·학자(1607~1689). 아명은 성뢰(聖賚). 자는 영보(英甫). 호는 우암(尤庵). 효종의 장례 때 대왕대비의 복상(服喪) 문제로 남인과 대립하고, 후에는 노론의 영수(領袖)로서 숙종 15년(1689)에 왕세자의 책봉에 반대하다가 사사(賜死)되었다. 저서에 『우암집』·『송자대전(宋子大全)』 등이 있다.

54) 김수항(金壽恒) : 조선 중기의 문신(1629~1689). 자는 구지(久之). 호는 문곡(文谷). 효종 2년(1651)에 알성 문과에 장원 급제를 하고, 서인으로 대제학·영의정을 지냈다. 숙종 15년(1689) 기사환국으로 남인이 재집권하자 진도(珍島)에 유배되어 사사되었다. 저서에 『문곡집』·『송강행장(松江行狀)』 등이 있다.

55) 김수흥(金壽興) : 조선 시대의 문신(1626~1690). 자는 기지(起之). 호는 퇴우당(退憂堂). 호조 판서·판의금부사·영의정을 지냈으며, 기사환국 때 왕세자 계승 문제로 송시열과 함께 유배되어 배소(配所)에서 죽었다. 저서에 『퇴우당집』·『퇴우만필』 등이 있다.

56) 민유중(閔維重) : 조선 숙종 때의 문신(1630~1687). 자는 지숙(持叔). 호는 둔촌(屯村). 인현 왕후의 아버지로, 여양 부원군(驪陽府院君)에 책봉되었다. 조 대비의 복상(服喪) 문제가 일어나자 대공설(大功說)을 지지하였으며, 경서에 밝아 유림 사이에 명망이 높았다.

57) 민정중(閔鼎重) : 조선 숙종 때의 문신(1628~1692). 자는 대수(大受), 호는 노봉(老峯). 서인(西人)으로서 기사환국(己巳換局) 때 벽동(碧潼)으로 귀양 가 그곳에서 죽었다. 저

소론(少論)은 조지겸(趙持謙)[58]을 영수로 삼아 한태동(韓泰東)[59]·오도일(吳道一)[60]·남구만(南九萬)[61]·윤지완(尹趾完)[62]·박태보(朴泰輔)[63]·최석정(崔錫鼎)[64]이 어울렸다.

## 탕평
蕩平

노론의 수상(首相) 홍치중(洪致中)[65]과 소론의 수상 조문명(趙文明)[66]이

---

서에 『노봉집』·『노봉연중설화』·『임진유문』이 있다.

58) 조지겸(趙持謙) : 조선 숙종 때의 문신(1639~1685). 자는 광보(光甫). 호는 우재(迂齋)·구포(鳩浦). 형조 참의와 경상도 관찰사를 지냈다. 같은 서인이었던 김익훈이 모반 사건을 조작하여 남인을 해치려 하자 이를 탄핵하고, 윤증과 함께 소론의 우두머리가 되어 노론의 송시열과 대립하였다.

59) 한태동(韓泰東) : 조선 숙종 때의 문신(1646~1687). 자는 노첨(魯瞻). 호는 시와(是窩). 서인 김익훈 등이 남인 세력의 뿌리를 뽑기 위하여 역모설을 조작하자 같은 서인으로서 조지겸 등 소장파와 함께 그 흉계를 폭로하고 처형을 주장하였다.

60) 오도일(吳道一) : 조선 숙종 때의 문신(1645~1703). 자는 관지(貫之). 호는 서파(西坡). 대제학과 한성부 판윤 등을 지내고 병조 판서에 올랐으나 민언량(閔彦良)의 옥사에 연루되어 유배되었다. 저서에 『서파집(西坡集)』이 있다.

61) 남구만(南九萬) : 조선 시대의 문신(1629~1711). 자는 운로(雲路). 호는 약천(藥泉). 효종 7년(1656) 문과에 급제하고 우의정·좌의정·영의정을 지냈으며 소론(少論)의 거두로 활약하였다. 문사(文詞)와 서화(書畵)에도 뛰어났으며 저서에 『약천집』이 있다.

62) 윤지완(尹趾完) : 조선 후기의 문신(1635~1718). 본관은 파평(坡平), 자는 숙린(叔麟), 호는 동산(東山), 시호는 충정(忠正).

63) 박태보(朴泰輔) : 조선 숙종 때의 간관(諫官 : 1654~1689). 자는 사원(士元). 호는 정재(定齋). 인현 왕후의 폐위를 반대하다가, 심한 고문을 받고 진도로 귀양 가던 도중에 죽었다. 저서에 『정재집』이 있다.

64) 최석정(崔錫鼎) : 조선 후기의 문신·학자(1646~1715). 초명은 석만(錫萬). 자는 여시(汝時)·여화(汝和). 호는 존와(存窩)·명곡(明谷). 박세채의 문인으로, 좌의정·영의정을 지냈다. 문장과 글씨에 뛰어났으며 양명학을 발전시켰다. 저서에 『명곡집』 등이 있다.

65) 홍치중(洪致中) : 조선 후기의 문신(1667~1732). 본관은 남양(南陽). 자는 사능(士能), 호는 북곡(北谷). 벼슬은 영의정까지 이르렀다. 1729년 조문명(趙文命) 등의 탕평파가 신임옥사에 대한 시비의 절충을 꾀하자, 노론사대신(老論四大臣)과 삼수옥(三手獄) 관련자에 대한 신원문제를 구분해야 한다는 논리를 폈다. 이로써 기유처분(己酉處分)을 내리게 하였다. 노론의 온건파를 이끌고 정치에 참여함으로써, 탕평파가 주도하는

탕평론(蕩平論)을 주창하였다. 탕평(蕩平)이란, 송나라의 조정(調停)[67]과 같다. 성균관에 이 때문에 '탕평비(蕩平碑)'를 세웠는데 송인명(宋寅明)[68]과 김재로(金在魯)[69]가 그대로 이어서 용사(用事)를 하였다. 그래서 속담에서 "조송건곤(趙宋乾坤)[70]에 김이 장식한다[趙宋乾坤, 金粧飾]"라고 하였다.

금상(今上) 갑인년(1854) 겨울에 탕평비에서 땀이 흘렀는데 이듬해 을묘년(1855)에 노론과 소론이 복합(伏閤)[71]하였다.

---

노·소론의 온건파를 중심으로 한 연합정권 구축에 크게 기여하였다.

66) 조문명(趙文命) : 조선 후기의 문신(1680~1732). 본관은 풍양(淵壤). 자는 숙장(叔章), 호는 학암(鶴巖). 소론가문 출신이었지만 당쟁의 폐해를 걱정하여 붕당의 타파와 공평무사한 탕평의 실현을 정치 목표로 하였다. 그는 온건론자 중심의 노·소 연립정권을 구축하는 데 주력, 노·소론의 준론자(峻論者)들로부터 세상을 속이고 우롱한다는 배척까지 받았지만, 영조 초의 소론계의 반란과 계속되는 역모 적발로 불안했던 왕권의 안정과 확립에 기여를 하였다. 소론이면서도 외가[光山金氏 萬均]와 처가[安東金氏 昌業]가 노론 집안이어서 노론계 명사와 널리 교유하였다. 특히 송인명·김재로(金在魯) 등과 매우 친밀하였다. 저서로 『학암집』이 있다. 시호는 문충(文忠).

67) 조정(調停) : 송나라 영종(英宗) 때 여대방(呂大防)과 유지(劉摯)가 원풍(元豊) 연간의 당인(黨人)을 등용하여 옛날의 원한을 풀고 조정을 화합시키려던 정책.

68) 송인명(宋寅明) : 조선 후기의 문신(1689~1746). 본관은 여산(礪山). 자는 성빈(聖賓), 호는 장밀헌(藏密軒). 붕당의 금지를 건의하여 영조의 탕평책에 적극 협조하였다. 특히 이조판서로 있을 때, 노론·소론을 막론하고 온건한 인물들을 두루 등용하여 당론을 조정, 완화함으로써 영조의 신임을 두터이 받았다. 시호는 충헌(忠憲)이다.

69) 김재로(金在魯) : 조선 후기의 문신(1682~1759). 자는 중례(仲禮). 호는 청사(淸沙)·허주자(虛舟子). 숙종 36년(1710)에 문과에 급제하고 지평·수찬을 거쳐 좌의정·영의정을 지냈다. 노론의 선봉으로 활약하였으며, 청빈한 재상으로 이름이 높았다.

70) 조송건곤(趙宋乾坤) : 조씨와 송씨의 양가(兩家) 족당(族黨)이 매우 번성하여 재직(在職)하고 있는 사람이 많다는 말.

71) 복합(伏閤) : 신하들이 청하는 것을 왕이 듣지 않을 때 합문(閤門) 앞에 엎드려 승낙을 받을 때까지 물러가지 않는 것.

## 애학 · 홍채
### 厓鶴洪蔡

남인 안에서 또 나뉘었다. 유성룡은 호를 서애(西厓)라 하고 김성일(金誠一)은 호를 학봉(鶴峯)이라 하였는데, 두 집안의 자제들이 모두 퇴계(退溪) 이황(李滉)의 문인이라 하며 수제자임을 다투었다. 그래서 '애학(厓鶴)' 혹은 '학애(鶴厓)'라 하니, 마치 '갈(葛) · 왕(王) · 여(驢) · 마(馬)에 대한 논변'[72]과 같다.

또 청남(淸南)[73]과 탁남(濁南)이 있으니 탁남은 허적(許積)을,[74] 청남은 허목(許穆)을 영수로 하였다.

'홍채(洪蔡)'라고 할 때의 '홍(洪)'은 홍희호(洪羲浩)이며 '채(蔡)'는 채제공(蔡濟恭)이다.

## 호락 · 시벽
### 湖洛時僻

노론 안에서 또 나뉘니, 호론(湖論)의 영수는 한원진(韓元震[75])과 이간(李柬[76])이며 낙론(洛論)의 영수는 이재(李縡[77])이다. 시파(時派)의 영수는

72) 진(晉)나라의 재상인 왕도(王導)가 제갈회(諸葛恢)와 성씨에 대해 농담하며, "왜 사람들이 왕갈(王葛)이라 말하고 갈왕(葛王)이라고는 하지 않는가"라고 하자 제갈회가 "왜 사람들은 마려(馬驢)라고 하고 여마(驢馬)라고 하지 않습니까"라고 답한 일을 가리킨다.(『晉書, 卷七十七, 列傳, 第四十七, 諸葛恢』)

73) 『松南雜識』에는 '斥南'으로 되어 있음.

74) 허적(許積) : 조선 숙종 때의 문신(1610~1680). 자는 여차(汝車). 호는 묵재(默齋) · 휴옹(休翁). 남인의 우두머리로 권력을 잡았으며, 1678년에 상평통보를 만들어 사용하게 하였다. 뒤에 서자(庶子) 견(堅)의 역모 사건에 연루되어 살해되었다.

75) 한원진(韓元震) : 조선 영조 때의 학자(1682~1751). 자는 덕소(德昭). 호는 남당(南塘). 강문 팔학사의 한 사람으로, 심성론 논쟁에서 이간(李柬)에 반대하여 인(人)과 물(物)의 성(性)이 다르다고 주장하였다. 저서에 『주서동이고(朱書同異考)』가 있다.

76) 이간(李柬) : 조선 영조 때의 문신 · 학자(1677~1727). 자는 공거(公擧). 호는 외암(巍巖). 강문팔학사의 한 사람으로 인(人) · 물(物) · 성(性)은 모두 같다는 인물성동이론을

홍봉한(洪鳳漢)[78]이며 벽파(僻派)의 영수는 심환지(沈煥之)[79]와 김종수(金鍾秀)[80]라고 한다.

### 어진 이를 선발하자면서 당색을 따짐
#### 選賢論色

흉년이 들어도 곡식 한 가지가 풍년이면 구휼할 수 있고, 지세가 보잘 것 없어도 성 하나가 견고하면 수비할 수 있다. 세도(世道)가 비록 나빠졌다 해도 사람의 현명함이 또 이와 같다.

우리나라는 단지 팔도(八道) 뿐이건만 전라도는 고려 때부터 산수가 등진 형세라고 하여 배제하고 북도(北道)는 풍패(豊沛)[81]의 옛 사당이 있는 곳이라 하여 배제하고 양서(兩西)는 궁마(弓馬)[82]의 산지라 하여 배제

---

주장하고 낙론을 형성하였다. 저서로 『외암유고』가 있다.

77) 이재(李縡) : 조선 영조 때의 문신 · 학자(1680~1746). 자는 희경(熙卿). 호는 도암(陶庵) · 한천(寒泉). 벼슬은 대사헌, 이조 참판을 거쳐 좌참찬에 이르렀다. 신임사화 후 설악산에 숨어 성리학 연구에 전념하였으며 당시 낙론(洛論)의 대표적인 학자로 꼽힌다. 저서에 『도암집』이 있다.

78) 홍봉한(洪鳳漢) : 조선 후기의 문신(1713~1778). 자는 익여(翼汝). 호는 익익재(翼翼齋). 사도 세자의 장인으로, 영조를 도와 국고의 충실을 꾀하고, 환곡의 작폐를 엄금하며 은결의 조사를 실시하였으며, 1770년에 왕명으로 『동국문헌비고』를 찬수하였다.

79) 심환지(沈煥之) : 조선 후기의 문신(1730~1802). 본관은 청송(青松). 자는 휘원(輝元), 호는 만포(晩圃). 김종수(金鍾秀) · 윤시동(尹蓍東)과 정치적 동지로서 신임의리(辛壬義理)의 고수를 표방하였다. 그리하여 이에 위배되는 남인계열의 채제공(蔡濟恭) · 이가환(李家煥) · 이승훈(李承薰)의 징토(徵討)에 앞장서서 이단 배척을 역률(逆律)로 할 것을 주장했고, 소론계의 서명선(徐命善)도 공격했으므로 벽파(僻派)의 선봉으로 인정되었다.

80) 김종수(金鍾秀) : 조선 정조 때의 문신(1728~1799). 자는 정부(定夫). 호는 몽오(夢梧). 영조 때에 당폐(黨弊)를 일으킨 죄로 기장(機張)에 유배되었으나, 정조 때에 다시 기용되어 병조 판서 · 좌의정을 지냈다. 저서에 『몽오집』이 있다.

81) 풍패(豊沛) : 원래는 한(漢)나라 고조(高祖)인 유방(劉邦)의 고향이지만 후세에 널리 제왕의 고향을 뜻하며, 여기에서는 이성계의 고향을 의미한다.

82) 궁마(弓馬) : 전쟁에 쓰이는 활과 전투마의 산지를 의미함.

하고 송도(松都)는 또 은완(殷頑)[83]의 지역이라고 배제하였다. 오직 호서(湖西)와 영남(嶺南)만을 배제하지 않았지만 노소(老少)와 남북(南北)의 당인이 그 사이에 뒤섞여있기에, 과거에 선발되거나 벼슬자리에 천거되는 사람들에 대해서 현명한 지의 여부를 묻지 않고 오직 노소와 남북만을 따진다. 현명한 사람이 유독 노소와 남북 당인의 속에서 나와야만 흉년을 구제하는 곡식이나 땅을 지키는 성처럼 될 수 있겠는가?

아! 혹 당색(黨色)을 갖추어 바람을 그르치는 것을 '공도(公道)'라고 하고 혹 인재를 선발하되 당색을 따지 않으면 '사정(私情)'이라 하니 공과 사는 다만 당색에 달려 있을 뿐이고, 현명함과는 관계없다. 그러니 현명한 자라면 차라리 노소(老少)·남북(南北)의 당색을 가질지언정 노소·남북의 마음을 갖지 않는 것이 옳겠다.

자하(子夏)는 말하였다.

> "현자를 좋아하기를 색 좋아하는 마음과 바꾼다면 비록 '배우지 못했다' 할지라도 나는 반드시 그를 '배웠다'라고 하겠다."[84]

## 시폐
時弊

반계(磻溪) 유형원(柳馨遠)이 말하였다.

> 율곡(栗谷) 이이(李珥)가 "일족이나 가까운 이웃에 연대 책임을 지우

83) 은완(殷頑) : 원래는 주나라가 은나라를 멸망시킨 뒤의 주나라에 복종하지 않은 은나라의 유민(遺民)들을 말한다. 여기서는 고려가 조선에 의해 멸망당했지만 조선에 복종하지 않은 고려의 유민들이 사는 곳이라는 뜻으로 쓰였다.

84) 賢賢易色, …… 雖曰未學, 吾必謂之學矣.(『論語, 學而』) → 賢賢易色, 雖曰未學, 吾必謂之學矣.(『松南雜識』)

는 것이 첫째 폐단이고, 진상(進上)이 번다하고 과중한 것이 둘째 폐단이고, 지방에서 올리는 공물(貢物)을 서울에서 방납(防納[85])하는 것이 셋째 폐단이며, 부역이 공평치 못한 것이 넷째 폐단이며, 이서(吏胥)[86]들의 가렴주구가 다섯째 폐단이다. 폐해가 어찌 이것에만 그치겠는가? 밭을 다시 측량하지 않아서 묵고 황폐한데도 세금을 거두고, 불교가 아직 존재하고, 유랑하는 백성이 농사짓지 아니하고, 때에 맞지 않은 물품을 상인들에게 마련하게 하고, 명목 없는 세금이 도리어 공부(貢賦)[87]보다도 무겁고, 종모법(從母法)으로 양민(良民)이 모두 사천(私賤)[88]이 되고,[89] 쓸데없는 벼슬이 아직도 많아 헛된 비용이 여전히 많이 낭비되고, 민호(民戶)는 점점 줄어드는데, 군(郡)·현(縣)은 너무 많은 것 등이다"라고 하였다.[90]

---

85) 방납(防納) : 공물(貢物)을 논으로 대납(代納)하는 것.

86) 이서(吏胥) : 서리(胥吏). 관아에 속하여 말단 행정 실무에 종사하던 구실아치. 고려 시대에는 중앙의 각 관아에 속한 말단 행정 요원만을 가리켰지만 조선 시대에는 경향(京鄕)의 모든 이직(吏職) 관리를 뜻하였다.

87) 공부(貢賦) : 나라에 바치던 물건과 세금을 통틀어 이르던 말. 넓게는 조세 일반을 의미하나 좁게는 전세(田稅)와 공물(貢物)을 이른다.

88) 사천(私賤) : 개인에 의해 매매되고 사역(使役)되던 종. 비복(婢僕), 백정(白丁), 무격(巫覡), 배우(俳優) 따위가 있다.

89) **栗谷曰**, **當今**田不改量, 陳荒**之地**, **未免於**收稅. 釋教尙存, 游**手之**民, **未反於田畝**. 從母之法, **不用於良女**, **而**良民盡**化**爲私賤.(『磻溪隨錄, 卷之二十六, 續篇下, 奴隸』) → 田不改量**而**陳荒, 收稅. 釋教尙存**而**游民**不農**. **不時之需**, **辦於市人**, **無名之稅**, **重於貢賦**, 從母之法, 良民盡爲私賤.(『松南雜識』)

90) 栗谷**曰**, 一族切隣之弊, 一也, 進上煩重之弊, 二也, 貢物防納之弊, 三也, 役事不均之弊, 四也, 吏胥誅求之弊, 五也, **此特其甚者而已**. **當今之**弊, 奚止**於**此. 田不改量而陳荒**之地**, **未免於**收稅, 釋教尙存而游**手之**民, **未返於田畝**, 不時之需, **悉**辦於市人, **而市人剝膚橫侵之責**, **徧及於防內而防內竭髓**, 無名之稅, **濫觴於列邑而徵斂反**重於貢賦, 從母之法, **不用於良女**, **而**良民盡**變**爲私賤, 冗官尙多, **而**浮費尙廣, 民戶漸縮, **而**郡縣太多.(『磻溪隨錄, 卷四, 田制後錄下, 國朝名臣論弊政諸條附』) → 栗谷**言**, 一族切隣之弊, 一也. 進上煩重之弊, 二也. 貢物防納之弊, 三也. 役事不均之弊, 四也. 吏胥誅求之弊, 五也. 弊奚止此. 田不改量, 而陳荒收稅. 釋教尙存, 而游民**不農**. 不時之需, 辦於市人, 無名之稅, 重於貢賦, 從母之法, 良民盡爲私賤. 冗官尙多, 浮費尙廣, 民戶漸縮, 郡縣太多.(『松南雜識』)

그러나 사람들에게 경지를 고르게 나누어 주고 그 경지에 따라 사람이 병역의 의무를 지게 되면[91] 일족(一族)에게 연대 책임을 지우는 폐해가 없어진다. 임금에게 바치는 물건이 항상 일정하면 진상(進上)이 바뀌고, 관리(官吏)의 수가 일정하고 관리의 봉급[廩給]이 있게 되면 가렴주구가 고쳐진다.[92]

살펴보건대, 지금 진봉(進奉[93])하는 일을 성상(聖上)께서 폐지시키는 것이 어떻겠는가?

## 일을 줄이고 마음을 맑게 함
省事淸心

진(晉)나라 역사에서 순욱(荀勗)이 "관리를 줄이는 것은 관직을 줄이는 것만 못하고, 관직을 줄이는 것은 일을 줄이는 것만 못하며, 일을 줄이는 것은 마음을 맑게 하는 것만 못하다"[94]라고 하였다.

야율초재(耶律楚材[95])가 "일 한 가지를 만드는 것이 일 한 가지를 줄

---

91) 公田之法, 均人以田, 計田出兵, 有田者必有役.(『磻溪隨錄, 卷一, 田制上, 分田定稅節目』) → 以田, 出兵則一族之弊, 除矣.(『松南雜識』)

92) **蓋旣行田制**, 以田出兵, 則一族**切隣**之弊, **不期除而自**除矣. **一國均用大同之制**, **一歲**恒定御**需之數**, 則進上**貢物之弊**, **不期改而自**改矣, **量其任定**吏數, **無不各使其職**, **各**有**其**廩, 則**役事不均胥吏**誅求**之弊**, **不期革而自**革矣.(『磻溪隨錄, 卷四, 田制後錄下, 國朝名臣論弊政諸條附』) → **然**以田出兵, 則一族之弊除矣. **御供**恒定則進上改矣. 吏數**有定而**有廩, 則誅求革矣.(『松南雜識』)

93) 진봉(進奉) : 진상(進上). 진귀한 물품이나 지방의 토산물 등을 임금이나 고관 따위에게 바침.

94) 勗**議以爲**省吏不如省官, 省官不如省事, 省事不如淸心.(『晉書, 卷三十九, 列傳第九, 荀勗』) → **荀**勗**曰**, 省吏不如省官, 省官不如省事, 省事不如淸心.(『松南雜識』)

95) 야율초재(耶律楚材) : 원나라 때 거란인. 자는 진경(晉卿). 호는 담연거사(湛然居士) 또는 옥천노인(玉泉老人). 본래 요동 단왕(丹王)의 후예로 여러 책을 널리 통달하고 천문·지리·율력·술수·의복(醫卜)·석로(釋老)의 설에 정통하였다. 금나라 말기에 개주동지(開州同知)가 되었다. 태조가 연(燕)을 정벌한 뒤 그를 불러서 주변에 두고 정벌

이는 것만 못하다[生一事, 不如除一事]"라고 하였다.

당나라 육상선(陸象先)[96]이 "천하에는 본래 일이 없다. 다만 어리석은 사람이 어지럽힐 뿐이다"[97]라고 하였다. 대개 고금에 '시무(時務)를 알기는 쉽지 않다'는 것은 규법이 되는 말이다. '마음을 맑게 한다[淸心]'라는 것은 '욕심을 줄인다'는 뜻이다.

율곡(栗谷) 이이(李珥)가 선조(宣祖)에게 다음과 같이 고하였다.

> 우리나라의 크기는 중국과 비교한다면 한 도(道)에도 미치지 못합니다. 그러나 중국의 관직은 우리나라에 비하면 도리어 적은데 우리나라는 너무 많습니다. 전국의 군(郡)과 읍(邑)이 너무 많기에, 수령이 앉아 지키기만 하고 백성이 없는 지방도 있습니다. 생산하는 자는 적고 먹어 치우는 자는 많으니, 청컨대 앞으로는 각 관청 중에서 병합할 것은 병합하고, 지방의 여러 고을 중에 합할 만한 것은 합하게 하십시오. 담당하는 일이 있는 관직만 그대로 두고, 긴요치 않은 관원을 모두 줄이면, 조정에 요행으로 차지하는 자리가 없고 백성들은 여력이 있을 것입니다.[98]

---

을 할 때마다 점을 치게 하였다. 태종 때 중서령에 제수되어 여러 풍습을 모두 몽고풍으로 고치니 원나라의 국가제도는 모두 야율초재가 정한 것이다. 죽은 뒤 태사·광녕왕(廣寧王)에 추증되었다. 시호는 문정(文正)이다. 저서에 『담연거사집(湛然居士集)』이 있다.

96) 육상선(陸象先) : 당나라의 문신. 육원방(陸元方)의 아들. 처음 이름은 경초(景初)였는데 예종(睿宗)이 특별히 그에게 상현(象賢)의 뜻을 부여하여 이 이름을 하사했다. 여러 지방의 관리를 지내면서 선정으로 대단히 명성이 높았다. 특히 포주(蒲州)의 자사로 있을 대 명성이 높았기에 '육포주(陸蒲州)'로 불렸다. 또 집안 고모의 아들인 하지장(賀知章)과 절친하였는데, 안원손(顏元孫)·위술(韋述)·하지장(賀知章)·은천유(殷踐猷)와 함께 오래 살아 모르는 것이 없는 거북과 같다고 하여 '오총귀(五總龜)'라 불렸다. 시호는 문정(文貞).

97) 象先**嘗謂人**曰, 天下本**自**無事, **秪是**庸人**擾**之, **始爲繁**耳.(『舊唐書, 卷八十八, 列傳第三十八, 陸元方 子象先』)→**唐陸**象先曰, 天下本無事, **但**庸人, **撓**之耳.(『松南雜識』)

98) 栗谷告**于**宣祖曰, 我國之大, 比**於**中國, 不及一道. **臣見中朝**官職**衙門**, 反少於我國, **可見**我國**之官司**太冗也, **至於八道**, 郡邑過多, 或有坐守無民之地者, 生之者寡, 食之

## 송나라로 돌아가고 한나라에 이름
回宋至漢

동방(東方)의 개벽(開闢)이 가장 늦다. 우리 조선을 연대로 계산하면 양한(兩漢)에 해당하고 규모로 고찰하면 남송(南宋)에 가깝다. 어째서인가?

의론으로 나라를 다스린 까닭에 시비(是非)로 당파의 색목(色目)을 삼고, 겉치레로 예의를 삼은 까닭에 보화를 부질없이 낭비하여 나라밖의 도적이 침략해오지 않아도 안으로 스스로 약해지고, 해마다 곡식이 잘 열리고 여러 번 풍년이 들었지만 백성들은 대부분 가난하고 굶주린다.

장차 송나라로 돌아가고 한나라에 이르러 부질없는 의론이나 쓸모없는 낭비를 힘써 없앤다면 실정(實政)과 실덕(實德)이 또한 저절로 이루어져 한(漢)나라에만 그치지 않고 거의 이상적 경지에 도달할 것이다.

## 이틀에 한 번, 전국이 같은 날에 장을 엶
亥市同日

『아희원람(兒戲原覽)』에서 “시사(市肆[99])는 수황(遂皇)[100])이 처음 만들었다”[101])라고 하였다.

오촉(吳蜀)의 풍속에서 “해시(亥市)는 학질이 하루걸러 발작하는 것처

---

者衆, **焉得而不困**. **臣**請**倣唐**, **虞建百之制**, 內而各司, 可併者併之, 外而列邑, 可合者合之, 只存有掌之官, 悉損不急之員, **夫如是則**朝無倖位, 民有餘力矣.(『磻溪隨錄, 卷十五, 職官之制上, 序』)→栗谷告**我**宣祖曰, 我國之大, 比中國, 不及一道, **而**官職反少於我國, 我國則太冗也. 郡邑過多, 或有坐守無民之地者. 生之者寡, 食之者衆, 請內而各司, 可併者併之, 外而列邑, 可合者合之, 只存有掌之官, 悉損不急之員, **庶**朝無倖位, 民有餘力矣.(『松南雜識』)

99) 시사(市肆) : 시장과 점포.

100) 수황(遂皇) : 삼황(三皇)의 한 사람인 수인씨(燧人氏)를 가리킨다. ‘遂’는 ‘燧와 통용한다.

101) 市肆遂皇始**作**.(『兒戲原覽, 創始』)→遂皇始**設**市肆.(『松南雜識』)

럼 이틀에 한번 모인다"[102]라고 하였다.

우리나라는 신라 소지왕(炤知王)[103]이 처음 설치하였으니[104] 지금 지방에서는 "장(場)"이라고 한다.

성호(星湖) 이익(李瀷)이 말하였다.

> 시골 읍의 빈터에 시장이 점점 더 늘어나서 사방 수십 리[105] 안에 장이 서지 않는 날이 없으니, 이는 모두 놀고먹는 자들의 이익이다. 그렇다고 이를 반드시 금지할 것이 아니라 옛날 해시(亥市)의 예에 의거하여, 온 나라 안의 시장을 반드시 같은 날에 서게 한다면 급하지 않은 장은 절로 없어질 것이다. 이것도 백성을 편하게 하는 한 가지의 계책이다.[106]

지금 두(斗)·승(升)·양(量)·척(尺)이 서울과 지방, 관청과 마을마다 각각 다르다. 만약 도량형(度量衡)을 법률로 정하면 모리배들이 날마다 시장에 가서 놀지 않을 것이다.

---

102) 蜀有痎市, 而間日一集, 如痎瘧之一發.(『青箱雜記, 卷三』)→蜀有痎市, 間日一集, 如痎瘧之發.青箱.(『天中記, 卷十六, 公廳 』)→吳蜀俗謂, 亥市者, 如痎瘧間日作也.(『松南雜識』)

103) 소지왕(炤知王) : 신라 제21대 왕(?~500). 일명 조지(照知)·비처(毗處). 각 지방에 우편역을 설치하고 490년에 시장을 개설하였다. 495년 고구려가 백제의 치양성을 포위 공격하자 원병을 보내 이를 구하였고, 그에 대한 보복으로 이듬해 고구려가 우산성을 침공하자 군대를 파견하여 이하에서 고구려군을 격파하였다.
 *『松南雜識』에는 '炤智王'로 되어 있음.

104) 日中市, 我東新羅炤知王初置.(『兒戲原覽, 創始』)→遂皇始設市肆.(『松南雜識』)

105)『松南雜識』에는 '千里'로 오기되어 있음.

106) 鄕邑**墟**, 市漸益, 方數**十**里**間**, 無日不**張**, 此**皆**遊手利也. **此**不必禁抑, 依古亥市之禮, 凡國中之市, 必令同日, 則其不急者, 自廢, 此亦紓民之一策.(『星湖塞說, 卷八, 人事門, 生財』)→鄕邑**虛**, 市漸益, 方數**千**里**內**, 無日不**場**, 此遊手利也. **然**不必禁抑, 依古亥市之禮, 凡國中之市, 必令同日, 則其不急者, 自廢, 此亦紓民之一策**也**.(『松南雜識』)

## 탑지전
搨地錢

『당서(唐書), 식화지(食貨志)』에서 "다상(茶商)이 지나다니는 여러 길에 집을 짓고 세금을 거두니 '탑지전(搨地錢)'이라고 한다"[107]라고 하였으니 지금의 '장지세(場地稅)'이다.

## 월수
月收

「왕망전(王莽傳)」에서 "백성에게 돈을 빌려 주고 달마다 백(百)에 삼(三)의 비율로 이자를 거두었다"[108]라고 하였는데, 그 주석에서 "백 전(錢)을 내어 백성에게 쓰도록 주고 달마다 이자를 삼 전(錢)씩 거둔다"[109]라고 하였다.

지금 매달 돈을 거두는 것[月收]은 여기에서 시작되었는데, 날마다 거두는 것[日收]도 있다.

## 송을 양보한 상인에게 벼슬을 내림
讓訟賜爵

신라의 역사에 다음과 같은 이야기가 있다.

---

107) **大中六年正月**, **鹽鐵轉運使裴休**, **請道節度 · 觀察使**, 置店**停上**茶商, **每斤**收搨地錢, **幷**稅**經**過**商人**, **頗乖法理**.(『舊唐書, 卷四十九, 食貨志第二十九, 食貨下』) → 茶商**所**過, **諸道**置**邸**, **以**收稅, 謂之搨地錢.(『松南雜識』)

108) **又令市官**, **收賤賣貴**, **賖貸**予民, 收息百月三.(『前漢書, 卷九十九中, 王莽傳, 第六十九中』) → 予民收息百月三.(『松南雜識』)

109) **如淳曰**, 出百錢, **與**民用, 月收其息三錢也.(『前漢書, 卷九十九中, 王莽傳, 第六十九中』) → 出百錢, **予**民用, 月收其息三錢也.(『松南雜識』)

인관(印觀)이 저자에서 솜을 서조(署調)에게 팔았는데 솔개가 그 솜을 물고 왔다. 그래서 그것을 서조에게 돌려주자 서조가 말하였다.

"하늘의 뜻인데 어떻게 받겠습니까?"

인관이 말하였다.

"그렇다면 당신의 곡식을 돌려주겠소."

결국 두 사람 모두 시장에 그것을 버렸다. 시장을 감독하는 관리가 이 사실을 왕에게 알리자 두 사람에게 벼슬을 내렸다. 벼슬을 준 것은 선행을 권장하기 위해서다.[110)]

## 초하루와 보름에 여는 괴시
### 槐市朔望

한(漢)나라 원시(元始) 연간에 태학(太學) 주변을 시장으로 만들고, 회나무 수 백 줄을 줄지어 심으니, 제생(諸生)들이 초하루·보름에 시장에 모여 읍손(揖遜)하였다고 한다.[111)]

만약 우리나라도 이러한 예를 행하여, 모여서 고을 물산의 귀천이나 선비의 어질고 뛰어남, 정치의 득실을 책문(策問)한다면 참으로 좋겠다.

---

110) 印觀賣綿於市, 有署調者以穀買之而還, 有鳶攫其綿, 墮印觀家, 印觀歸干署調曰, 攫墮汝綿於吾家. 故還女. 署調曰, 鳶攫綿與汝, 天也. 吾何爲受. 印觀曰, 然則還汝穀. 署調曰, 吾與汝者, 市二日, 穀已屬汝矣. 二人相讓, 幷棄於市, 掌市官, 以聞王, 竝賜爵.(『明心寶鑑, 廉意』)→印觀以鳶攬賣緜, 還署調, 調曰天也. 何受焉. 觀曰, 然則還汝穀, 幷棄於市, 市官以聞, 賜二人爵, 爵所以勸善也.(『松南雜識』)

111) 三輔黃圖曰, 元始四年, 起明堂辟雍, 長安城南北爲會市. 但列槐數百行而無牆屋, 諸生朔望會此市, 各持其郡所出貨物及經書傳記笙磬器物, 相與買賣, 雍容揖讓, 或議論槐樹下.(『淵鑑類函, 卷三百五十七, 産業部三, 市一』)→漢元始中, 卽太學爲市, 列槐數百行, 諸生朔望, 會市揖遜云.(『松南雜識』)

## 도회
都會

『택리지(擇里志)』에서 말하였다.

한양(漢陽)은 용산(蓉山)・마포(麻浦), 충청도(忠淸道)는 강경(江景)[112], 내포(內浦)[113]지역으로는 공세호(貢稅湖)[114]・유궁포(由宮浦)[115]・광천(廣川)[116]・성연(聖淵)[117], 전라도는 나주의 영산강(靈山江)・영광(靈光)의 법성포(法城浦)・흥덕(興德)의 사진포(沙津浦), 경상도는 칠성포(七星浦)[118], 평안도는 대동강(大同江)・청천강(淸川江), 황해도는 장산곶(長山串), 강원도는 흥원(興元)[119]・창원암(倉元巖)[120], 함경도는 원산도(元山島)[121]가 큰 도회지(都會地)이다. 장사치들은 "일 원산(元山), 이 강경(江景), 삼 포주(浦州)[122]"라고 말한다.[123]

또 개성(開城)・평양(平壤)・안주(安州)[124]는 중국과 통하는 길이고, 동래(東萊)는 왜국(倭國)으로 통하고 회령(會寧)[125]・종성(鍾城)[126]은 교

---

112) 강경(江景) : 충청남도 논산시에 있는 읍. 내포평야의 중심지.
113) 내포(內浦) : 내륙 깊숙이 파고든 포구란 뜻으로 홍성, 서산, 당진, 태안 등 서해안 지역을 일컫는다.
114) 공세호(貢稅湖) : 나라에서 여러 지역의 조세를 거두어 해마다 서울로 실어 나르던 지역의 호수 또는 포구를 지칭함.
115) 유궁포(由宮浦) : 충청남도 예산군 하평리에 삽교천을 사이에 두고 발달한 큰 포구.
116) 광천(廣川) : 충청남도 홍성군 서부(西部)의 마을.
117) 성연(聖淵) : 충청남도 서산시에 성연면 일대.
118) 칠성포(七星浦) : 경상남도 김해 부근 낙동강이 바다로 들어가는 곳에 위치한 포구.
119) 흥원(興元) : 강원도 원주시 법천리에 있었던 고려・조선 시대 조창(漕倉)의 하나.
120) 창원암(倉元巖) : 강원도 영월군 남면의 창원리. 대동미와 세곡을 보관하던 서창이 있었다.
121) 원산도(元山島) : 지금 북한의 행정구역으로 강원도 원산시 일대.
122) 포주 : 전남 부안군의 어항인 줄포(茁浦)를 말함. 3대 어항인 위도를 안고 있어 서해안 유수의 어항으로 조기 등의 집산이 많음.
123) 『홍부전』 등 판소리에서 우리나라의 대표적인 포구로 "일 원산, 이 강경, 삼 포주, 사 법성리"를 꼽고 있다.
124) 안주(安州) : 지금의 황해남도 중앙부의 재령군 일대.

시(交市)[127]와 통하니 역시 외국과 통하는 대도회(大都會)이다.[128]

## 구멍가게
### 穴假家

우리나라의 구례(舊例)에 온갖 물건은 모두 종루전(鐘樓廛) 밖에서 매매하는 것을 금지하였다. 간혹 사상(私商)이 장사를 하면 '난전(亂廛)'[129]이라고 하여, 그 재물을 몰수하고 그 사람을 처벌하였다. 비록 채소·과일·소금·간장을 파는 경우라 해도 그렇게 하였다.

정승 채제공(蔡濟恭)이 구멍가게[穴假家][130]를 열어주도록 상주하니, 비록 영세민에게 편리하였지만 가게 상인은 이익이 없었다고 한다.

## 대고
### 擡估

오대(五代) 때 왕장(王章)[131]이 유사(有司)에게 값을 높이 매기도록 하고 판매가 확정되면 또 값을 더 높이는 것을 '대고(擡估)'라고 한다.[132] 또

---

125) 회령(會寧) : 지금 북한의 행정구역으로 함경북도 회령시 일대.
126) 종성(鍾城) : 지금 북한의 행정구역으로 함경북도 회령시 일대.
127) 교시(交市) : 주로 나라와 나라 사이에서, 물건을 서로 팔고 사고하여 바꿈. 또는 그러한 곳.
128) 『擇里志, 卜居總論, 生利』의 내용을 인용하되, 순서를 바꾸고 축약하는 등 변형을 하였다.
129) 난전(亂廛) : 조선 후기 전안(廛案 : 숙종 32년부터 실시한 제도로, 시전에서 취급하는 물종과 상인의 주소, 성명을 등록한 행위자의 장부)에 등록되지 않거나, 허가된 상품 이외의 것을 몰래 파는 행위 또는 가게.
130) 구멍가게[穴假家] : 가가(假家)는 '가게'의 원말. 가가(假家)는 조선 시대 가게의 한 종류로, 그 규모가 방(房) 보다는 작고 재가(在家)보다는 크다.
131) 왕장(王章) : 오대(五代) 한(漢)나라의 문신. 남악인(南樂人).
132) 命**所**司, 高估其價, **估**定, **更添**謂之擡估.(『舊五代史, 卷一百七, 漢書, 第九, 列傳四,

값을 줄이는 것은 '강생고(降省估)'라고 한다.

『고사전(高士傳)』[133]에 말하였다.

엄광(嚴光)[134]이 구두로 내용을 불러 주었는데 사신이 적다고 불평하였다. 그러자 엄광이 말하였다.

"채소를 사느냐? 더 달라고 하다니."[135]

지금 채소를 살 때 더 올려 주는 것 역시 오래전부터 있던 일이다. 「조광한전(趙廣漢傳)」[136]에서 "구거(鉤距)[137]하여 사정을 파악하였다"라고 하였는데, 그 주석에서 "구(鉤)는 '이르다[致]'이며, 거(距)는 '감추다[閉]'이다. 말 값을 알려고 한다면 먼저 양의 가격, 소의 가격을 묻는 따위와 같다"[138]라고 하였다.

마치 낚시 갈고리에 미늘이 있는 것과 같아서 삼키기는 쉽고 뱉기는 어려우니, 사람으로 하여금 자기의 술수에 빠져들어 벗어나지 못하게 하

---

王章』) → **王章**命**有**司, 高估其價, **價**定**又增**, 謂之擡估.(『松南雜識』)

133) 고사전(高士傳) : 진(晉)나라의 황보밀(皇甫謐)이 편찬한 책. 총 3권.

134) 엄광(嚴光) : 동한 사람. 자는 자릉(子陵). 젊어서 광무제와 친우였으나 광무가 즉위하자 은거하여 부춘산(富春山)에 돌아가 밭 갈며 낚시질하고 살았다. 그 낚시질하던 대(臺)가 엄광대(嚴光臺)인데, 칠리탄(七里灘)에 있다.

135) 光**曰**, **我手不能書**. **乃**口授**之**, 使者嫌少, **可更足**. 光曰, **買**菜乎求益也.(『高士傳, 卷下, 嚴光』) → **嚴**光口授, 使者嫌**太**少. 光曰, **賣**菜乎求益也.(『松南雜識』)

136) 조광한전(趙廣漢傳) : 한(漢)나라의 문신인 조광한(趙廣漢)의 전기. 조광한(趙廣漢)의 자는 자도(子都). 여오(蠡吾) 출신. 젊어서부터 관직에 나아가 청렴결백으로 소문이 났다. 영천 태수가 되었을 때 그 지방의 토호들이 서로 혼인을 맺고 이속(吏俗)이 붕당을 지어 다스리기가 쉽지 않았는데, 조광한은 그들이 서로 소송을 제기하도록 유도하고 남몰래 상대의 잘못을 들추어내게 하는 방법으로 고을을 다스렸다.

137) 구거(鉤距) : 조광한이 경조윤(京兆尹)으로 있을 때 사용하던 방법으로, 상대방이 깨닫지 못하게 핵심을 피해 점차적으로 추궁해 들어가서 끝내는 실제 정황을 다 말하도록 유도하는 것이다.

138) **尤善**爲鉤距, **以**得事情. 〈鉤, 致也. 距, 閉也.〉 **鉤距者**, **設**欲知馬賈, **則**先問**狗**, **已問**羊, **又問**牛, **然後及馬**, **參伍其賈**, **以**類**相準**, **則知馬之貴賤**, **不失實矣**.(『前漢書, 卷七十六, 趙尹韓張兩王列傳, 第四十六, 趙廣漢』) → 爲鉤距, 得事情. **註**, 鉤, 致也. 距, 閉也. **如**欲知馬價, 先問羊**價**牛**價之**類**也**.(『松南雜識』)

여 본정(本情)을 이끌어 내니, 지금의 장쾌(駔儈)[139]가 하는 행태와 같다.

## 도고

都沽

『한서(漢書), 무제기(武帝記)』에 '확고(榷酤)'라는 말이 있는데, 그 주석에서 "『설문해자』에서 '榷은 외나무 다리로 물을 건너는 것이니, 바로 다리[杠]이다'라고 하였으니, 관청이 그 이익을 독점함을 비유한다"[140]라고 하였다.

『한서(漢書), 영제기(靈帝記)』에서 "호우(豪右)[141]가 다른 사람이 매매하는 것을 막고 이익을 독차지하여 말 한 필의 값이 이백 만 전이나 되었다"라고 하였는데, 그 주석에서 "고(辜)는 '막다'이며 확(榷)은 '독점하다'이다. 다른 사람이 매매하는 것을 막고 혼자 이익을 차지하는 것이다"[142]라고 하였다.

우리나라는 도광제(道光帝)[143] 시대부터 부상(富商)이 이익을 탐내어 물건을 모조리 사들이고 단지 몇 개의 가게만을 열어서 물건이 귀하게

139) 장쾌(駔儈) : 시장의 중개인 또는 거간꾼을 의미한다.

140) 初榷酒酤. 〈韋昭曰, 以木渡水曰榷., 謂禁民酤釀, 獨官開置, 如道路設木爲榷, 獨取利也. 師古曰, 榷者步渡橋. 爾雅謂之石杠.〉 (『前漢書, 卷六, 武帝紀, 第六, 天漢三年春二月』) → 漢武紀, 一木渡水, 曰榷 酤, 喩官專其利.(『韻府群玉, 榷 酤』) → 榷 酤. 註, 說文云, 一木渡水, 卽杠也. 喩官專其利.(『松南雜識』)

141) 호우(豪右) : 토호(土豪), 우족(右族). 한 지역의 세력가를 의미한다.

142) 豪右, 辜榷 馬一匹, 至二百萬. 〈前書音義曰, 辜障也. 榷 專也, 謂障餘人賣買而自取其利.〉 (『後漢書, 卷八, 靈帝紀, 第八』) → 豪右, 辜榷 馬一匹, 至二萬百. 註, 辜障也, 榷 專也. 障餘人, 賣買而自取其利.(『松南雜識』)

143) 도광제(道光帝) : 청나라의 제8대 황제(1782~1850). 재위 기간은 1820~1850년. 이름은 민녕(旻寧). 묘호는 선종(宣宗). 가경제의 차남으로 태어나서 지친왕(智親王)으로 봉해졌다. 즉위 후 영국계 동인도 회사가 전개한 삼각 무역(아편무역)으로 엄청난 문제가 일어나자 임칙서로 하여금 이를 수습하게 하였다. 결국 1840년 제1차 아편 전쟁으로 이어졌고 1842년 난징조약으로 홍콩이 영국에 넘어감은 물론 상하이 등 5개 항구가 개항되어 서구 열강이 대대적으로 쇄도해오는 길을 열어주었다.

되면 파니, 이를 '도고(都沽)'라고 하며 속칭 '독전(獨廛)'이라고도 한다. 심지어 소금·쌀·과일·채소·생선·초 등은 비록 수량이 많은데도 값이 뛰었고 물건이 쌓였지만 들에 굶어 죽은 시체가 있었다.

대개 관청에서 물자를 독점하여도 백성이 괴롭거늘 하물며 상인이 독점하는데 나라가 상하지 않겠는가?

『시경』에서 "너의 나라에서 가렴주구하거나 사치함이 없게 하라[無封靡于爾邦]"[144]라고 하였으니, 정치를 도모하는 자는 마땅히 먼저 알아야 한다.

## 하루귀시
### 何樓鬼市

『주례(周禮)』에서 "사시(司市)[145]는 물건의 길이와 양을 정확히 재고 측량하여 값을 매긴 뒤에 손님을 불러서 판다"라고 하였는데. 그 주석에서 "'징(徵)'은 '부르다[召]'이며 '儥'은 '鬻'의 고자(古字)이다. 물건에 정가(定價)가 있어야 살 사람이 온다"[146]라고 하였다.

『백미고사(白眉故事)』[147]에서 "송나라 서울에 하루(何樓)가 있었는데, 그 아래에서 파는 물건은 대부분이 가짜였던 까닭에 지금도 조악한 물건을 '하루(何樓)'라고 한다"[148]라고 한 말이 이것이다.

---

144) 『詩經, 周頌, 烈文』.

145) 사시(司市) : 주나라 때 지관(地官) 소속으로, 시장의 치교(治敎)·양도(量度) 등을 맡아 다스린 관리.

146) 司市 …… 以量度, 成賈而徵儥.〈**注**, 徵, 召也. 儥, **買也**. 物有定賈, 則買者來也.〉(『周禮注疏, 卷十四, 司市』)→司市, 以度量, 成價而徵儥. **註** 徵, 召也. 儥, **古鬻字**, 物有定價, 買者來也.(『松南雜識』)

147) 백미고사(白眉故事) : 명나라 허이충(許以忠)이 중국의 고사를 유문별(類門別)로 엮은 고사사전(故事事典). 총 10권.

148) **世人語虛僞者**, **爲何樓**. **國初**京師有何樓, 其下所賣物, **皆濫者**, 故**人以此目之**, 今樓**已廢**, **語猶相傳**.(『類說, 卷五十六, 古今詩話, 何樓』)→**白眉故事云**, **宋**京師有何

지봉(芝峯) 이수광(李睟光)이 "번우(番禺)[149]에 귀시(鬼市)[150]가 있으니, 한 밤에 모였다가 닭이 울면 흩어진다. 사람들이 그곳에 가서 기이한 물건을 많이 사온다고 한다. 나는 황성(皇城)에서 야시(夜市)를 보았다"[151]라고 하였다.

살펴보건대, 당시(唐詩)에 "철마(鐵馬)와 아기(牙旗)[152]가 야시(夜市)를 뚫고 지나나네[鐵馬牙旗穿夜市]"라고 하였다.

## 환전표
### 換錢標

『위서(魏書)』에서 "행대(行臺)[153]에서 어음 쪽을 발급하면 중간을 찢어서 한 쪽은 공을 세운 사람에게 주고 하나는 문하성(門下省)[154]으로 보내어 교묘한 위조를 방지한다"라고 하였는데, 그 주석에서 "지(支)는 어음 쪽[券]이다"[155]라고 하였다.

---

樸, 其下所賣物, **多虛僞**, 故今**物不精好曰何樓者**, **此也**.(『松南雜識』)

149) 번우(番禺) : 진(晉)나라의 고을 이름. 지금의 중국 광동성(廣東省)의 속현(屬縣)이다.

150) 귀시(鬼市) : 야시(夜市). 밤 오경 무렵에 다양한 물건을 파는 장이 섰다가 금방 파하는 시장을 가리킨다.

151) **墨莊漫錄曰**, 番禺**海邊**, 有鬼市, 夜半而合, 鷄鳴而散, 人從之多得異物云. 余**赴京**, 見皇城**中**爲夜市, **未明而罷**, **所謂鬼市**, **疑亦指夜而言**.(『芝峯類說, 卷二, 諸國部, 風俗』) → 番禺有鬼市, 夜半而合, 鷄鳴而散. 人從之多得異物云. 余見皇城爲夜市.(『松南雜識』)

152) 아기(牙旗) : 상아로 만든 대장(大將)의 깃발.

153) 행대(行臺) : 위진(魏晉) 시대에 처음 설치된 것으로, 출정하여 주둔지에 설치하는 중앙정무 기구를 가리킨다.

154) 문하성(門下省) : 시중(侍中) · 상시(常侍) · 급사황문(給事黃門)의 관서.

155) 行臺 …… **亦具書於**券, **各盡**一行, 當**行**豎裂, **其**券**前後**, **皆起年號日月**, **破某處陳**, **某官某勳**, **印記爲驗**, 一支**付勳**人, 一支**付行臺**. **記至京**, **卽**送門下, **別函守錄**.(『魏書, 卷七十六, 列傳第六十四, 盧同』) → **通鑑**, 元魏**熙平元年立法**, **在軍有功者**, 行臺給券, 當中豎裂, 一支給勳人, 一支送門下, **以**防僞巧.(『昌黎先生文集, 卷五, 寄崔二十六立之』) → 元魏史, 行臺**給**券, 當**中**豎裂, 一支**給有功**人, 一支送門下, **防巧僞也**. **註**, **支券也**.(『松南雜識』)

한유(韓愈)는 시에서

다른 날 대거(對擧)하기를 기약하노니　　異日期對擧
마땅히 분지장(分支帳)처럼 부합하리　　當如合分支[156)]

라고 하였는데, 그 주석에서 "지금 사람들이 부계(簿契)를 쪼개어 만든 것을 분지장(分支帳)이라고 한다"[157)]라고 한 말이 이것이다.

지금 북도의 상인과 개성 상인들이 사용하는 환전표(換錢標)는 사실 여기에서 유래하였다.

## 왜관동곡
### 倭館銅斛

『수서(隋書)』에서 "조경(趙煚)[158)]이 기주자사(冀州刺史)가 되었을 때, 시장에서 속이는 일이 빈번하였다. 그래서 시장에 구리 말[銅斗]과 쇠 자[鐵尺]를 비치해 두니, 사람들이 편리하게 여겼다"[159)]라고 하였다.

우리나라는 왜관(倭館)[160)]에서 쌀을 줄 때, 매번 넘치거나 모자란다고 서로 다투었는데 박문수(朴文秀)[161)]가 어사가 되어 구리 말[銅斗]을 만들

---

156) 「기최이십육입지(寄崔二十六立之)」.

157) 異日期待擧, 當如合反支. 今人**亦**謂**析**産符契, 爲分支帳.(『昌黎先生文集, 卷五, 寄崔二十六立之』) → 異日期待擧, 當如合反支. **註**, 今**時**人謂**折**産簿契, 爲分支帳.(『松南雜識』)

158) 조경(趙煚) : 수나라 때의 문신. 자는 현통(賢通). 천수(天水) 출신. 오랑캐를 토벌한 공으로 평정현남(平定縣男)에 봉해지고 삼백 호(戶)를 하사받았다. 상주자사(相州刺史), 기주자사(冀州刺史)를 역임하며 명성을 떨쳤다.

159) 冀州**俗薄**, 市**井**多**姦**詐, **煚爲**銅斗鐵尺, **置之**於**肆**, **百姓**便之.(『隋書, 卷四十六, 列傳, 第十一, 趙煚』) → **趙煚爲**冀州**刺史**, **以**市多**奸**詐, **置**銅斗鐵尺於**市**, **人**便之.(『松南雜識』)

160) 왜관(倭館) : 조선 시대에 입국한 왜인(倭人)들이 머물면서 외교적인 업무나 무역을 행하던 관사.

161) 박문수(朴文秀) : 조선 영조 때의 문신(1691～1756). 자는 성보(成甫). 호는 기은(耆隱).

었다.

살펴보건대, 『한서(漢書), 율력지(律歷志)』[162]에서 말하였다.

> 율·도·량(律度量) 등 측정 기구의 재료로 구리[銅]를 사용하는 이유는 '동(銅)'과 '동(同)'의 소리가 같기 때문이다. 이는 천하를 동일(同一)하게 만들고 만물을 가지런하게 만들고자 하는 의도가 있다. 그리고 구리의 특성이 매우 정치(精緻)하여 건조하거나 습하거나 춥거나 더워도 성질이 변하지 않고 이슬과 서리, 비바람에도 형태가 바뀌지 않기 때문이다.[163]

『용성집(龍城集)』[164]에서 "우뢰 맞아 죽은 사람의 등에 '시장에서 정상보다 작은 말[斗]을 사용했음[市中用小斗]'이라는 글자가 있었다"[165]라고 하였다.

## 삼척동척

### 三陟銅尺

반계 유형원이 말하였다.

> 이것은 바로 세종 때의 포백척(布帛尺)[166]이니 연호(年號)와 월일(月

---

훌륭한 어사로 알려졌으며, 후에 호조 판서로 있으면서 균역법을 만드는 데 힘썼다.

162) 『松南雜識』에는 '律曆志'로 되어 있음.

163) 凡律度量**衡**, 用銅者, 名自名也. **所以**同天下·齊**風俗**也. **銅**爲物**之**至精, 不爲燥濕寒暑變**其**節, 不爲風雨**暴**露改**其**形. **師古曰, 取銅之名以合於同也**.(『前漢書, 卷二十一上, 律歷志, 第一上』)→凡律度量, 用銅者, 名自名也. 同天下, 齊**萬物**也. **其**爲物至精, 不爲燥濕寒暑變節, 不爲**霜**露風雨改形.(『松南雜識』)

164) 용성집(龍城集) : 당나라 유종원의 문집.

165) 長慶中, 有人雷震而死, 背上粉書云, 市中用小斗. 李用晦芝田錄.(『古今事文類聚前集, 卷四, 天道部, 雷, 震人書背』)

日)이 다 새겨져 있다. 매우 정밀하게 제작하였기에 가을 터럭도 들어갈 수 있을 정도이다. 대개 당시에 이미 율도(律度)[167]를 통일하고 동척(銅尺)을 제작하여 각 관청, 각 마을, 사고(史庫), 명산(名山)에 두루 보관해 왔던 것 같다. 그러나 여러 번 전쟁을 겪으면서 지금까지 남아 있는 것이 없고 오직 요행히 삼척(三陟)에만 보존되어 있지만 사람들이 역시 심상하게 여긴다. 그러므로 오래지 않아 또 없어질 듯하니 한탄할 만하다. 지금 관청이나 민간에서 사용하는 포백척은 이 자보다 칠 푼 이상 더 길다.[168]

지금 서울 수표교(水標橋)[169]에 세워 놓은 수표석(水標石)에 주척(周尺)을 새겼는데 세종 조의 주척과 서로 비슷하다.[170]

---

166) 포백척(布帛尺) : 바느질하거나 비단을 잴 때 사용하는 자.

167) 율도(律度) : 기후를 관측하여 율관(律管)을 정한 것.

168) 此乃**今三陟府所藏銅鑄**世宗朝布帛尺, 半其所刻年號月日俱在, 制造極精細, 入秋毫, 蓋當時旣齊律度, 鑄銅尺遍藏於各司各邑史庫名山, 而屢經兵亂, 今無存者, 唯幸保於此府, 人亦視爲尋常, 未久, 又將埋沒, 可歎. 今公私所用布帛尺, 較此更加七分强.(『磻溪隨錄, 卷二, 田制下, 諸本周尺附』) → 此乃世宗朝布帛尺, 半其所刻年號月日俱在, 制造極精, 細入秋毫, 蓋當時旣齊律度, 鑄銅尺遍藏於各司各邑史庫名山, 而屢經兵亂, 今無存者, 唯幸保於此府, 人亦視爲尋常, 未久, 又將埋沒, 可歎. 今公私所用布帛尺, 較此更加七分强.(『松南雜識』)

169) 수표교(水標橋) : 현재 서울 장충단공원 소재하는 다리. 본래 청계천에 있었는데, 이곳으로 옮겨졌다. 육모로 된 큰 다리 기둥에 길게 모진 도리[桁]를 얹고 그 사이에 판석(板石)을 깔아 만들었다. 조선 시대에 청계천의 수량을 측정하기 위해 다리 돌기둥에 경(庚)·진(辰)·지(地)·평(平)이란 표시를 해서 물의 깊이를 쟀다.

170) **此乃**今京中水標橋所竪水標石刻周尺, 與**上**世宗朝周尺相準.(『磻溪隨錄, 卷二, 田制下, 諸本周尺附』) → 今京中水標橋所竪水標石刻周尺, 與世宗朝周尺相準.(『松南雜識』)

## 관두시승
### 官斗市升

「율력지(律歷志)」에서 말하였다.

대나무 관(管)으로 된 악기를 모두 '약(龠)'이라고 한다. 오직 황종관(黃鐘管)은 서미(黍米)를 채웠을 때 기장[黍] 천 이백 알이 들어간다. 십 약(龠)이 홉(合)이고, 십 홉(合)이 승(升)이며, 십 승(升)이 두(斗)이고, 십 두(斗)가 곡(斛)이다.[171]

『춘추좌전(春秋左傳)』에서 말하였다.

제(齊)나라는 본래 네 가지 되가 있으니, 두(豆)·구(區)·부(釜)·종(鍾)이 그것입니다. 사 승(升)이 두(豆)가 되고 사 두(豆)가 구(區)가 되고 사 구(區)가 부(釜)가 되고 십 부(釜)가 종(鍾)이 됩니다. 그런데 진씨(陳氏)들에게는 세 가지 되가 있으니 두(豆)·구(區)·부(釜)로 왕실의 것보다 한 되씩 더 큽니다. 곧 나섯 되를 두(豆), 다섯 두(豆)를 구(區), 다섯 구(區)를 부(釜)라고 합니다. 게다가 종(鍾)은 이보다도 훨씬 더 큽니다. 그래서 진씨들은 자신들의 되로 되어서 백성들에게 꾸어주고 나라의 되로 되어서 받아들입니다.[172]

나라에서 쓰는 말[公量]은 지금의 관두(官斗)[173]와 비슷하니, 관두가

---

171) **本起於**黃鐘之**龠**, **用度數審其容**, 以**子穀秬**黍**中者**千**有**二百**實其龠**, **以井水準其槩**, **合**龠爲合, 十合爲升, 十升爲斗, 十斗爲斛.(『前漢書, 卷二十一上, 律歷志, 第一上』) →**竹管**, **皆謂之龠**. **惟**黃鐘之管, 實以黍米, 容千二百黍合. 龠爲合, 十合爲升, 十升爲斗, 十斗爲斛.(『松南雜識』)

172) 齊舊四量, 豆區釜鍾. 四升爲豆, 各自其四, 以登於釜, 釜十則鍾. 陳氏三量, 皆登一焉, 鍾乃大矣. 以家量貸, 而以公量收之.(『春秋左傳注疏, 卷四十二, 昭公三年』)

173) 관두(官斗): 나라에서 관리들의 봉급을 줄 때 쓰던 말.

집에서 쓰는 말[家量] 보다 적은 것이 오래되었다.

또 지금 저자의 되[市升]를 '화인(火印)'이라 하니, 집에서 쓰는 말[家量] 석 되가 화인 한 되 꼴이니 저자 되가 또 집에서 쓰는 되보다 크다. 이런 까닭에 되[升]가 평평하도 한 말[斗]을 채우지 못한다.

## 제비를 뽑아서 재물을 나눔
分財執籌

『문자(文子)』[174]에서 "믿을만한 사(士)로 하여금 재물을 나누게 하는 것이 재물을 미리 나누어 놓은 뒤에 제비를 뽑느니만 못하다"[175]라고 하였으니, 이것이 지금의 제비뽑기[執籌]·주판(籌板)의 시작이다.

## 취지걸시
吹篪乞市

「범저전(范雎傳)」에서 "오자서(伍子胥)[176]가 무릎걸음으로 가고 기어가면서 배를 두드리고 피리를 불며 오나라 시장에서 구걸하였다"[177]라고 하였으니, 지금 거지들이 퉁소를 부는 일이 이것이다.

---

174) 문자(文子): 춘추 전국 시대의 신견(辛銒)이 지은 책. 총 2권.
175) 使信士分財, 不如定分而探籌.(『文子纘義, 卷四, 符言篇』)
176) 오자서(伍子胥): 춘추 시대의 초나라 사람(?~B.C. 484) 이름은 원(員). 아버지와 형이 초나라 평왕(平王)에게 피살되자 오나라를 도와 초나라를 쳐서 원수를 갚았다.
177) 伍子胥, …… 膝行蒲伏, **稽首肉袒**, 鼓腹吹篪, 乞食於吳市.(『史記, 卷七十九, 范雎蔡澤列傳, 第十九, 范雎』)→伍子胥, 膝行蒲伏, 鼓腹吹篪, 乞食於吳市.(『松南雜識』)

## 아쾌
### 牙儈

『중산시화(中山詩話)』[178]에서 말하였다.

옛날에는 장쾌(駔儈)라고 하였는데 지금 '아쾌(牙儈)'라고 하니 잘못이다. 유도원(劉道源)이 말하기를 "본래는 호랑(互郎)[179]이 호시(互市)[180]를 주관하였는데 당나라 사람들이 호(互)를 쓸 때 아(牙)로 썼으니 잘못된 것이다"라고 하였다.[181]

「안록산전(安祿山傳)」에서 '호시(互市)의 아랑(牙郎)'[182]이라고 한 말이 이것이다.

## 행상연구
### 行商聯句

세상에 다음과 같은 이야기가 전한다.

여양(驪陽)이 다시 임용되었을 때 사사로이 교외로 행차하였다가 날이 저물어 여관에 투숙하였다. 밤이 깊었을 때 행각승(行脚僧)[183]과

178) 중산시화(中山詩話) : 송나라 유반(劉攽)이 지은 시화집.
179) 호랑(互郎) : 거간꾼. 중개인(仲介人).
180) 호시(互市) : 육로나 해로를 통하여 외국과 거래하는 것.
181) 古稱駔儈, 今謂牙**非也**. 劉道源**云**, 本稱互郎主互市. 唐人書互爲牙, **因**訛**爲牙**.(『中山詩話』) → 古稱駔儈, 今謂牙. 劉道源**曰**, 本稱互郎主互市. 唐人書互爲牙, 訛**也**.(『松南雜識』)
182) **及長**, **解六蕃語**, **爲**互市牙郎.(『舊唐書, 卷二百上, 列傳, 第一百五十, 安祿山』) → 互市牙郎.(『松南雜識』)
183) 행각승(行脚僧) : 여러 곳으로 다니며 고행하는 중.

장사치 다섯 명이 들어왔다.

새벽에 갑자기 한 사람이 "여관의 새벽 풍경이 바로 연구(聯句)를 짓기에 딱 좋습니다"라고 하고는 곧바로 "길 떠나는 나그네 말을 먹이니 닭이 세 홰 우니[行人秣馬第三鷄]"[184]라고 하였다. 그러자 한 사람은 "십 리 평교(平橋) 안개가 나무에 나직하다[十里平橋霧樹低]"라고 하였다. 또 한 사람이 "남편이 서울로 팥을 팔러 가니[良人販豆京師去]"라고 하였다. 또 한 사람이 "젊은 아낙 방아 찧고 오니 달이 지려 하네[少婦舂來月欲西]"라고 하였다. 나머지 한 사람이 품평하기를 "동틀녘에 못된 녀석이 가소로운 일을 저질렀구만!"이라고 하였다. 여양이 그 말을 듣고 마음이 동요되어 말을 달려 서울로 들어갔다. 만약 한 시각이라도 어긋났더라면 형세가 기울었을 것이라고 한다.

또한 이익을 좇는 자에 대한 경계(警戒)이다.

## 신문고
### 申聞鼓

『명사(明史)』에서 "등문고(登聞鼓)를 두었다"[185]라고 하였다.

조선 태종 임오년(1402)에 신문고(申聞鼓)를 설치하여 원통한 일이 있는 사람이 그것을 쳐서 호소하게 하였는데, 나중에는 대궐 안에 옮겨 설치하였다.

응소(應劭)[186]가 "요(堯)임금이 오거리에 진선정(進善旌)을 설치하였

184) 기폐(起廢) : 관리 중에 해직되었던 사람을 다시 벼슬에 씀.
185) **置**登聞鼓.(『明史, 卷二, 本紀第二, 太祖二』)→**有**登聞鼓.(『松南雜識』)
186) 응소(應劭) : 동한(東漢)의 학자. 여남(汝南) 출신. 자는 중원(仲遠). 박학다식하여 영제(靈帝) 때에 태산 태수에 제수되었다. 황건적을 제압한 공이 있다. 『한관예의고사(漢官禮儀故事)』를 저술하여 거기에서 조정의 제도를 많이 취하였다. 또, 『풍속통(風俗通)』과 『중한집서(中漢集序)』도 저술하였다.

고,[187] 다리 기둥에 비방목(誹謗木)을 세워서 정치의 허물을 쓰게 하였다"[188]라고 하였다.

지금은 이름을 감추고 국가를 욕하고 매도하는 까닭에 신문고 울리는 것을 금지하였고, 폐석(肺石)[189]은 대부분 털끝만한 원한이나 실낱같은 혐의를 썼기 때문에 폐지하였다.

187) 진선정(進善旌) : 요(堯)임금 시절에 오거리에 기를 세워 놓고 선한 말을 하려는 사람에게 그 기 아래 서서 하고 싶은 말을 하도록 하였다.

188) 天下朝有進善之旌.〈應劭曰, **旌幡也**. 堯設**之**五達**之道**〉, 誹謗**之**木.〈**應劭曰**, 橋梁**邊板**, **所**以書政治**之**愆失也.〉(『前漢書, 卷四, 文帝紀第四, 孝文皇帝二年』)→應劭曰, 堯設**進善旌於**五達**衢**, **立**誹謗木**於**橋梁**柱**.(『松南雜識』)

189) 폐석(肺石) : 적석(赤石). 주대(周代)에 외조문(外朝門)의 바른 편에 설치한 것으로, 억울하거나 노약한 백성들이 윗사람에게 말 하고자 하는 바가 있어도 관리들이 전달해 주지 않을 때, 사흘 동안 이 폐석에 서 있으면 사사(士師)가 그 사정을 올려서 위에 고하고 그 관리를 죄주게 하였다.

# 29. 방언류(方言類)

### 하늘 천

漢捺天

『설부(說郛)』에 『계림유사(鷄林類事)』가 들어 있는데 여기에서 "'천(天)'을 '하날'이라 한다"[1]라고 하였다. 내가 생각하기로는 『주역』에서 "순하게 아래에 있는 것을 땅이라고 한다"[2]라고 하였으니, 지금 '지(地)'의 훈은 '타(墮)'의 와음인 듯하다.

---

1) 天曰漢捺.(『說郛, 卷五十五, 雞林類事』)
2) 夫乾, 確然, 示人易矣. 夫坤, 隤然, 示人簡矣.(『周易, 繫辭下傳』) → 隤然在下謂地.(『松南雜識』)

## 날 일
### 羅日

『운부군옥(韻府群玉)』에서 "여진인은 해를 '원라요(圓羅曜)'라고 하고, 외국에서는 '탁라요(濯羅曜)'라고 한다"[3]라고 하였다.

지금은 '일(日)'의 훈석을 '날 일[羅日]'이라고 한다.

## 해 년
### 火年

『광동통지(廣東通志)』[4]에서 말하였다.

> 옛 사람들은 일 년(年) 사시(四時)에 불을 바꾸었다. 지금 경주(瓊州)의 방언에 일 년을 일 화(火)라고 하고, 혹은 일 화(化)라고 한다.[5]

지금 '年'의 훈석을 '해'라 하니 화(火)의 와음인 듯하다.

범어(梵語)에 일 년을 한 해[一白]이라고 하는 것과 같으니, 『전등록(傳燈錄)』[6]에서 "내가 산림에 머문 지 이미 구 백(九白)이 지났구나"[7]라고

---

3) 外國呼日爲濯耀羅, 方諸眞人呼日爲圓羅曜.(『眞誥, 卷九, 協昌期』) → 圓羅曜. 眞誥方諸山人呼日爲圓羅曜, 外國呼爲濯羅曜.(『佩文韻府, 卷七十七之三』) → 女眞人呼日爲圓羅曜, 外國呼濯羅曜.(『松南雜識』)

4) 광동통지(廣東通志) : 명나라 대경(戴璟)이 편찬한 지리서. 『광동통지초고(廣東通志初稿)』 40권을 청나라의 학옥린(郝玉麟) 등이 감수하여 60권으로 만들었다.

5) 廣東通志, 古人一年四時改火, 今瓊州**西**鄕音, 謂一年爲一火, **火音微**, **東鄕人**, **謂一年爲喜**, 或爲之化, **乃喜之變音**.(『康熙字典, 火部』) → 廣東通志**曰**, 古人一年四時改火, 今瓊州西鄕音, 謂一年爲一火, 或爲之化.(『松南雜識』)

6) 전등록(傳燈錄) : 석 도원(釋道原)이 1004년에 지은 책. 비바시불(毘婆尸佛)에서 석가모니불(釋迦牟尼佛)을 거쳐 보리달마(菩提達磨)에 이르는 인도의 전등(傳燈) 법계(法系)부터, 보리달마 이후 법안문익(法眼文益)의 법사(法嗣)에 이르는 중국의 전등 법계를 밝히면서, 1701명에 달하는 선종(禪宗)의 계보를 상세히 서술하였다. 총 30권. 『경덕전등록(景德傳燈錄)』이라고도 한다.

하였다.

## 임금 군
尼音今君

지봉 이수광이 말하였다.

우리나라에서 '군(君)'을 '임금[音今]'이라고 훈석하는데, 이 말은 본래 신라 때 나왔다. 치아가 많으면 어질다고 여겼기 때문에 떡을 깨물게 하여 시험해서 임금으로 추대하고 '이사금(尼師今)'이라고 불렀다. 중엽 이후에 '아무왕'이라 칭하니 그 옛 제도를 따른 것이다.[8)]

## 군
君

『의례(儀禮)』에서 "군(君)은 지극히 존귀하다[君至尊也]"라고 하였는데, 그 주석에서 "땅을 소유한 자를 모두 '군(君)'이라고 한다"[9)]라고 하였고, 부인을 군(君)이라 일컬으니 『시경』에서 "나를 '군(君)'으로 생각하네[我以爲君]"[10)]라고 하였다.

자식이 부모를 '군'이라 일컬으니, 『주역』에서 "집에 엄격한 군(君)있

7) 二十二祖摩拏羅曰, 我在林間已經九白, 印度以一年爲一白.(『類說, 卷二十, 傳燈錄』) →梵言一年爲一白, 傳燈錄, 我止林間已經九白.(『松南雜識』)

8) 俗釋君字曰尼音, 今此語本出新羅. **蓋新羅**時以多齒爲賢, 嚙餠以試之, 推**以**爲君, 號尼師今. **按三國史**, **於新羅稱君爲尼斯今**, 中葉以後**始**稱某王者, **因**其舊也.(『芝峯類說, 卷十六, 語言部, 方言』)→俗釋君字曰尼音, 今此語本出新羅時, 以多齒爲賢, 嚙餠以試之, 推爲君, 號尼師今, **而**中葉以後稱某王者, **仍**其舊也.(『松南雜識』)

9) 有地者, 皆曰君.(『儀禮注疏, 卷十一, 喪服』)

10) 『詩經, 邶風, 鶉之奔奔』.

네"[11]라고 하였다.

자손이 조상을 '군'이라 일컬으니, 「후한서, 공융전(孔融傳)」[12]에서 '선군공자(先君孔子)'라고 하였다.

형이 동생을 '군'이라고 일컬으니, 소식(蘇軾)이 동생 소철(蘇轍)을 '묘군(卯君)'[13]이라고 하였다.

첩이 남편을 '군'이라고 일컬으니, 「내칙(內則)」에서 "군(君)이 음식을 먹은 뒤에 치운다"[14]라고 하였다.

부인이 남편을 '군'이라 일컬으니, 고시(古詩)에서 "열 일곱에 군의 아내 되었네"[15]라고 하였다.

남편이 부인을 '군'이라 일컬으니, 「동방삭전(東方朔傳)」에서 '세군(細君)'[16]이라고 하였다.

윗사람이 아랫사람을 '군'이라 일컬으니, 「신도가전(申屠嘉傳)」에서 "임금이 '군은 말하지 말라'라고 하였다[上曰, 君勿言]"[17]라는 기록이 있다.

부인의 봉호(封號)에도 쓰였으니, 『사기』에서는 장아(臧兒)를 높여 '평원군(平原君)'이라고 하였다.[18]

서로 간에 '군'이라고 통칭하니 「사마양저열전(司馬穰苴列傳)」에서 "백성의 목숨은 군에게 달려 있다"[19]라고 하였다.

또 덕을 이룬 사람의 명칭이니, 『논어』에서 "군자(君子)가 아니겠는가?"[20]라고 하였다.

---

11) 家人有嚴君焉.(『周易, 家人』) → 家有嚴君.(『松南雜識』)

12) 『松南雜識』에는 '孔安國傳'으로 오기되어 있음.

13) 묘군(卯君) : 소식이 기묘년(己卯年)에 태어난 동생 소철을 묘군이라 한 데서 유래한 말로, 동생을 의미한다.

14) 君已食, 徹焉.(『禮記, 內則』) → 君已食, 徹也.(『松南雜識』)

15) 「초중경처작(焦仲卿妻作)」.

16) 『前漢書, 卷六十五, 東方朔傳, 第三十五』.

17) 『前漢書, 卷四十二, 張周趙任申屠傳』.

18) 한나라 효무제가 즉위하여 황태후모(皇太后母)인 장아(臧兒)를 평원군(平原君)으로 높였다.(『史記. 卷九十五. 考證』)

19) 『史記, 卷六十四, 司馬穰苴列傳』.

은사(隱士)를 징군(徵君)이라 하고, 지방수령을 사군(使君)이라고 한 것 또한 많다.

## 아야 · 아모
阿爺阿母

지봉 이수광이 말하였다.

민간에서 아버지를 '아부(阿父)'라 하고 어머니를 '아미(阿嬭)'라고 한다. 아프고 고통스러우면 '아야(阿爺)'를 부르고 놀라고 두려우면 '아모(阿母)'를 부르니, 사마천의 『사기(史記)』에서 이른바 "아프고 고통스러우며 처참하고 슬프면 일찍이 부모를 부르지 않음이 없다"[21] 라고 한 의미이다.[22]

민(閩)땅 사람들은 아버지를 '낭파(郎罷)'라고 하고 아들을 '囝'이라고 한다. '囝'의 음은 선이다.

---

20) 人不知而不慍, 不亦君子.(『論語, 學而』)

21) 疾痛慘怛, 未嘗不呼父母也.(『史記, 卷八十四, 屈原賈生列傳, 第二十四』)

22) **今**俗謂父曰阿父, 謂母曰阿嬭. 疾痛則呼阿爺, 驚恐則呼阿母. **此**卽**屈原**所謂疾痛慘怛, 未嘗不呼父母之義也.(『芝峯類說, 卷十六, 語言部, 俗諺』)→俗謂父曰阿父, 謂母曰阿嬭. 疾痛則呼阿爺, 驚恐則呼阿母. 卽**馬史**所謂疾痛慘怛, 未嘗不呼父母之義也.(『松南雜識』)
*『지봉유설』에서는 "疾痛慘怛, 未嘗不呼父母"를 굴원이 말한 것으로 밝히고 있지만, 이는 『사기, 굴원열전』에 나오는 말이다. 『松南雜識』에서 『지봉유설』의 출전의 오류를 바로잡았다.

## 아포
### 阿謈

「동방삭전(東方朔傳)」에서 "사인(舍人) 곽방(郭榜)이 고통을 견디지 못해 '포(謈)'라고 부르짖었다"[23]라고 하였는데, 그 주석에서 "'謈'의 음은 '포'이다. 지금 사람들은 고통이 심하면 '아포(阿謈)'라고 한다. 포(謈)는 고통스럽고 원망하는 소리이다"[24]라고 하였다.

## 아아
### 孲犽

양웅(揚雄)의 『방언(方言)』에서 "오(吳)나라 사람들은 어린아이를 '아아(孲犽)'라고 한다"[25]라고 하였으니, 지금 어린아이를 부르는 말이다.

## 아아
### 阿兒

『설부(說郛)』에서 "동방 사람들은 동생을 '아아(阿兒)'라고 부르며, '아아(我亞)'라고도 부른다"[26]라고 하였다.

선비족(鮮卑族)은 형을 불러 '아간(阿干)'이라고 하는데[27] 중국인이 '가

---

23) 舍人不勝痛呼謈.(『前漢書, 卷六十五, 東方朔傳』)→**郭**舍人**榜**不勝痛呼謈.(『松南雜識』)

24) **服虔曰**, 謈音暴. …… **師古曰**, …… 謈**自寃痛**之聲**也**. **舍人榜痛乃呼云謈**. 今人痛甚則稱阿謈.(『前漢書, 卷六十五, 東方朔傳』)→謈音暴. 今人痛甚則稱阿謈, 謈**痛寃**之聲.(『松南雜識』)

25) 吳人謂赤子曰, 孲.(『集韻』)→吳人謂赤子曰, 孲**犽**.(『松南雜識』)
*『방언(方言)』에는 나오지 않는 내용임.

26) 『설부(說郛)』에 나오지 않는 내용임.

27) 鮮卑謂兄爲阿干.(『晉書, 卷九十七, 列傳, 西戎, 吐谷渾』)

가(哥哥)'라고 부르는 것과 같으니, '간(干)'자가 '가(哥)'자로 와전된 듯하다. 또 높이는 말이니, 신라 때 신하를 높여서 '아간(阿干)'이라고 불렀다.

'질(侄)'을 '조카[族兒]'라고 부르는 것도 '종아(從兒)'의 와전이다.

## 칭형칭제
### 稱兄稱弟

『통론(通論)』에서 "口(구)와 儿(인)이 합쳐져 兄(형)이 된다. '인(儿)'은 사람이 아래에 있는 것이니 형이 입으로 그 아랫사람을 가르친다"[28]라고 하였다.

「곡례(曲禮)」에서 "동료들이 그 공손함을 칭송한다[僚友稱其弟也]"[29]라고 하였다.

지금 사람들이 남을 공경하여 '형'이라고 부르고, 자신을 낮추어 '아우'라고 부르는 것은 여기에서 유래하였다.

## 사위
### 私尉

『통감해(通鑑解)』의 주석에서 "한 무제가 부마도위(駙馬都尉)를 두어 황제의 말을 관장하도록 하였다. '부(駙)'는 딸린 말[副馬]이다"[30]라고 하

---

28) 通論**曰**口儿爲兄, 儿者人在下, 以**口**教其下也.(『古今韻會擧要, 卷八, 兄』)→通論, 口儿爲兄, 儿者人在下, 以**兄**教其下也.(『康熙字典, 兄』)→通論曰, 口儿爲兄, 儿者人在下, 以**兄**教其下也.(『松南雜識』)

29) 夫爲人子者, 三賜不及車馬. 故州閭鄕黨稱其孝也, 兄弟親戚稱其慈也, 僚友稱其弟也, 執友稱其仁也, 交遊稱其信也. 見父之執, 不謂之進, 不敢進, 不謂之退, 不敢退. 不問, 不敢對. 此孝子之行也.(『禮記注疏, 卷一, 曲禮上』)

30) **三都尉皆**武帝置, **奉車都尉掌乘輿**, **駙馬都尉掌天子之副馬**. **師古曰**, 駙副也.(『資治通鑑, 卷四十五, 漢紀三十七, 顯宗孝明皇帝下』의 주석)→**漢**武帝置**掌御馬**. 駙副也.

니, 정식으로 수레를 매지 않은 모든 말이 부마(駙馬)이다.

위(魏)·진(晉) 때에는 공주에게 장가든 사람에게 그 벼슬을 주었다. 민간에서는 '금련(禁臠)'이라고 한다.

조규(趙葵)[31]의 『행영잡록(行營雜錄)』에서 "황제의 딸은 공주가 되고, 그 남편은 반드시 부마도위(駙馬都尉)에 임명되기 때문에 '부마(駙馬)'라고 한다. 왕실의 여자가 군주(郡主)에 봉해지면, 그 남편을 '군마(郡馬)'라 하고 현주(縣主)에 봉해지면 그 남편을 '현마(縣馬)'라고 하니, 무슨 의미인지 모르겠다"[32]라고 하였다.

왕실의 사위를 '도위(都尉)'라고 하고 사가(私家)의 사위를 '사위(私尉)'라 한다. 또 송나라 풍속에 부마를 '분랑(粉郎)'이라 하고 그 형을 '분곤(粉昆)'이라 하니, 한충언(韓忠彦)이 형 한가언(韓嘉彦)을 분곤이라고 한 말이 이것이다.[33]

## 반자
半子

진(陳)나라 후주(後主)가 "딸의 지아비는 아들과 같은 반열[兒例]이다"라고 하였다. 유우석(劉禹錫)[34]의 글에 "나의 맏아들에게 명하여 그대의 사위[半子]가 되게 했네"라고 하니[35], 지금 사위를 반자라고 하는 것의

---

(『松南雜識』)

31) 조규(趙葵) : 송나라의 문신. 자는 남중(南仲).

32) 皇女爲公主, 其夫必拜駙馬都尉, 故謂之駙馬. 宗室女封郡主者, 謂其夫爲郡馬, 縣主者爲縣馬, 不知何義也.(『說郛, 卷四十七上, 行營雜錄』)

33) 粉昆者, 世以駙馬都尉爲粉侯, 韓嘉彦尙主, 以兄忠彦爲粉昆也.(『宋史, 卷三百四十, 列傳, 第九十九』)

34) 유우석(劉禹錫) : 당나라의 시인(772~842). 자는 몽득(夢得). 혁신파 관료인 왕숙문, 유종원 등과 정치 개혁을 기도하였으나 좌천되어 지방관으로 있으면서 농민의 생활 감정을 노래한 『죽지사(竹枝詞)』를 펴냈으며, 시문집에 『유몽득문집』·『유빈객집(劉賓客集)』·『외집(外集)』 등이 있다.

유래이다.

「주읍전(朱邑傳)」에서 "진평(陳平)이 비록 현명하지만 위(魏)씨의 사위[債]가 된 이후에 진용하였습니다"[36]라고 하였는데, 그 주석에서 "제(齊)나라와 노(魯)나라에서는 사위를 '채(債)'라고 한다"라고 하니, 빌릴 수 있다는 말이다.

## 완장 · 아함
### 阮丈阿咸

아함(阿咸)이라는 말은 대개 진(晉)나라의 완적(阮籍)[37]과 완함(阮咸)[38]이 숙부와 조카 관계였던 데서 유래한 듯하다. 지금 남의 조카를 아함(阿咸)이라고 하는 것은 괜찮다.

후산(后山) 진사도(陳師道)[39]의 시에서,

---

35) **此爲**女夫乃是兒例.(『資治通鑑, 卷一百七十六, 陳紀』)
**乃**命長嗣, 爲君半子.(『劉賓客外集, 卷十, 祭虢州楊庶子文』)
→女夫乃是兒例, 陳後主云 **乃**命長嗣爲君半子. 劉禹錫文.(『古今事文類聚後集, 卷十四, 翁婿』)
→**陳後主云**, 女夫乃是兒例. **劉錫文曰**, 命**我**長嗣, 爲君半子.(『松南雜識』)

36) **昔**陳平雖賢, 須魏債而後進.(『前漢書, 卷八十九, 循吏傳, 朱邑傳』)→陳平雖賢, 須魏債而後進.(『松南雜識』)

37) 완적(阮籍) : 중국 삼국 시대 위(魏)나라의 은자. 자는 사종(嗣宗). 죽림칠현(竹林七賢)의 한 사람으로 여러 책을 널리 보았는데 노장(老壯) 사상에 특히 심취하였다. 퉁소와 거문고를 잘 다루며 술을 좋아하였는데, 뜻이 이를 때면 수레를 타고 달리다가 길이 다하면 문득 통곡하며 돌아왔다고 한다. 저작에 「영회시(詠懷詩)」 80여 편과 「달생론(達生論)」·「대인선생전(大人先生傳)」 등이 있다.

38) 완함(阮咸) : 중국 삼국 시대 진(晉)나라의 은자. 자는 중용(仲容). 완적의 조카로 완적과 이름을 나란히 하였다. 죽림칠현의 한 사람이다.

39) 진사도(陳師道) : 송(宋)나라의 시인. 자는 이도(履道). 호는 후산거사(後山居士). 문(文)은 증공(曾鞏)을 스승으로 삼고 시(詩)는 황정견(黃庭堅)을 귀감으로 삼았는데 몹시 추운 날 명주옷도 입지 못한 채 교사(郊祀)에 참석하였다가 한질(寒疾)에 걸려 죽었다.

옛부터 죽림에 모름지기 완함이 있어　　　　從昔竹林須小阮
지금 산도(山濤)[40]와 왕융(王戎)[41]을 버리지 못할 뿐[42]
只今未可棄山王[43]

이라고 한 말이 이것이다.

남의 아버지 형제를 완장(阮丈)이라고 하는 것은 옳지 않다. 어질게 대우하고자 하면서 그 성을 바꾸겠는가? 혹 그 아버지의 형제를 높여서 '우리 완장'이라고 하는 것은 더욱 옳지 않다.

## 위양
### 渭陽

『시경(詩經)』에서 "내 외삼촌을 전송하러 위양(渭陽)[44]에 이르렀네[我送舅氏, 曰至渭陽]"[45]라고 하였다.

『진서(晉書)』에서 원감(袁堪)[46]이 사중(謝重)에게 "위양(渭陽)의 정이 없구나"[47]라고 한 말이 이것이다.

---

40) 산도(山濤) : 진(晉)나라의 은자. 하내회(河內懷) 출신. 자는 거원(巨源). 성품이 청렴하고 사욕이 없었다. 노장사상에 심취하여 은거하였다. 죽림칠현의 한 사람이다.

41) 왕융(王戎) : 진(晉)나라의 은자. 낭야(琅邪) 임기(臨沂) 출신. 자는 예충(濬沖). 왕융은 완적보다 스무 살이나 적었지만 함께 교유하였다. 죽림칠현의 한 사람이다.

42) 진사도는 산도(山濤)와 왕융(王戎)이 귀하고 현달하였다가 쫓겨남을 당했기 때문에 이렇게 말하였는데, 이들로써 진사도 자신을 비유하였다.

43) 從昔竹林**須**小阮, **只**今未可棄山王.(『後山集, 卷七, 詩, 上晁主客』) → 從昔竹林**雖**小阮, **至**今未可棄山王.(『松南雜識』)

44) 위양(渭陽) : 『시경』의 편명으로, 강공(康公)이 그 외삼촌인 중이(重耳)를 위양(渭陽)에서 전송한 것에서 유래한 말로 '외숙과 생질간의 정'을 의미한다.

45) 『詩經, 國風, 秦, 渭陽』.

46) 원감(袁堪) : 진(晉)나라의 문신. 강남 오현(江南吳縣) 출신.

47) 『晉書, 卷七十九, 列傳, 謝安』.

## 장인 · 열악
### 丈人列嶽

『주역(周易), 사괘(師卦)』에 ‘장인(丈人)’[48]이라는 말이 있는데, 그 주석에서 ‘존림(尊臨)의 칭호’라고 하였다.

구양수(歐陽脩)는 “지금 사람들이 아내의 아버지를 ‘악공(嶽公)’이라고 하니, 태산(泰山)에 ‘장인봉(丈人峯)’이 있기 때문이다. 아내의 어머니를 ‘태수(泰水)’라고 하니, 어떤 글에서 나왔는지 모르겠다”[49]라고 하였다.

‘악장(樂丈)’ 또는 ‘빙장(氷丈)’이라는 말은 악광(樂廣)[50]의 고사에서 유래하였다.[51]

「청성산기(靑城山記)」에서 “청성산(靑城山)[52]이 오악(五嶽) 중의 어른이므로 ‘장인산(丈人山)’이라고 불렀다. 그래서 아내의 아버지를 ‘영악(令嶽)’이라 부르고, 아내의 백부와 숙부를 ‘열악(列嶽)’이라 부른다”[53]라고 하였다. 또 『이아(爾雅)』에서 “아내의 어머니가 ‘외고(外姑)’이다”[54]라고 하였는데 지금 ‘장모(丈母)’라고 부르는 것은 ‘장인봉(丈人峯)’ 때문이다.

---

48) 師, 貞, 丈人, 吉, 无咎.(『周易, 師』)

49) **摭遺云**, **歐陽永叔謂**, 今人呼妻父爲**岳**公, 以**泰**山有丈人峰, 又呼妻母爲泰水, 不知出何書也.(『通雅, 卷十九, 稱謂』) → 今人呼妻父爲**嶽**公, 以**泰**山有丈人峰, 又呼妻母爲泰水, 不知出何書也.(『松南雜識』)

50) 악광(樂廣) : 진(晉)나라 사람. 자는 언보(彦輔).

51) 진(晉)나라 위개(衛玠)가 악광(樂廣)의 딸에게 장가들었는데 이때 장인인 악광을 빙청(冰清)이라고 하였다. 그래서 장인을 악장(樂丈) · 빙장(氷丈)이라고 하는 말이 생겼다.

52) 청성산(靑城山) : 사천성(四川省) 관현(灌縣) 서남쪽에 있는 산의 이름. 민산(岷山)의 제일봉으로 여러 산봉우리가 주위를 둘러싸고 있어 모양이 성곽과 같다. 황제(黃帝)가 이 산을 봉(封)하여 오악장인(五岳丈人)으로 삼았기 때문에 장인산(丈人山)이라 불린다.

53) 靑城山爲五嶽之長, **故**名丈人山. **今世俗**呼**人**婦翁爲令**嶽**, 妻之伯叔父爲列**嶽**, **往往因此**. 〈靑城山記〉(『古今事文類聚後集, 卷十四, 人倫部, 翁婿』) → 靑城山爲五嶽之長, 名丈人山. **故**呼婦翁爲令**岳**, 妻之伯叔父爲列**岳**.(『松南雜識』)

54) 『爾雅注疏, 卷三, 母黨』.

## 선생 · 제자
### 先生弟子

『논어(論語)』에서 “선생(先生)께 드시게 한다”[55]라고 하였고, 『관자(管子)』에서는 「제자직(弟子職)」[56]이라고 하였다. 『논어』에서 “나는 선배(先輩)를 따르리라”,[57] “후배(後輩)를 두려워할 만하다”[58]라고 하였다. 또 『주역, 사괘(師卦)』에서 “제자는 수레에 주검을 실어 나른다”[59]라고 하였으니, ‘제자’라는 명칭이 가장 먼저 나왔다.

## 노야 · 아부
### 老爺阿父

육유(陸游)의 『노학암필기(老學庵筆記)』[60]에서 “민간에서 아버지를 ‘노자(老子)’라고 부른다”[61]라고 하였으니, 이른바 ‘대범노자(大范老子), 소범노자(小范老子)’[62]라는 것이다.

대개 높여서 야(爺)[63]라고 하니 종야(宗爺) · 악야(嶽爺)와 같은 말이 이것이다. 중국에서는 존귀한 사람을 칭하여 ‘노야(老爺)’라고 하고, 우리

---

55) 子夏問孝, 子曰, 色難, 有事, 弟子服其勞, 有酒食先生饌, 曾是以爲孝乎.(『論語, 爲政』) *여기에서 선생(先生)은 부형(父兄)의 의미임.

56) 『管子, 卷十九』에 속하는 편명.

57) 子曰, 先進於禮樂野人也, 後進於禮樂君子也, 如用之則吾從先進.(『論語, 先進』)

58) 子曰, 後生可畏, 焉知來者之不如今也, 四十五十而無聞焉, 斯亦不足畏也已.(『論語, 子罕』)

59) 『周易, 師』.

60) 『松南雜識』에서는 ‘필기(筆記)’라고 약칭하였음.

61) 俗謂父曰老子.(『老學庵筆記, 卷一』)

62) 범중엄(范仲淹)이 연안(延安)을 진무(鎭撫)할 때 하인(夏人)이 서로 경계하여, “소범노자(小范老子)는 가슴에 수만의 갑병(甲兵)을 품고 있으니 대범노자(大范老子)와 비교도 되지 않는다”라고 한데서 유래한 말이다. 소범노자는 범중엄을 가리키고, 대범노자는 범중엄의 아버지인 범옹(范雍)을 가리킨다.

63) 『松南雜識』에는 ‘父’로 되어 있음.

나라에서는 재상을 칭하여 '아보(阿父)'라고 한다.

## 대부장자
大富長者

위(魏)나라 문제(文帝)의 조서(詔書)에서 "삼대동안 장자(長子)라야 음식 맛을 안다"[64]라고 하였다. 불서(佛書)에서 "사위국(舍衛國)[65]에 급고독 장자(給孤獨長者)[66]가 있고 사가조국(斯訶條國)에 대부장자(大富長者)가 있다"라고 한 말이 이것이다.

지금 부자를 '장자(長者)'라고 일컫는 것은 여기에서 유래하였다.[67]

## 명사고불
名士古佛

불서(佛書)에서 "구담(瞿曇)[68]이라고 말한 것은 '고불(古佛)'을 이르고 석가모니(釋迦牟尼)는 '문불(文佛)'을 이른다"라고 하였다.

---

64) 魏書曰, 文帝詔與朝臣云, 三世長者知被服, 五世長者知飮食, 此言被服飮食難曉也.(『藝文類聚, 卷六十七, 服飾部, 衣裳』) → 三世長者知飮食.(『松南雜識』)

65) 사위국(舍衛國) : 본래 성(城)의 명칭인데 국호로 되었음. 인도 서북부 납보적하(拉普的河)의 남쪽에 있다.

66) 진(晉)나라 법현(法顯)의 『불국기(佛國記)』에, 인도(印度)의 급고독 장자(給孤獨長者)가 석가모니에게 사찰을 지어 기증하려고 기타태자(祇陀太子)에게 찾아가 그 정원을 팔도록 종용하자, 태자가 농담삼아 "그 땅에다 황금을 깔아 놓아야만 팔 수 있다"라고 하였다. 이에 장자가 전 재산을 기울여 그곳에 황금을 깔아 놓자, 태자가 감동하여 그곳에 절을 짓게 하였다는 고사가 전한다.

67) 魏文帝詔曰, 三世長者知飮食, **按長者二字**, **多出**佛書, **如**舍衛國, **有**給孤獨長者, 斯訶條國, **有**大富長者, 是也. **俗謂**富**豪**者**爲**長者, **蓋**出**於**此.(『芝峯類說, 卷十六, 語言部, 俗諺』) → 魏文帝詔曰, 三世長者知飮食, 佛書有舍衛國給孤獨長者, 斯訶條國大富長者, 是也. **今**富者**謂**長者, 出此.(『松南雜識』)

68) 구담(瞿曇) : 범어(梵語) Gāutama의 음역(音譯)으로 석가(釋迦)의 속성(俗姓)이다.

민간에서는 어른을 '고불(古佛)'이라고 하니, 맹사성(孟思誠)[69]을 '맹고불(孟古佛)'이라고 한 말이 이것이다. 남의 아버지를 칭할 때도 '고불(古佛)'이라고 하니, 높이는 말이다.

지금은 명망 있는 선비를 '고불'이라고 한다.

## 영감 · 대감
令監大監

우리나라 말로 관직이 없는 사람으로 지체가 있고 나이 어린 사람을 '서방(書房)'이라고 하는데, 독서하는 방에 있음을 의미하니, 바로 서생(書生)을 이른다. 지체가 있고 늙은 사람을 칭하여 '생원(生員)'이라고 하니, 종장(終場)[70]의 생원(生員)을 가탁하여 말하는 것이다.

관직이 있는 사람을 '진사(進賜)'라고 하니, 중국의 노야(老爺)[71]가 와전된 것이다. 당상관(堂上官)을 '영감(令監)'이라고 일컬으니 상서령(尙書令)과 비서감(秘書監)을 말하는 것으로, 곽영공(郭令公) · 배감(裵監)[72]이 이

---

69) 맹사성(孟思誠) : 조선 전기의 재상(1360~1438). 자는 자명(自明). 호는 고불(古佛) · 동포(東浦). 세종 때에 우의정 · 좌의정을 지냈으며, 황희와 함께 조선 전기 문화 창달에 크게 기여하였고, 성품이 청백 · 검소하기로 이름이 났다. 『태종실록』을 편찬하였으며, 작품에 「강호사시가(江湖四時歌)」가 있다.

70) 종장(終場) : 중앙은 성균관 정록소(正錄所)에서, 지방은 각 도 안렴사가 경(經)에 밝고 행실이 있는 자를 선택하여 연령 · 본관 · 삼대조(三代祖) 및 정통한 경서(經書)를 적어서 성균관장에게 올리면, 이소(貳所)에서 사서오경과 『통감』 이상을 시강하여 경서 암송의 많고 적음과 이치를 해득의 수준에 따라 차등을 정하여 제1장(場)의 합격자를 정해 예조에 보내어, 표장(表章) · 고부(古賦)로 시험 보이는 것을 중장(中場)으로 하고, 책문(策問)을 시험 보이는 것을 종장(終場)으로 하였다.

71) 노야(老爺) : 중국에서 귀하고 현달한 사람을 높여 이르는 말.

72) 곽영공(郭令公)은 당나라의 현종(玄宗) 대의 문신인 곽자의(郭子儀)를 이른다. 배감(裵監)은 금오장군(金吾將軍) 배서(裵諝)를 이르는 듯하다. 당나라 때 곽분양(郭汾陽)의 집에서 사도(私屠 : 사사로 짐승을 잡는 것)의 금령을 범하였는데, 금오장군(金吾將軍) 배서(裵諝)가 위에 아뢰니, 혹자가 배서에게 이르기를, "곽영공(郭令公)의 처지를 생각하지 않는가?" 하니, 배서가 "곽공의 훈공과 덕업이 세상을 덮고 있는데 연소하신 천자

것이다.

'대감(大監)'이라는 호칭은 송나라에 호대감(胡大監)[73]이 있었으나 재상을 일컫은 것은 아니다. 명나라에서는 환관 중에 귀한 사람을 대감이라고 하니, 황문감(黃門監)을 영솔해서 그런 듯하다.

지금 재상을 대감(大監)이라고 칭하는 것은 명나라의 말을 본받아서 그런 듯하다.

## 뜰에 임하다
當宁

『예기(禮記), 곡례(曲禮)』에서 "저(宁)에 임하여 섰다[當宁而立]"[74]라고 하였는데, 그 주석에서 "저(宁)는 문과 병장(屛障)[75]의 사이[門屛之間]"라고 하였다. 또한 현재 임금의 호칭이다.

## 대가
大家

『운회(韻會)』에서 "한(漢)·위(魏) 이래로 궁중(宮中)에서 관가(官家)를 대가(大家)라 불렀다"[76]라고 하였다.

---

께서 새로 즉위하여 여러 신하들이 곽공에게 가까이 추종하는 자가 많음을 의심하므로 내가 일부러 적은 허물을 적발하여 곽공이 두려울 것이 없음을 밝히는 것이니, 이는 곽공의 처지를 위한 것이다"라고 하였다. 또 곽자의는 이름을 기억할 수 없을 정도로 많은 자손을 두었기에 세상에서 다복한 사람을 일러 '곽영공(郭令公)'이라고 한다.

73) 호대감(胡大監) : 송나라의 문신인 호숭(胡崇).

74) 『禮記, 卷五, 曲禮下』.

75) 병장(屛障) : 안팎을 가려 막는 물건. 담이나 장지, 병풍 등을 이른다.

76) 漢魏以來, 宮中呼官家爲大家. 韻會.(『韻府羣玉, 大家』) → 韻會曰, 漢魏以來, 宮中呼官家爲大家.(『松南雜識』)

## 금상 · 상감
### 今上上監

사마천(司馬遷)의 『사기(史記)』에서 천자를 가리켜 '상(上)'이라 하고, 무제(武帝)를 '금상(今上)'이라고 하였으니, '금상'이란 호칭은 여기에서 시작되었다.

우리나라에서는 주상(主上)을 '상감(上監)'이라 부르기도 하였는데, 대개 영감(令監)이나 대감(大監)의 윗사람이라는 뜻이다. 함창(咸昌)[77]에 '상감지(上監池)'가 있는데, 그 지방 사람들은 "가야(伽倻) 때 왕의 연못이었기 때문에 '상감지'라 한다"라고 말하니 '상감'이라는 호칭 역시 오래되었다.

## 사부 · 양반
### 士夫兩班

주(周)나라 벼슬에 '대부(大夫)'와 '사(士)'라는 호칭이 있고, 『오대사(五代史)』에 문관(文官)과 무관(武官)을 동서양반(東西兩班)이라고 한 호칭이 있으니,[78] 지금 '사부양반(士夫兩班)'이라는 말은 여기에서 시작되었다.

택당(澤堂) 이식(李植[79])이 이른바 "우리나라 양반은 농사짓지 않고 부역하지 않으며 평생 한가하고 편안하다[我國兩班, 不耕不役]"[80]라고 한 말이 이것이니 바로 야인(野人)을 다스리는 군자이고 남항(南行)[81]은 동

---

77) 함창(咸昌) : 경상북도 상주 지역의 옛 지명.
78) 『金史, 卷三十六, 志第十七, 禮九』.
79) 이식(李植) : 조선 후기의 문신(1584~1647). 본관은 덕수(德水). 자는 여고(汝固), 호는 택당(澤堂) · 남궁외사(南宮外史) · 택구거사(澤臞居士). 시호는 문정(文靖). 문장이 뛰어나 신흠(申欽) · 이정구(李廷龜) · 장유(張維)와 함께 한문사대가(漢文四大家)로 일컬어진다. 그의 문장은 우리나라의 정통적인 고문으로 높이 평가되었는데, 김택영(金澤榮)은 여한구대가(麗韓九大家)의 한 사람으로 꼽았다. 1686년 영의정에 추증되고, 여주의 기천서원(沂川書院)에 제향되었다. 문집으로 『택당집』이 전한다.
80) 『澤堂先生別集, 卷十五, 雜著, 示兒代筆』.
81) 남항(南行) : 조선 시대 과거를 거치지 않은 문음자제(門蔭子弟)나 은일지사(隱逸之

서(東西) 양반(兩班)의 남쪽을 차지하는데 하반(賀班)을 말한다.

'한산(寒散)'[82]은 한미(寒微)한 집안의 산반(散班)을 말하는데 육조(六曹)의 정반(正班)이 아니면 모두 산반이니, 또한 『가람기(伽藍記)』[83]에 이른바 "석숭(石崇)[84]은 서성(庶姓)[85]이었지만 오히려 알에도 그림을 그리고 땔 나무에도 조각을 하는 호사를 누렸다"[86]라는 것이다.

속담에 "중국의 여자와 왜의 중과 조선의 사부(士夫)는 천하에서 벼슬이 없으면서도 귀한 자이다"라고 하였다.

그러나 명나라 태조(太祖)가 이른바 "복검(伏劍)이 동쪽에서 오니 그 선조를 알지 못하지만 쾌활(快活)한 영웅남아(英雄男兒)이다"라고 한 것과 『거가필용(居家必用)』에서 "품관(品官)은 구품(九品)의 정(正)과 종(從)을 말한다"[87]라고 한 것은 지금의 향품반(鄕品班)이다.

---

士)를 관직에 임명하던 제도, 또는 그렇게 임명된 관리의 부류. 남항의 어원은 본래 조회 등의 행사에서 북좌남면하는 국왕, 동쪽에 서는 문반, 서쪽에 서는 무반에 대해 남쪽에서 북향에 서는 반열이라는 뜻에서 유래하였다. 그러나 조선 시대의 조회에는 남항의 반열이 따로 설정되지 않았고, 과거 출신이 아닌 관리들의 통칭으로 사용되었다. 남항 출신 문음자제들의 관계 진출이 문과 출신들보다 빠른 경우도 있어, 문과 급제자들을 오히려 각 관아의 남항에 임명해야 한다는 주장이 나오기도 하였다. 그러나 남항직은 조선 시대를 통해 문음자제들의 벼슬길로 활용되었다. 문음 출신의 수령들을 남항수령이라 하였는데 조선 후기의 관안에 따르면 문·무과 출신보다 더 많이 임명되었다.

82) 한산(寒散) : 한량(閑良)과 산관(散官)을 아울러 이르는 말.

83) 가람기(伽藍記) : 원제목은 『낙양가람기(洛陽伽藍記)』로 후위(後魏)의 양현지(楊炫之)가 찬술하였다.

84) 석숭(石崇) : 진(晉)나라의 부호(富豪). 자는 계륜(季倫). 별명은 제노(齊奴). 호사로운 행각으로 유명하다.

85) 서성(庶姓) : 천자(天子)와 성이 다른 제후(諸侯)를 말한다.

86) 石崇**乃是**庶姓, 猶能**雉頭狐掖**畫卵雕薪.(『洛陽伽藍記, 卷四, 城西』) → 石崇庶姓, 猶能畵卵雕薪. 洛陽伽藍記.(『古今事文類聚別集, 卷十八, 性行部, 玉鳳金龍』)

87) 品官, 謂**已入**九品正從者.(『居家必用, 辛集, 官稱』) → 品官, 謂九品正從者.(『松南雜識』)

## 마누라 · 아기씨 – 소설(小說)에는 '마마(媽媽)'라고 하였다
抹樓阿只氏

노부인(老婦人)을 '마누라[抹樓]'라고 칭하니, 꾸민 마루 아래[粉抹樓下]라는 말로, '합하(閤下)' · '족하(足下)'와 같은 의미이다. 지금 남자를 '영감마누라[令監抹樓]' · '대감마누라[大監抹樓]' · '진사마누라[進賜抹樓]'라고 칭하기도 하니, 또한 남자나 여자를 존대하는 통칭이다.

'아기씨[阿只氏]'는 어린 아이의 호칭이니 곧 아이를 말한다.

지금은 신부(新婦)의 호칭인데, 근래에 대군(大君)이 태어난 지 백일이 못되어 죽자, 기별(記別)[88]에 "대군 아기씨가 세상을 떠났다"라고 하니, 아기씨 역시 남녀 어린이에 쓰는 통칭이다.

## 총각 · 도령
總角都令

우리나라는 도승지(都承旨)의 관직을 가장 중시한 까닭에 총각을 귀애(貴愛)하여 '도령공(都令公)'이라 부르니, 이는 당나라 때의 '수재(秀才)'가 본래 과거의 명칭이었으나 지금 또한 총각의 호칭이 된 경우와 같다.

이숙(李䎘)[89]이 열두 살의 나이로 병자호란을 만났을 때, 청나라로 들어가 스스로 '도령'이라 이름 하였다.

---

88) 기별(記別) : 승정원(承政院)에서 처리한 일을 아침마다 적어서 반포하는 일. 또는 그 종이.

89) 이숙(李䎘) : 조선 후기의 문신(1626~1688). 본관은 우봉(牛峰). 자는 중우(仲羽), 호는 일휴정(逸休亭). 송시열(宋時烈)의 문인. 인조 14년(1636) 병자호란이 일어나 어린 나이로 포로가 되어 심양(瀋陽)에 잡혀갔다가 사신으로 간 이덕인(李德仁)의 주선으로 귀국하였다. 대구의 상덕사(尙德祠)에 제향되었으며, 시호는 충헌(忠獻)이다.

## 규수 · 처자
閨秀處子

『진서(晉書)』에 "고씨(顧氏) 집안의 아녀자들은 규방의 여인 중에서 빼어나다"[90]라고 하였기 때문에 지금 시집가지 않은 여자의 호칭이 되었다.

향산(香山) 백거이(白居易)의 시에 "깊은 규방에서 자라 사람들이 알지 못하는구나[養在深閨人未識]"[91]라고 하니, 또한 '규양(閨養)'이라고도 한다.

『맹자(孟子)』에 "동쪽 집의 처자(處子)"[92]라고 했고, 『사기(史記), 전단전(田單傳)』에서 "처음엔 처녀 같았다[始如處女]"라고 하였다.

## 내인 · 항아
內人姮娥

당시(唐詩)에서 궁녀를 '내인(內人)'이라고 하였으니, 곧 『진경잡기(秦京雜記)』에서 "궁녀의 장지(葬地)를 '내인사(內人斜)'라고 하였다"[93]라고 한 말이 이것이다.

지금 나인[內人]들이 서로 높여 '항아(姮娥)'라고 부르는 것은 월궁(月宮)의 항아에 비유하였기 때문이다.

---

90) 顧家婦**清心玉映**, **自是**閨房之秀.(『晉書, 卷九十六, 列傳, 烈女』) → 顧家婦閨房之秀.(『松南雜識』)

91) 「장한가(長恨歌)」.

92) **踰**東家**墻而摟其**處子.(『孟子, 告子下』) → 東家處子.(『松南雜識』)

93) 咸陽舊墻內曰內人斜, 葬宮人處. 秦京雜記.(『韻府羣玉, 內人斜』)

## 족하 · 합하
### 足下閤下

『풍속통(風俗通)』에서 "진문공(晉文公)이 허벅지 살을 베어 자신을 살렸던 개자추(介子推[94])의 은혜를 생각하여 문 위에 그의 나막신을 걸어두고 항상 '족하(足下)'라 말하였다"[95]라고 하니, 대개 옛 은혜를 잊지 않으려는 뜻이다.

진(秦)나라 역사에 "천자(天子)를 폐하(陛下)라 부른 것은 시황제(始皇帝)에서 비롯되었다"라고 하였는데, 그 주석에서 "여러 신하와 사(士) · 서인(庶人)이 서로 더불어 말했기 때문에 전하(殿下) · 합하(閤下) · 족하(足下)에 있는 시자(侍者) · 집사자(執事者)를 불러 먼저 그들과 말하였다. 지위가 낮은 사람을 통하여 존귀한 사람에게 도달한다는 의미이니 모두 겸사이다"라고 하였다.

『인화록(因話錄)』[96]에서 "삼공(三公)이라야 합문(閤門)을 열 수 있는데, 군수를 제후에 비유하기 '합하(閤下)'라 부른다"[97]라고 하였다.

94) 개자추(介子推) : 춘추 시대의 진(晉)나라 사람. 자(子)는 지(之)로도 쓰는데 모두 조사(助詞)이고 추(推)가 이름. 진 문공(晉文公)과 함께 19년간 망명하였다가 돌아온 뒤 문공에게 소외당하여 면산(緜山)에 숨어 살았는데, 뒤늦게 깨달은 문공이 그를 찾는 마지막 방법으로 산에 불을 질렀으나, 끝내 나오지 않고 타 죽었다. 개자추가 불에 타 죽은 날에 불을 피우지 않고 찬 음식을 먹은 것이 한식(寒食)의 유래임.

95) 『풍속통』에 없는 내용임.

96) 인화록(因話錄) : 당나라 조린(趙璘)이 찬술한 책으로, 궁 · 상 · 각 · 치 · 우(宮商角徵羽) 5부로 구성하여 각종 고사(故事)를 수록하였다.

97) **古者**, 三公開閤, 郡守比**古之侯伯**, **亦有閤**, **所以世之書題**, **有閤下之稱**.(『因話錄, 卷五, 徵部』) → 三公開閤, 郡守比**諸侯**, **故稱閤下**.(『松南雜識』)

## 안전 · 아전
### 案前衙前

우리나라에서 관장(官長)을 '안전(案前)'이라 하니, 관장의 책상 앞을 마주한다는 말이다. 서리(胥吏)를 '아전(衙前)'이라 하니, 관아의 문 앞에서 일을 맡은 관리라는 의미의 호칭이다.

근래에 전행군수(前行郡守)가 비루먹은 말을 끌고 걸어서 소사평(素沙坪)에 이르렀을 때 한 사람을 만났는데, 성명을 묻자 김석주(金錫胄)라고 하였다. 그 직업을 묻자 늙어 퇴직한 아전이라 하였는데, 그 사람은 자신을 호칭할 때 반드시 '생원'이라 하였다. 또 성환역(成歡驛[98])의 찰방은 누구인지 물으니, 주만리(朱萬里)라고 하였다. 그 집을 물으니 멀리 천리 밖에 있다라고 하였다. 아객(衙客)[99])이 있는지 물으니 세 분이 있다라고 하였다. 글을 읽을 수 있는지 묻자 "다만 씹뿐[十分]입니다"라고 하니, 대개 우리나라 말로 여인의 성기를 '씹[濕]'이라 부르기 때문이다. 곧 말을 타고 달려가는데, 그 사람은 개 가죽에 누인 명주 전대를 차고 있기에, 웃으며 "행색이 필시 어영군(御營軍)이로구나"라고 하였다. 까닭에 그때 수작한 말에 운을 붙여 다음과 같이 시를 지었다.

| | |
|---|---|
| 벽사에서 소사 물가까지는 먼 길이건만 | 碧莎[100])長路素沙濆 |
| 물결 자취 서로 만나니 날이 저무네 | 浪跡相逢日正曛 |
| 늙어 퇴직한 아전의 이름은 옛 재상 | 老退衙前名古相 |
| 일찍이 군수를 지냈다면서 생원이라 부르는구나 | 曾經郡守號生員 |

98) 성환역(成歡驛) : 조선 시대 충청도 직산에 있었던 역(驛). 이 역을 중심으로 역도(驛道)가 형성되었는데, 중심역은 종6품의 찰방(察訪)이 있었다. 관할범위는 성환(成歡) · 천안(天安) · 공주(公州) · 여산(礪山)으로 이어지는 역로와 공주와 연기(燕岐) · 예산(禮山), 천안과 목천(木川)을 잇는 역로이다.

99) 아객(衙客) : 지방 고을의 원을 찾아와서 관아에 묵고 있는 손님.

100) 벽사(碧沙) : 조선 시대 전라도 장흥에 있던 역(驛). 이 역을 중심으로 역도(驛道)가 형성되었는데, 중심역은 역승(驛丞)이 소재하였으나 뒤에 찰방(察訪)으로 승격되었다. 관할 범위는 장흥 · 강진 · 해남 · 진도에 이어지는 역로이다.

| | |
|---|---|
| 찰방의 이름은 만리에 집은 천리이고 | 督郵萬里家千里 |
| 책객 세분에 아는 건 십뿐 | 冊客三分但十分 |
| 태반은 털빠진 개가죽에 누인 명주 전대 매었으니 | 佮練狗皮餘半鞹 |
| 행색이 흡사 어영군일세 | 行裝恰似御營軍[101] |

## 수라 · 설리
水刺薛里[102]

지봉 이수광이 말하였다.

우리나라 말 가운데 이해할 수 없는 것은, 임금의 밥상을 '수라(水刺)'라고 하고, 내관을 '설리(薛里)'라고 하고, 종이 주인을 '상전(上典)'이라고 부른다. 또 노비에게 세금을 거두는 사람을 '달회주(達化主)'라 이르는데, 이는 원(元)나라의 '다루가치[達魯化赤]'[103]를 따라 쓰다가 와전된 것이라고 한다.[104]

살펴보건대, 수라는 '수아(需雅)'의 와전이다. 또 식사 올리는 것을 '진지(進支)'라 하니, 중국 발음으로 '食(식)'을 '지(支)'라고 한다.

---

101) 어영군(御營軍) : 조선 인조 때 조직한 군대 가운데 개성 유수(開城留守) 이귀가 260여 명의 장병을 모집하여 화포술을 가르치던 군대.

102) 설리(薛里) : 조선 시대 내시부(內侍府)의 종4품에서 정7품까지의 관직. 원래 몽고 궁중에서 쓰던 말로서 중국어로는 '조(助)'의 뜻이 있어 각 궁(宮) · 전(殿)에 배속되어 시중드는 일을 맡았다.

103) 다루가치[達魯化赤] : '관아의 장관'이란 뜻의 몽고어. 몽고에서 중앙 관아와 지방 관아에 모두 이를 두었다.

104) 我國鄕語**最**不可解者, 謂御膳曰水剌, 謂內官曰薛里, **以卑稱尊曰進賜**, 以奴稱主曰上典, 且奴婢收貢者謂之達化主, 此則因胡元達魯化赤而訛傳云.(『芝峯類說, 卷十六, 語言部, 方言』) → 我國鄕語不可解者, 謂御膳曰水剌, 謂內官曰薛里, 以奴稱主曰上典, 且奴婢收貢者謂之達化主, 此則因胡元達魯化赤而訛傳云.(『松南雜識』)

## 상조

尙詔

반계(磻溪) 유형원(柳馨遠)이 "진(秦)나라 때 소부(少府)에서 아전 네 명을 파견하였는데, 궁중에서 문서 발송을 주관하는 사람을 '상서(尙書)'라 한다"[105]라고 하였다.

지금 서리배 하급 관속(官屬)들이 아전을 높여서 '상조(尙詔)'라고 부르니, '상(尙)'은 주관의 의미이고 '조(詔)'는 명령의 의미이다. 한(漢)나라 때 산동(山東)에서 아전이 조령(詔令)을 반포하였다.

## 공형

公兄

지금 삼공형(三公兄)은 좌수(座首)·이방(吏房)·호장(戶長)인데, 세상에 전하는 말에 목은 이색(李穡)[106]의 종형(從兄)이 고을의 호장(戶長)이었기 때문이라고 한다.

## 항수

行首

『춘추좌씨전(春秋左氏傳)』에서 "항수(行首)를 성글게 배치한다[疏行首]"

---

105) 秦時少府, 遣吏四人, 在殿中, 主發書, 謂之尙書.(『磻溪隨錄, 卷十七, 職官攷說上, 尙書, 中書省·樞密院沿革附』)

106) 이색(李穡) : 고려 말기의 문신·학자(1328~1396). 자는 영숙(穎叔), 호는 목은(牧隱). 원나라에 가서 과거에 급제하고, 귀국하여 우대언(右代言)과 대사성 따위를 지냈다. 삼은(三隱)의 한 사람으로, 문하에 권근과 변계량 등을 배출하여 학문에 큰 발자취를 남겼다. 조선 개국 후 태조가 여러 번 불렀으나 절개를 지키고 나가지 않았다. 저서에 『목은시고(牧隱詩藁)』·『목은문고(牧隱文藁)』 등이 있다.

라고 하였다.

지금 각 읍 군관(軍官)의 행수라는 명칭은 여기에서 유래하였다.

## 군쉬
郡倅

『설문해자(說文解字)』에서 "부거(副車)[107]를 '쉬(倅)'라 한다"라고 하였다. 『주례(周禮)』에서 "융복(戎僕)은 왕의 쉬거(倅車)에 대한 업무를 관장한다"[108]라고 하였다. 「조충국전(趙充國傳)」에서 "쉬마(倅馬)를 열두 마리로 한다"[109]라고 하였다.

지금 수령을 쉬(倅)라 하는 것은 아마 수레에 말 다섯 마리를 매기 때문인 듯하다.

## 유학
幼學[110]

「곡례(曲禮)」에서 "태어난 지 십 년이 된 사람을 '유학(幼學)'이라 부른다"라고 하였는데, 그 소(疏)에서 "유(幼)는 처음 태어났을 때부터 열아홉 살까지이다. 정현(鄭玄)은 '열 살이니 학업에 나아간다"[111]라고 하였다.

『한서(漢書), 식화지(食貨志)』에서 "지름 팔푼[八分]에 무게 오수(五銖)를 '유전(幼錢)[112]'이라 하니, 이십 전의 가치이다"[113]라고 하였다.

---

107) 부거(副車) : 거가(車駕)에 여벌로 따라가는 수레.

108) 戎僕掌**馭戎軍**, **掌**王倅車之政.(『周禮, 夏官司馬』) → 戎僕掌王倅車之政.(『松南雜識』)

109) 倅馬什**二**.(『前漢書, 卷六十九, 趙充國辛慶忌傳, 趙充國』) → 倅馬什**之**.(『松南雜識』)

110) 유학(幼學) : 벼슬을 하지 않은 유생.

111) 幼者, 自始生至十九時. …… 鄭康成云, **十**是十歲而就業也.(『禮記, 曲禮上』) → 幼者, 自始生至十九時. 鄭康成曰, 是十歲而就業也.(『松南雜識』)

## 수재

秀才

「가의열전(賈誼列傳)」에서 "오정위(吳廷尉)는 가의(賈誼)[114]가 수재라는 소리를 듣고 불러 문하(門下)에 두었다"[115]라고 하였는데, 『운회(韻會)』에서 "수재라는 명칭은 여기서 시작되었다. 후에 광무제(光武帝)의 이름을 피휘하여 무재(茂才)라고 고쳤다"[116]라고 하였다.

## 장가

丈家

반계(磻溪) 유형원(柳馨遠)이 말하였다.

> 친영(親迎)의 예(禮)는 오직 왕실에서만 행하건만, 지금 사대부가는 견문이 좁고 거칠어서 신랑이 신부의 집에 머물기 때문에 '아내를 데려 온다'고 하지 않고 '장가든다'라고 한다.[117]

---

112) 유전(幼錢) : 전한 말기 왕망(王莽)때 만들어진 동전의 명칭.

113) 八分五銖曰幼錢, 二十.(『前漢書, 卷二十四下, 食貨志』) → **徑**八分**重**五銖曰幼錢, **直**二十.(『松南雜識』)

114) 가의(賈誼) : 한(漢) 문제(文帝) 때의 문신. 낙양(洛陽) 출신으로 어려서부터 문재(文才)가 있어 문제의 총애를 받았다. 당시에 모두들 천하가 이미 다스려졌다고 하였으나 가의만 홀로 그렇지 않다고 하고 당시의 사세(事勢)를 두고 통곡할 만한 것 한 가지, 눈물을 흘릴 만한 것 두 가지, 길이 탄식할 만한 것 여섯 가지를 열거하여 상소하였다.

115) 吳廷尉**爲河南守**, 聞其秀才, 召置門下.(『史記, 卷八十四, 屈原賈生列傳』) → 吳廷尉聞其秀才, 召置門下.(『松南雜識』)

116) **漢**吳**公**, 聞**賈誼**秀才**名**, 召置門下, 秀才之名始此, 光武名秀, 改爲茂才.(『古今韻會擧要, 卷二十四, 秀) → 史記賈誼傳, 吳廷尉**爲河南守**, 聞其秀才, 召置門下. 韻會, 秀才之名始此, 後光武名**秀**, 改爲茂才.(『康熙字典, 秀』) → 賈誼傳, 吳廷尉, 聞其秀才, 召置門下. 韻會, 秀才之名始此, 後**避**光武名, 改爲茂才.(『松南雜識』)

117) **今**國家**王子王女**, **昏姻**, **皆**行**親迎之禮**, 而士大夫家, 因陋苟簡, 壻留婦家, 故不曰娶妻, 而曰入丈.(『磻溪隨錄, 卷二十五, 續篇上, 昏禮』) → 親迎之禮, **惟**國家**行之**, 而**今**士大夫家, 因陋苟簡, 壻留婦家, 故不曰娶妻, 而曰入丈.(『松南雜識』)

지금 우리나라에서 '장가든다'라고 하는 말이 이것이다.

## 하관
下官

반계(磻溪) 유형원(柳馨遠)이 말하였다.

송나라 효건(孝建)[118] 연간에 모든 나라의 벼슬아치들은 그 군주에게 자신을 '신(臣)'이라 부르지 못하고 '하관(下官)'이라 고쳐 불렀다. 양(梁)나라에서도 제도를 정하여 여러 왕의 말을 '영(令)'이라 하고 나라 안에서는 '전하(殿下)'라 칭하였으며, 공후(公侯)의 말은 '교(教)'라 하고 나라 안에서는 '제하(第下)'라고 칭하였다. 스스로는 모두 '과인(寡人)'이라고 칭하였다. 이후로 표문(表文)과 소장(疏章)에는 신하라도 '신(臣)'이라 호칭하지 못하였으며, 군(郡)의 관리에게 내리는 문서에는 '고(告)'라 하였다.[119]

## 구랑성
九狼星

『천기대요(天機大要)』에서 "수정기(修井忌)"라고 하였는데, 그 주석에서 "구랑성이 나타나는 해에는 집집마다 우물에 제사를 지내는데, 대모성(大耗星)·소모성(小耗星)·토공성(土公星)·유룡성(遊龍星)·복룡성(伏龍星)·

---

118) 효건(孝建) : 남조(南朝) 송(宋)나라 효무제(孝武帝) 유준(劉駿)의 연호(454~456).

119) 宋齊梁皆因晉制. 宋至孝建中, 凡國官屬, 不得稱臣於其主, 改稱下官. 梁又定制, 諸王言曰, 令, 境內稱之曰殿下, 公侯言曰教, 境內稱之曰第下, 自稱皆曰寡人. 已下表疏如臣而不稱臣, 文書下郡官, 皆曰告.(『磻溪隨錄, 卷十八, 職官攷說下, 封爵』)

우성(牛星) · 저태성(猪胎星) · 마태성(馬胎星) · 양태성(羊胎星)이 구랑성(九狼星)이다"라고 하였다.

지금 깊숙이 자리잡고 사람을 해치는 것을 '구랑신(九狼神)'이라고 하니, 대개 하늘의 숨은 별이다. 북두성과 전성(塡星) 사이에 있는데, 출현하면 천하가 크게 어지러워진다고 한다.

## 사령
使令

한(漢)나라 사유(史游)[120]의 『급취편(急就篇)』에서 "만방(萬方)에서 와서 조회하고 신첩(臣妾)과 사령이 되었다[萬方來朝臣妾使令]"[121]라고 하였고, 한유(韓愈)의 글에서 "심부름꾼이 앞에서 부리기에 충분하다"라고 하였다.

지금은 각 고을 군노(軍奴)[122]의 호칭이다.

## 해색
該色[123]

'해(該)'는 '해당'의 의미이니, 지금 서울의 관사(官司)에서 직책을 담당하는 자를 '해조(諧曹)' · '해방(該房)'이라 부르는 말이 이것이다.

'색(色)'은 '방색(方色)'의 '색(色)'과 같은데, 본래 고려조 최우(崔瑀)[124]

120) 사유(史游) : 한(漢)나라 원제(元帝) 때 사람. 황문령(黃門令)을 지냈고 『급취편(急就篇)』을 지었다.
121) 『急就篇, 卷四』.
122) 군노(軍奴) : 군아(軍衙)에 속한 사내종.
123) 해색(該色) : 해당하는 직무를 맡은 부서나 그 사람.
124) 최우(崔瑀) : 고려 후기의 권신(?~1249). 본관은 우봉(牛峰). 뒤에 이(怡)로 개명하였다. 추밀원부사(樞密院副使)가 되었다가 고종 6년(1219)에 아버지 최충헌이 죽자 그 뒤를 이어 교정별감(敎定別監)이 되어 권력을 차지하였다.

의 정색(政色)[125]이라는 호칭에서 비롯되었다.

지금 외방(外方)의 '해리(該吏)'와 '색리(色吏)'가 이것이다.

## 유사
### 有司

『서경(書經)』에서 "유사를 범하지 않는다[不犯于有司]"[126]라고 하였고, 『논어(論語)』에서 "유사가 있다[有司存焉]"[127]라고 하였으니, 지금 '마을 유사'라는 말은 여기서 유래하였다.

## 자가
### 自家

소옹(邵雍)[128]의 시에서 "또한 자기 몸을 편안히 할 수 있네[也能康濟自家身]"[129]라고 하였으니, 지금 '임자(任者)'와 '자기(自己)'라는 말은 또한 송나라 때의 방언이다.

---

125) 정색(政色) : 고려 시대에, 정방(政房)에 둔 벼슬 이름 앞에 붙이던 말. 정방은 최우(崔瑀)가 자기 집에 설치하였던 사설 정치 기관이다. 관리의 인사 행정을 다루었는데, 점차 국가 기관으로 되어 창왕(昌王) 때 상서사(尙瑞司)로 고쳤다.

126) 『書經, 大禹謨』.

127) 『論語, 泰伯』.

128) 소옹(邵雍) : 송나라의 학자. 자는 요부(堯夫), 호는 강절(康節). 『주역』의 상수학(象數學)에 능통하였다. 벼슬에 나가지 않고 소문산(蘇門山) 백천(百泉)에서 독서하며 사는 집을 안락와(安樂窩)라 하고 자호를 안락선생(安樂先生)이라 하였다. 또한 낙양(洛陽)에 살 때에는 공중누각(空中樓閣)을 지어 자호를 무명공(無名公)이라고 하기도 하였다.

129) 「임하(林下)」.

## 선배
### 先輩

당나라 사람은 진사(進士)를 '선배'라 했으니, 곧 형남(荊南)[130]의 왕이 양진(梁震)[131]을 '선배'라고 불렀다. 또한 당시(唐詩)에서 "선배 칼집 속의 칼[先輩匣中三尺水]"[132]이라고 한 말이 이것이다.

지금 '사(士)' 자를 '선배'라고 하니, 귀한 지위를 '공(公)'이라 하는 류(類)와 같다.

## 선달
### 先達

『남제서(南齊書)』에서 단규(檀珪)가 벼슬을 구하는 편지에서 "저의 가문은 비록 문과(文科)에는 급제하지 못했지만 곧 무과(武科)에는 급제했습니다"[133]라고 하였으니, 세상에서 문무과(文武科)에 급제하고 아직 관직에 나가지 않은 사람을 '선달(先達)'이라 부르는 말은 여기서 유래하였다.

당시(唐詩)에서 "주문(朱門)[134]의 선달 웃으며 갓을 터네[朱門先達笑彈冠]"[135]라고 하였다.

---

130) 형남(荊南) : 오대(五代) 십국(十國)의 하나, 곧 남평국(南平國)을 말한다.

131) 양진(梁震) : 오대(五代)의 남평(南平) 사람으로 당말(唐末)의 진사였는데, 고계홍(高季興)이 매우 중하게 여겨 상주하여 판관(判官)을 삼으려 하였으나 양진은 스스로 당나라의 신하라고 하여 응하지 않고 뒤에는 '형대은사(荊臺隱士)'라 자칭하였다.

132) 이하(李賀)의 「춘방정자검자가(春坊正字劍子歌)」.

133) 檀珪**罷沅南令, 僧虔以爲征北板行參軍, 訴僧虔**求祿, **不得, 與僧虔**書曰**五常之始, 文武爲先, 文則經緯天地, 武則撥亂定國**. 僕一門雖謝文通, 乃忝武達.(『南齊書, 卷三十三, 列傳, 第十四, 王僧虔張緖』)→檀珪求祿書曰, 僕一門雖謝文通, 乃忝武達.(『松南雜識』)

134) 주문(朱門) : 귀한 집안의 문은 붉은색으로 장식하기 때문에 '고관대작'이라는 의미로 쓰임.

135) 왕유(王維)의 「작주여배적(酌酒與裴迪)」.

## 소인

小人

『춘추좌씨전』에서 "원컨대 소인의 배가 군자의 마음이 되게 하십시오[願以小人之腹, 爲君子之心]"[136]라고 하였고, 『맹자』에서 "소인은 윤공지타(尹公之他)에게 활쏘기를 배웠습니다"[137]라고 하였다.

지봉 이수광이 말하였다.

> 연북(燕北)의 풍속에서 선비나 서민을 불문하고 모두 소인이라 자칭하는데, 지금 우리나라 사람들은 존귀한 이에게 자신을 소인이라 칭한다. 한(漢)나라 임상(任尙)이 반초(班超)[138]의 후임자가 되었을 때 반초에게 "소인이 외람되이 당신의 후임자가 되었습니다"라고 하였다.[139]

곧 「이사전(李斯傳)」의 '서인(胥人)'[140]이 바로 '소인'이란 말이다.

136) 『春秋左傳注疏, 卷五十二, 昭公 二十八年』.

137) 小人學射於尹公之**他**.(『孟子, 離婁下』) → 小人學射於尹公之**佗**.(『松南雜識』)

138) 반초(班超) : 후한 안릉(安陵) 출신. 자는 중승(仲升). 반표(班彪)의 둘째 아들이고 반고(班固)의 아우. 젊을 때 남에게 글씨품을 팔아 어머니를 봉양하였는데 일찍이 탄식하기를 "장건(張騫)이 이역에 공을 세워 봉후(封侯)를 취했으니, 어찌 오래도록 필연(筆硯)을 일삼을 것인가?"하고는 붓을 던지고 군직에 종사하였다. 명제(明帝) 때 서역에 사신으로 가서 50여 국이 한나라에 조공을 바치도록 하는 공을 세워, 서역도호(西域都護)가 되고 정원후(定遠侯)에 봉해졌다.

139) **宋小說曰**, 燕北風俗, 不問士庶, 皆自稱小人, 今我國人對尊**者**, **自**稱小人, **蓋出於此**. **按**漢任尙代班超, 謂**超**曰, 小人猥承君後**云云**, **其說**, **蓋久矣**.(『芝峯類說, 卷十六, 語言部, 俗諺』) → 燕北風俗, 不問士庶, 皆自稱小人, 今我國人對尊稱小人. 漢任尙代班超, 謂曰, 小人猥承君後.(『松南雜識』)

140) 『史記, 卷八十七, 李斯列傳, 第二十七』.

## 무변
武弁

『설문해자(說文解字)』에서 "면류관을 주나라에서는 '변(弁)'이라고 하였다"[141]라고 하였다.

공영달(孔穎達)[142]은 "사(士)의 제복(祭服)은 가죽고깔[韋弁]을 쓰니, 바로 융관(戎冠)[143]이다"[144]라고 하였다. 그렇기 때문에 지금 '무변(武弁)'이라고 한다.

## 한량
閑良

한량은 지금 양가(良家)의 자제 '한정(閑丁)'[145]으로 무사의 호칭이 되었으니, 문사(文士)를 『예기(禮記)』의 '유학(幼學)'에서 취하여 부르는 것과 같다. 또 지금은 아무 하는 일 없는 자를 '무한량(武閑良)'이라 한다.

## 여염
閭閻

『한서(漢書)』에서 "여염을 지키는 사람은 기장밥과 고기를 먹는다[守閭閻者, 食粱肉]"[146]라고 하였다.

---

141) 冕也, 周曰**覍**, **殷曰吁**, **夏曰收**.(『說文解字, 卷八下』) → 冕也, 周曰**弁**.(『松南雜識』)
142) 공영달(孔穎達) : 당나라의 학자(574~648). 자는 중달(仲達). 태종 때 국자감의 좨주가 되고, 위징과 함께 『수서』를 편찬하였다. 또 『오경정의』를 편찬하여 오경 해석의 통일을 시도하였다.
143) 융관(戎冠) : 전투모.
144) 士祭服韋弁, 卽戎冠.(『詩傳大全, 頍弁』)
145) 한정(閑丁) : 국역(國役)에 나가지 않는 장정.

지금 시골을 '촌(村)'이라 부르고 서울의 양가(良家)를 '여염(閭閻)'이라 부른 것은 오래되었다.

## 소유

所由

지봉 이수광이 말하였다.

『운부군옥(韻府群玉)』에서 "당나라 진사 중에 단사(團司)[147]와 소유(所由)[148] 수십 명이 있다"라고 하였으니, 바로 지금의 보정(保正)인데, 장형(張衡)[149]이 "청컨대 소유로 하여금 마을에 나아가 쌀의 무역을 감독하게 하십시오"라고 하였다. 사헌부의 나장(羅將)[150]을 '소유'라 하는 이유는 알 수 없다.[151]

146) 『前漢書, 卷二十四上, 食貨志第四』.

147) 단사(團司) : 진사(進士)의 이칭(異稱).

148) 소유(所由) : 어사대 · 감찰사 · 사헌부에 딸린 이속(吏屬).

149) 장형(張衡) : 후한의 문학가 · 학자. 서악인(西岳) 출신. 자는 평자(平子). 문학에 뛰어났다. 사치를 숭상하는 세태를 풍간한 「이경부(二京賦)」는 구상한 지 10년 만에 완성되어 세상에 전해졌다. 천문(天文) · 역산(曆算)에 뛰어났으며, 그가 만든 천의(天儀) · 후풍지동의(候風地動儀)는 사람들을 감탄케 했다고 한다.

150) 나장(羅醬) : 조선 시대에, 의금부에 속하여 죄인을 문초할 때에 매질하는 일과 귀양 가는 죄인을 압송하는 일을 맡아보던 하급 관리. 금부나장(禁府羅將).

151) 韻**府群**玉**曰**, 唐進士有團司所由數十人, **又裵度與所由耳語**, **又**張平子請令所由**云云**. **註所由卽今保正**, **所由之稱**, **蓋久矣**. **今謂**憲府羅將爲所由, 未知**所以**也.(『芝峯類說, 卷十七, 雜事部, 名號』) → 韻玉**云**, 唐進士有團司所由數十人, **卽保正**, **而**張平子請令所由, **將監就村糴易**. 憲府羅將爲所由, 未**可**知也.(『松南雜識』)

## 집사
執事

『춘추좌씨전(春秋左氏傳)』에서 "감히 집사에게 모두 말하겠습니다[敢盡布之執事]"[152]라고 하였으니, 지금은 측근에서 명령을 받드는 사람을 일컫는 말이다.

## 사나이
似那海

고려조에 이부춘(李富春)의 아들 이름이 나해(那海)였는데, 그 용모가 매우 아름다웠기 때문에 '나해처럼 생긴[似那海]' 남자를 '사나이'라고 불렀다.

## 가시나
稼産兒

고려 말 원나라에서 어린 여자아이를 선발해 갔는데, 가정(稼亭) 이곡(李穀)[153]이 원나라에 가서 이의 혁파를 상소하였다. 그래서 지금 촌 여자아이들을 가시내[稼産兒]라고 칭하니 가녀(賈女)[154]라고 하는 말과 같다.

152) 『春秋左傳注疏, 卷二十七, 成公, 十三年』.
153) 이곡(李穀) : 고려 말기의 학자(1298~1351). 자는 중보(仲父). 호는 가정(稼亭). 충숙왕 복위 2년(1333)에 원나라 제과(制科)에 급제한 후, 원제(元帝)에게 건의하여 고려에서의 처녀 징발을 중지시켰다. 충렬·충선·충숙왕의 실록 편찬에 참여하였으며, 죽부인을 의인화한 가전체 작품 「죽부인전(竹夫人傳)」이 『동문선』에 전한다. 저서에 『가정집』이 있다.
154) 가녀(賈女) : 한(漢)나라 가표(賈彪)가 수령이 되었을 때에, 백성들이 자식을 낳아 내버리는 것을 엄금하였더니, 그 아이들 이름에 '가(賈)' 자를 넣어, 아들은 가자(賈子), 딸은 가녀(賈女)로 이름을 짓고, 가표를 가부(賈父)라고 불렀다.

어떤 사람은 말하기를, "고려 말에 영남의 남정(男丁)을 선발하여 군대에 내보내는데, 남정(男丁)이 부족하여 대신 여자들로 대신 충원하였다. 그래서 '가시나[假似那海]'라고 불렀다"라고 하였다. 또 '남편(男偏)' · '여편(女偏)'이란 말은 변(邊) 자의 와전이다. '남인(男人)'의 '인(人)'이 진(陳)으로 와전되어 '남진(男陳)'이라고 한다.

## 판결사
判決事

조선의 관직명인데 지금은 폐지되었다. 세간에서 판결 잘 내리는 사람을 '판결사(判決事)'[155]라고 부른다.

## 관황
官況[156]

육경(陸經)[157]의 시에 "봉급이 없을까 걱정되어 쉴 수 없다오[苦無官況莫來休]"[158]라고 하였다.

『운옥활투(韻玉活套)』에서 "흥황(興況) · 정황(情況) · 가황(佳況)"이라고 하였다.

---

155) 판결사(判決事) : 본래 조선 시대에, 장례원(掌隷院)의 으뜸 벼슬인 정삼품 당상관으로 노비 송사의 판결을 맡아보았다.

156) 관황(官況) : 지방 벼슬아치들에게 주던 녹봉.

157) 육경(陸經) : 당나라의 서예가. 자는 자리(子履). 사건에 연루되어 유락(流落)하여 가난하였다. 구양수가 그를 불쌍히 여겨서 남의 비지문(碑誌文)을 지어 줄 때 반드시 그에게 글씨를 쓰게 하였다고 한다.

158) 陸子履詩, 薄有田園歸去好, 苦無官況莫來休.(『類說, 卷四十六, 靑瑣高議』)

## 선연

蟬聯[159]

『남사(南史)』[160]에서 "왕승작(王僧綽)[161]·왕승건(王僧虔)[162] 등은 벼슬이 연이어졌으며[蟬聯], 문관과 무관의 벼슬이 계속 이어졌다"[163]라고 하였으니 대개 초선(貂蟬)[164]이 서로 이어진 것이다.

지금 벼슬이 높은데 아대(阿大)와 같은 사람과 이야기하느라 오랫동안 돌아오니 못하는 경우[165]를 말하니 또한 오래 머물러 있다는 말이다.

## 예황제

曳皇帝

『북사(北史)』에서 말하였다.

왜(倭)의 국왕은 하늘을 형으로 삼고 해를 동생으로 삼는다. 새벽에 나가서 정사를 듣다가, 해가 뜨면 바로 정무를 중단하며 말한다. "이제부터 내 동생에게 맡기노라"[166]

---

159) 선연(蟬聯) : 끊어지지 않는 모양을 말한다.

160) 『松南雜識』에서는 '晉史'라고 오기하였다.

161) 왕승작(王僧綽) : 남조(南朝)의 송(宋)나라 사람. 담수(曇首)의 아들이며, 문제(文帝)의 장녀에게 장가들었다.

162) 왕승건(王僧虔) : 남제(南齊)의 임기(臨沂) 출신. 왕승작의 아우이다.

163) **自開闢以來**, **未有**爵位蟬聯, 文**才**相繼, **如王氏之盛也**.(『南史, 卷二十二, 列傳第十二, 王曇首』) → **王僧綽僧虔等**, 爵位蟬聯, 文**武**相繼.(『松南雜識』)

164) 초선(貂蟬) : 시중(侍中)·상시(常侍) 등의 관원. 또는 현귀한 대신의 범칭.

165) 진(晉)나라 왕온(王蘊)의 아들 왕공(王恭)이 왕열(王悅)을 만나서 이야기를 나누다가 10여 일만에 돌아왔다. 이에 왕온은 그가 좋은 친구가 되지 못할까 걱정이 된다고 일러 주었다. 그 후 과연 왕온의 말처럼 두 사람의 사이가 좋지 못하게 되었다고 한다. 아대(阿大)는 왕열(王悅)의 소자(小字)이다.

166) 倭王, 以天爲兄, 以日爲弟, **天**明時出聽政**跏趺坐**, 日出便停理務**云**, 委我弟.(『北史, 卷九十四, 列傳第八十二, 倭』) → 倭**國**王, 以天爲兄, 以日爲弟, **未**明時出聽政, 日出

지봉 이수광이 말하였다.

왜의 천황(天皇)은 정사에는 참여하지 않고 부귀만을 누린다. 국왕 관백(關白)[167]이라 부르는데, 국정을 전적으로 관장하며 천황을 받들어 섬긴다. 그러므로 세상에서 아무 하는 일이 없는 자를 일러 '예황제(曳皇帝)'[168]라고 한다.[169]

세간에서 '왜(倭)'를 '예(曳)'라고 하는 이유는 발꿈치를 질질 끌고 다니기 때문이라고 한다.

## 유서통
### 諭書筒[170]

관찰사가 출행할 때 교유서(敎諭書)[171]를 붉은 대통에 넣어 말 탄 자가 그것을 등에 지고 앞서서 행인을 벽제(辟除)한다.

지금은 세도를 믿는 것을 이른다.

---

便停理務**曰**, 委我弟.(『松南雜識』)

167) 관백(關白) : 일본의 옛 관직명. 천황(天皇)을 보필하고 관리들을 통솔한다. 모든 상소문들은 그가 먼저 검열한 다음 천황에게 올린다. 직위가 태정대신(太政大臣)보다 높은데, 겸직이 일반적이다.

168) 예황제(曳皇帝) : 하는 일 없이 편하게만 지내는 황제.

169) **日本天皇, 始立於周平王之世, 一姓相傳, 至今不絶, 天**皇不預政事, 惟享富貴**而已**. 國王號關白, 專管國政, 以尊事天皇, **豈亦周時列國之遺風歟**. 世謂無所事事者, **爲倭**皇帝.(『芝峯類說, 卷二, 諸國部, 外國』) → **倭**皇不預政事, 惟享富貴, 國王號關白, 專管國政, 以尊事天皇, **故**世謂無所事事者, **云曳**皇帝.(『松南雜識』)

170) 유서통(諭書筒) : 본래 왕의 유서(諭書)를 넣어 가지고 다니던 통을 이른다. 직경 약 10cm, 길이 약 70cm의 둥글고 긴 통으로 겉에 검은 칠을 하고 주석 장식을 하여 잠그게 되어 있으며, 양쪽 끝에 고리가 있어 등에 엇메게 되어 있다.

171) 교유서(敎諭書) : 교서와 유서를 합하여 일컫는 말. 교서는 임금이 통치자로서 내리는 일반적 명령인 교(敎)를 문서화한 것이며, 유서는 임금이 관찰사・절도사・방어사 등 군사권을 가진 관리에게 병력의 동원을 명령하는 것이다.

## 아망위
### 阿望尉

태종(太宗) 때에 평양군 조대림(趙大臨)[172]이 경정공주(慶貞公主)에게 장가드니 세상에서 '아망위(阿望尉)'[173]라고 일컬었다.

지금의 남별궁(南別宮)은 그의 집이었으니 세도를 믿는 이의 호칭이다.

## 팔대군일옹주
### 八大君一翁主

팔대군일옹주(八大君一翁主)란 세종 때에 연창위(延昌尉) 안맹담(安孟聃)[174]에게 시집간 정의공주(貞義公主)이다. 세간에서 말하는 '팔대군일옹주'란 어린 딸을 기특해하고 사랑할 때 쓴다. '삼대 독자가 칠십에 낳은 아들[三世獨子七十生男]'이라는 말과 같다.

## 노비를 종이라 부른다
### 奴婢謂種

지봉 이수광이 말하였다.

---

172) 조대림(趙大臨) : 조선전기의 문신(1387~1430). 본관은 평양(平壤). 자는 겸지(謙之). 태종의 부마로 1403년 태종의 둘째 딸 경정공주(慶貞公主)와 혼인하여 평녕군(平寧君)에 봉하여졌다가 후에 평양군(平壤君)으로 개봉되었다.

173) 아망위(阿望尉) : 일본말로 우구(雨具 : amangu)를 아망위라고 한다. 외투・비옷・방한복 등의 깃에 덧붙여 머리에 뒤집어쓰게 만든 모자의 한 가지. '아망위에 턱을 걸었다'라는 속담이 있는데, 배후를 믿고 하잘 것 없는 사람이 교만을 부린다는 뜻이다.

174) 안맹담(安孟聃) : 조선 전기의 서예가(1415~1462). 자는 덕수(德壽). 초서(草書)를 잘 쓰고, 음률(音律), 약물(藥物)에도 통달하였다.

『풍토기(風土記)』에서 "진랍국(眞臘國)[175]에서는 야인을 노비로 삼는데, 그 지방 말로 '종(種)'이라고 부른다. 그 나라 사람들은 욕을 할 때 상대를 '종'이라고 부르면 원한이 뼈에 사무치니 대개 천하게 여기기 때문이다"라고 하였다. 노비를 종이라 하는 것은 우리나라 말과 동일하다. 또 그 나라에는 남성과 여성을 동시에 가진 양성인(兩性人)이 많은데, 열 댓 명이 한 무리를 이루니 괴이하다.[176]

살펴보건대 『북사(北史)』에서 "주문제(周文帝)[177]가 여러 요족(獠族)[178]들을 토벌하여 포로를 사로잡아 노예로 삼으니 그들을 '압료(壓獠)'라 한다"[179]라고 하였다.

당나라 역사에서 "토번(吐蕃)의 노예를 '올말(嗢末)'이라 하는데, 뒤에 올말이 강성해지고 토번이 약해져서 도리어 그들의 속국이 되었다"[180]라고 하였다.

## 가정오랑캐

家丁兀良介

오랑캐들은 사내종을 '가정(家丁)'이라고 부른다. 그래서 지금 칙사의

175) 진랍국(眞臘國) : 중국에서 15세기까지 캄보디아를 부르던 이름.

176) 風土記**曰**, 眞臘國, 以野人爲奴婢, 俗呼爲種, 國人**相罵者**, **一**呼爲種, 則**嗔**恨入骨, 蓋賤之也. **謂奴婢爲種**, 與我國方音同矣. 又**曰**, 其國多二形人, 十數成群**云**, **亦**怪矣.(『芝峯類說, 卷十六, 語言部, 方言』) → 風土記**云**, 眞臘國, 以野人爲奴婢, 俗呼爲種, **其**國人, **詈**呼爲種, 則恨入骨**髓**, 蓋賤之也. 與我國方音同矣. 又國多二形人, 十數成羣, 怪矣.(『松南雜識』)

177) 주문제(周文帝) : 북주(北周)의 제후. 곧 우문태(宇文泰)이다.

178) 요족(獠族) : 남만(南蠻)의 종족 중 하나.

179) **及**周文, …… 討**之**, 獲**其**生口, 以**充**賤隸, 謂之**爲**壓獠**焉**.(『北史, 卷九十五, 列傳, 第八十三, 蠻獠』) → 周文**帝**討**諸獠**, 獲生口, 以**爲**賤隸, 謂之壓獠.(『松南雜識』)

180) **嗢末者**, 吐蕃之奴號**也** …… 吐蕃**微**弱**者**, 反**依**附之.(『資治通鑑, 卷二百五十, 唐紀六十六』) → 吐蕃之奴號**嗢末**, **後嗢末强**吐蕃弱, 反附之.(『松南雜識』)

시중드는 종을 '가정오랑캐[家丁兀良介]'[181]라고 한다.

## 놈·한·비녀
### 奴漢婢女

지금 천한 남자를 '놈[奴]' 또는 '한(漢)'이라고 한다. 奴는 광무제(光武帝)가 엄광(嚴光)[182]을 가리켜 '광노(狂奴 : 미친 놈)'[183]라고 한 것과 환온(桓溫)[184]의 처가 환온을 '노노(老奴 : 늙은 놈)'[185]라고 이른 것이 시초이다. 漢은 측천무후(則天武后)가 적인걸(狄仁傑)[186]에게 "짐이 호한(好漢)에게 벼슬을 주려하는데, 그런 사람이 있을까?"[187]라고 물어 본 말과 불서(佛書)의 '나한(羅漢)'에서 유래하였다.

『설문해자(說文解字)』에서 "비천한 여자를 '비(婢)'라 한다"[188]라고 하였다. 속된 말로 '년'이다. 또 시골 풍속에 머슴살이 하는 자를 '노비(奴婢)'라고 이른다.

---

181) 가정오랑캐[家丁兀良介] : 청나라 사신을 따라왔던 하인을 낮추어 이르던 말이다.

182) 엄광(嚴光) : 후한 때의 은자. 여요(餘姚) 출신. 자는 자릉(子陵). 어릴 때 광무제(光武帝)와 함께 공부하였는데, 광무제가 즉위하자 성명을 바꾸고 은거하면서 나타나지 않았다. 광무제가 어진 그를 생각하여 간의대부(諫議大夫)의 벼슬을 내렸으나 수락하지 않았다. 부춘산(富春山)에 은거하면서 농사와 낚시를 일삼으며 생을 마쳤다.

183) 『後漢書, 卷一百十三, 逸民列傳, 第七十三, 嚴光傳』.

184) 환온(桓溫) : 진(晉)나라 때의 진나라의 동진(東晉)의 정치가이며 무인(武人). 자는 원자(元字). 벼슬이 대사마(大司馬)에 이르렀으며 황제 혁(奕)을 폐위(廢位)하고 간문제(簡文帝)를 옹립한 후 찬탈(簒奪)의 음모를 꾸미다가 이루지 못하고 병사(病死)하였음. 자는 원자(元子). 원제(元帝)때에 남강장공주(南康長公主)와 결혼하여 부마도위(駙馬都尉)의 벼슬에 임명되었다.

185) 『古今事文類聚後集, 卷十五, 人倫部, 妬妻, 我見亦憐』.

186) 적인걸(狄仁傑) : 당나라 때의 재상. 자는 회영(懷英). 측천무후(則天武后) 때 무삼사(武三思)를 태자로 삼는 것을 극력 간하여 막았다.

187) **初則天嘗**問仁傑**曰**, **朕**要一好漢**任使有乎**.(『舊唐書, 卷八十九, 列傳第三十九, 狄仁傑』) → **武后**問**狄**仁傑, 要一好漢.(『松南雜識』)

188) 婢. 女之卑者也.(『說文解字, 卷十二下』) → 女之卑曰婢.(『松南雜識』)

## 사내종은 별감이라 부른다
### 奴謂別監

지봉 이수광이 말하였다.

「곽광전(霍光傳)」에서 "하인들의 우두머리[監奴]인 풍자도(馮子都)[189]를 총애하였다"[190]라고 하였다.

지금 사대부 집안의 사내종을 '별감(別監)'이라 부르는 말이 여기에서 유래하였다.[191]

## 남자는 '중', 여자는 '승'
### 男衆女僧

중승(衆僧)을 범어(梵語)에서는 '승가(僧伽 : samgha)'[192]라고 한다. 『사략(史略)』에서 "네 사람 이상을 '승(僧)'[193]이라 이름 하는데, 지금은 한 사람도 '승(僧)'이라 한다"라고 하였다.[194]

---

189) 풍자도(馮子都) : 한나라의 대장군 곽광(霍光)의 감노(監奴)로서 주인 곽광의 비첩인 현(顯)과 사통(私通)을 하다가 곽광의 부인 민씨(閔氏)가 죽고 현이 정실부인이 되자 반란을 일으켰다.

190) 初光愛幸監奴.(『前漢書, 卷六十八, 霍光金日磾傳第三十八』)

191) 霍光傳**曰**, 愛幸監奴, **註奴之監知家務者**. **古詩云**, **昔有霍家奴**, **姓馮名子都**, **依倚將軍勢**, **調笑酒家胡**, **蓋卽所謂監奴也**. 今**謂**士**大**夫家奴爲別監**者**, **有所本矣**.(『芝峯類說, 卷六, 經書部二, 諸史』) → 霍光傳**云**, 愛幸監奴**馮子都**, 今士夫家奴爲別監**出此**.(『松南雜識』)

192) 승가(僧伽) : 또는 승법(僧法) · 승가(僧加) · 승기야(僧企耶)라 한다. 중국어로 번역하여 중화회(衆和會)라 하며 '승(僧)'이라 생략하기도 한다. 비구(比丘)의 많은 이가 화합(和合)하는 것을 말한다.

193) 승(僧) : 범어(梵語). 승가(僧伽)라고도 한다. 중국어로는 화(和) 또는 중(衆)으로 번역된다. 네 명 이상의 비구(比丘)가 화합하여 중(衆)이 된다고 한다.

194) **善覺要覽云**, 梵語云, 僧**迦**, **唐言衆僧**. 史略云, **凡**四人以上名僧, **今**一人亦**稱**僧, **蓋從衆之名也**.(『淵鑑類函, 卷三百十七, 釋敎部二, 僧一』) → 梵語云, 僧**伽**. 史略云, 四人以上名僧, 一人亦**名**僧.(『松南雜識』)

우리나라 풍속에 남자 중을 '중(衆)'이라고 하니 '대중을 널리 살린다[大衆普生]'는 의미이다. 여자 중은 '니(尼)'라고 하지 않고 '승'이라고 하니 '종승(從僧)'[195]을 의미한다. 늙은 여중은 '보살(菩薩)'이라고 하니 본래는 보제불(普濟佛)의 호칭이다. 지금은 늙은 여중을 일컫는다.

## 소경판사
### 宵鏡判事

'소경(宵鏡)'은 우리나라에서 장님을 이르는 말이니 마치 밤에 거울을 비춰 보는 것처럼 아무 것도 보이지 않는다는 의미이다. 또 '판사(判事)'라고 하니 맹인의 관직이었기 때문이다.

## 열 소경에 지팡이 하나
### 十瞽一相[196]

『설문해자(說文解字)』에서 "相(상) 자는 '木(목)' 자와 '目(목)' 자로 이루어졌다"[197]라고 하였으니 곧 소경의 지팡이다.

『예기(禮記)』에서 "소경이 지팡이[相]를 잃었으니 갈팡질팡 어디로 갈까?"[198]라고 하였는데, 그 주석에서 "창(倀)은 범에게 물려죽은 귀신이다. 범이 사람을 잡아먹고 그 사람의 영혼을 빼앗아 길의 앞잡이로 삼

---

195) 종승(從僧) : 주지승을 수종하는 승(僧)으로, 반승(伴僧)이라고도 한다.

196) 십고일상(十瞽一相) : 십맹일장(十盲一杖)을 말한다. 열 사람의 소경에 하나의 지팡이라는 뜻으로, 어떤 물건이 여러 곳에 혹은 여러 사람에게 다 같이 긴요하게 쓰이는 것을 비유한 말이다.

197) 從**目**從**木**.(『說文解字, 卷四上』) → 從**木**從**目之謂相**.(『松南雜識』)

198) **譬猶**瞽之**無**相**與**, 倀倀乎**其**何之.(『禮記, 卷五十, 仲尼燕居』) → 瞽之**失**相, 倀倀乎何之.(『松南雜識』)

은 것이다"라고 하였다.

진(晉)나라의 승려 담곽(曇霍)이 한 자루 석장(錫杖)[199]을 짚고 다니며 "이것이 파야안(波若眼)[200]이니 받들면 득도할 수 있다"라고 하였다. 사람들이 혹 석장을 감추면 통곡하고 눈을 감았다가 얼마 뒤에 일어나 찾아내었다.[201]

우리나라 시에,

| | |
|---|---|
| 밤이 아닌데 늘 밤인 듯 | 不夜常如夜 |
| 자지 않는데도 자는 듯 | 非眠亦似眠 |
| 세 자짜리 지팡이 없었더라면 | 若無三尺杖 |
| 길가에서 고꾸라지지 않을 수 있을까 | 那免道傍顚 |

라고 하였다.

지금 매사에 오로지 남을 믿는 것을 '소경 지팡이[瞽相]'라고 부른다.

## 소경이 풀 일
十瞽鏡解

풀기 어려운 일을 이르는 속담이다. 지금 국가에서 의례 열 명의 맹인으로 하여금 기도하게 하기 때문이다.

---

199) 석장(錫杖) : 승려들이 짚고 다니는 손 지팡이. 선장(禪杖)이라고도 한다. 머리 부분에 큰 고리가 있는데, 거기에 몇 개의 작은 고리가 꿰어 있어 흔들면 소리가 난다.

200) 『松南雜識』는 '波若眼'로 오기 되어 있다.

201) 沙門曇霍**者**, **不知何許人也**. **禿髮傉檀時**, **從河南來**. 持一錫杖, **令人跪**曰, 此是波若眼, 奉之可以得道. …… 人或藏**其錫杖**, **曇霍**大哭**數聲**, 閉目, 須臾起而取之, **咸奇其神異**, **莫能測也**.(『晉書, 卷九十五, 列傳第六十五, 曇霍』) → **晉**沙門曇霍, 持一錫杖曰, 此是波若眼, 奉之可以得道, 人或藏**之**, 大哭閉目, 須臾起而取之.(『松南雜識』)

## 맹자직문

盲者直門[202]

삼연(三淵) 김창흡(金昌翕)[203]은 「산사의 장님을 놀림[譏山寺盲者]」이라는 시에서,

먼 나그네 산사에 왔는데　　遠客來山寺
가을 바람에 한 자루 지팡이 가볍다　　秋風一杖輕
곧장 산사의 문안으로 들어가니　　直入寺門去
사방 벽 단청이 선명하네　　四壁丹靑明

대개 '멀다' · '지팡이'[204] · '바로 들어가다'[205] · '단청(丹靑)'[206] 등의 말은 모두 속담을 사용하여 시구를 완성하였다.

## 사리

舍利[207]

불서(佛書)의 주석에서 말하였다.

---

202) 맹자직문(盲者直門) : 맹자정문(盲者正門) 즉 '소경 문고리 잡듯'이란 속담을 가리킨다. 소경이 문을 바로 찾는 다는 뜻으로, 우매한 사람이 어쩌다가 이치에 맞는 일을 하였을 경우에 이 말을 쓴다.

203) 김창흡(金昌翕) : 조선 중기의 학자(1653~1722). 자는 자익(子益). 호는 삼연(三淵). 김수항의 셋째 아들로 성리학에 뛰어나 형 김창협과 함께 율곡 이후의 대학자로 이름이 높았다. 저서에 『삼연집』이 있다.

204) 소경 지팡막대 부리듯.

205) 장님이 문 바로 들어갔다, 소경이 문 바로 든다, 장님(이) 문고리 바로 잡았다.

206) 소경 단청 구경 : 보아도 이해하지 못할 것을 보는 경우를 비유적으로 이르는 말. ≒ 소경 관등(觀燈) 가듯.

207) 사리(舍利) : ①새의 이름. ②사리불비구(舍利弗比丘)의 어머니 이름. ③ 사리자(舍利子)라고도 한다. 석가(釋迦)가 입적한 다음 제자 아난(阿難) 등이 그 몸을 불태우니 오색의 구슬 같은 골자(骨子)가 나왔는데 빛나고 견고하였다. 이를 사리자(舍利子)라고 부르고 탑을 지어 간수하였다.

사리자(舍利子)는 석가모니의 제자 이름이다. 그 어미의 눈이 사리 불새의 눈과 흡사하기에, 그렇게 이름하였다. 여기에서 말한 '추조(鶖鳥)'[208]는 눈이 동그랗다. 그래서 '사리'로 어머니를 호칭한 것이다. 여기에서 '사리자(舍利子)'라고 말한 것은 부인 사리의 아들이라고 말하는 것과 같다.

지금 '개가(改嫁)'를 '후살이[後舍利]'라고 하는 말이 바로 이것이다.

## 발피

撥皮[209]

『고려사(高麗史)』에서 "원나라 승상 백안(伯顔[210])이 충숙왕(忠肅王)을 지목하여 '발피(撥皮)'라고 하였다"[211]라고 하니, 호협(豪俠)의 의미이다.[212]

---

208) 사리(舍利)의 번역 명칭. 추로(秋露)・추로(鶖鷺)・추(鶖)・백설조(百舌鳥)라고도 한다. *『松南雜識』에는 '鶖鳥'로 오기되어 있다.

209) 발피(撥皮) : 국어사전에는 '발피(潑皮)'로 되어 있다. 일정한 직업이 없이 쓸데없는 소리나 하고 못된 짓만 일삼으며 돌아다니는 부랑배 같은 무리를 말한다.

210) 백안(伯顔) : 원대(元代) 세조의 신하로 송나라를 공벌하는 공을 세웠고, 태부(太傅)까지 지냈다.

211) 伯顔**益惡之**, 目曰撥皮.(『高麗史, 卷三十六, 世家三十六, 忠惠王 二年』) → **元丞相**伯顔, 目**忠肅王**曰撥皮.(『松南雜識』)

212) 충숙왕이 세자로서 원나라에 들어가 있을 적에 승상 연첩목아(燕帖木兒)가 충숙왕을 자기의 친아들처럼 대접하다가 충숙왕이 왕위를 사양하자 황제에게 고하여 왕으로 책명하도록 했던 적이 있다. 당시에 태보(太保) 백안(伯顔)이 연첩목아가 권세를 부리고 있는 것을 미워하여 왕에게 예절 있게 대하지 않았다. 그런데 충숙왕이 복위하게 되었을 때는 연첩목아는 이미 죽었고 백안이 왕을 더욱 박대하였다. 왕이 연첩목아의 자제들과 회골(回骨)의 소년들과 함께 술 마시고 농을 하며 유흥하다가 그만 회골 여자 한 사람을 사랑하여 간혹 숙위(宿衛)에 결근하였으므로 백안이 더욱 미워하여 지목하기를 "발피(撥皮)"라고 욕하고 황제에게 말하기를 "왕정(王禎)이 본래 행실이 보잘것 없으므로 숙위 사업에 방해가 될까 하오니 마땅히 그의 아비 있는 곳으로 보내 옳은 도리로써 교양하도록 하는 것이 좋겠습니다"라고 하니 황제가 이를 승낙하였다.

## 날로
### 攔路

난로(攔路)[213]는 지금 호협(豪俠)이 오입(誤入)하는 것을 말한다.

조선의 정조(正祖)가 모든 일에 서툰 자를 '生'이라 하였다. '날로'를 훈차하여 그렇게 부른 것이다.

중국에서 촉(蜀)나라 사람으로 수레바퀴 자국대로 따라가지 못하는 자를 '천나저(川蘿苴)'라고 부른다. 『산곡집(山谷集)』의 주석에서 "나저(蘿苴)는 진흙 길에 익숙하지 못한 것이다"라고 하였다.[214]

## 생소
### 生疎

불서(佛書)에서 "노숙(老宿)[215]이 말을 하되, '생소(生疎)한 곳은 언제나 열심히 익히고 익히게 해야 한다'라고 하였다"[216]라고 하였다.

조선의 양박(梁樸)이 단양(丹陽) 태수가 되었다가 귀양 갈 때에 "이르는 곳마다 생소하다"라고 하여 다음과 같은 시를 지었다.

> 느긋하게 아전을 불러 동어부(銅魚符)[217]를 풀어놓고 慢呼小吏解銅魚
> 먼저 검양(黔陽)을 그리고 『옥서(屋書)』[218]를 빌리네 先寫黔陽借屋書
> 내게 짚신과 대나무 지팡이 있어서 我有芒鞋兼竹杖

---

213) 난로(攔路) : 우리말의 '날로' · '생(生)으로'를 한자로 나타낸 것이다. 무리하게, 또는 억지로 라는 뜻이 있다.

214) **蘿苴**, 中州人謂蜀人不遵軌轍者, **曰**川蘿苴. 山谷集**注**, **蘿郎假反**, **蘿苴**泥不熟**也**.(『韻府羣玉, 蘿苴』)→山谷集**註**, 中州謂蜀人不遵軌轍者, **謂**川蘿苴. **註**泥不熟.(『松南雜識』)

215) 노숙(老宿) : 나이가 많고 덕이 높은 종사(宗師)의 존칭.

216) 傳燈錄, 老宿有語, 生疎處, 常令熱熟, 熱熟處, 放令生疎.(『佩文韻府, 生疎』)

217) 동어부(銅魚符) : 동으로 만든 물고기 형상의 부절.

218) 옥서(屋書) : 인수옥서영(因樹屋書影). 청나라 주량공(周亮工)이 편찬한 책. 총 10권.

맑은 단양(丹陽)의 산수가 생소하지 않구나　　　清丹山水不生疎

## 맹랑

孟浪

『장자(莊子)』에서 "부자께서 맹랑(孟浪)한 말이라 여기셨다[夫子以爲孟浪之言]"[219]라고 하였는데, 주석에서 "맹랑(孟浪)은 경솔(輕率)하다는 뜻이다"라고 하였다.

세상에 다음과 같은 말이 전한다.

> 선학(仙鶴)이 하늘에서 언덕 위의 보리가 바람에 일어 물결치는 형세를 보고 물결이 이는 것이라 생각하고 내려와 보니 맥랑(麥浪 : 보리 물결)이었다.

지금은 실속 없고 허황한 것을 말한다.

## 곤체

困殢[220]

당나라 역사에서 선종(宣宗)이 "정광(鄭光)이 나를 괴롭혀[殢] 가만두지 않는구나!"[221]라고 하였다.

지금은 남에게 시달리는 것을 '곤체(困殢)'라고 한다.

---

219) 『莊子, 齊物論』.

220) 곤체(困殢) : 몸이나 마음이 편하지 못하여 매우 괴로워함.

221) **上**曰, **誠如此, 但**鄭光殢我不置.(『資治通鑑, 卷二百四十九, 唐紀六十五, 宣宗元聖至明成武獻文睿智章仁神聰懿道大孝皇帝下』) → **宣宗**曰, 鄭光殢我不置.(『松南雜識』)

## 적수
赤手

후산(后山) 진사도(陳師道)의 시에 "재빨리 맨손[赤手]으로 기린을 사로잡아야 하네[徑須赤手縛麒麟]"[222]라고 하였다.

지금은 백판(白板)[223]을 '맨손 맨주먹[赤手空拳]'이라고 한다.

## 백판
白板

당나라 측천무후(則天武后) 때 봉해진 제후가 많아서 주조한 도장을 발급하지 못하고, 마침내 백판으로 제후를 봉하였다.

또 진(晉)나라의 대대로 전해지는 옥새가 석륵(石勒)[224]에게 있었기에 석륵이 동진(東晉)을 '백판천자(白板天子)'라고 지칭하였다.

## 황장 · 백변
黃腸白邊

『후한서(後漢書)』에서 "양상(梁商)[225]에게 동원(東園)의 붉게 장식한 관(棺)과 은루(銀鏤), 황장목(黃腸木)[226]을 하사하였다"[227]라고 하였는데, 그

222) 「답황생(答黃生)」.

223) 백판(白板) : 아무 것도 없는 형편이나, 또는 아무 것도 모르는 상태.

224) 석륵(石勒) : 진(晉)나라 때 중국을 침범하여 후조(後趙)를 세운 갈인(羯人).

225) 양상(梁商) : 후한(後漢) 때의 사람으로 자는 백하(伯夏)이며 양소(梁竦)의 아들, 양통(梁統)의 증손이다.

226) 황장목(黃腸木) : 임금의 관을 만드는 데 쓰는 품질이 좋은 소나무의 황장(나무의 심에 가까운 빛깔이 누르고 단단한 부분)으로 된 목재.

227) 賜以東園朱壽之器, 銀鏤黃腸, **玉匣什物二十八種**.(『後漢書, 卷六十四, 梁統列傳, 第二十四, 梁商傳』) → 賜**梁商**以東園朱壽之器. 銀鏤黃腸.(『松南雜識』)

주석에서 "잣나무의 누런 심으로 외관[郭]을 만들기 때문에 황장(黃腸)이라 한다"228)라고 하였다. 황장제주(黃腸題湊229))가 이것이다.

지금은 어떤 물건의 최상품을 일컫는 말이다.

'백변(白邊)'230)이란 말도 관을 만드는 목재에서 유래하였다.

## 국휼
### 國恤

『춘추좌전(春秋左傳)』에서 "옛날에 예(羿)231)는 나라의 걱정거리[國恤]를 잊었다"232)라고 하였다.

지금의 '국상(國喪)'을 '국휼'이라 하는 말은 여기에서 유래하였다.

## 승하
### 昇遐

『초사(楚辭)』에서 "마치 빛이 있는 듯 혼백이 모여 멀리 올라감이여[載營魄233)而登霞兮]"234)라고 하였는데, 그 주석에서 "하(霞)는 하(遐)와 같은

---

228) **壽器棺也, 以朱飾之, 以銀鏤之. 前書音義曰, 以**栢木**黃**心爲**椰**, 曰黃腸**也**.(『後漢書, 卷六十四, 梁統列傳第二十四, 梁商傳』의 주석) → 栢木心爲**郭**, 曰黃腸.(『松南雜識』)

229) 황장제주(黃腸題湊) : 한(漢)나라 때 천자의 능침(陵寢) 곽실(槨室) 사방에 잣나무를 쌓아 올려, 위는 뾰족하게 하고 아래는 모나게 하여 마치 집의 처마가 사방에서 드리워진 모양처럼 만드는 것.

230) 백변(白邊) : 통나무의 중심에서 바깥쪽으로 재질이 좀 무르고 빛깔이 흰 부분.

231) 예(羿) : 하나라의 정권을 빼앗아 천자의 자리에 앉았다. '예(羿)' 앞의 '이(夷)'자는 두예의 주석에 의하면 예의 성씨라 하기도 하고, 혹은 조사라서 아무런 의미가 없다고도 한다.

232) 在**帝**夷羿, **冒于原獸**, 忘其國恤, **而思其麀牡**.(『春秋左傳注疏, 卷二十九, 襄公』) → 在**昔**夷羿, 忘其國恤.(『松南雜識』)

233) 『松南雜識』에는 '魂'으로 되어 있다.

234) 「원유(遠遊)」.

의미로 멀리 간다는 뜻이다"[235]라고 하였다. 또, "요임금이 저 흰 구름으로 올라갔다", "순임금이 승하하여 이에 죽었다"[236]라고 하였다. 「곡례(曲禮)」에서 말한 '고상(告喪)'[237]은 죽음을 아름답게 일컫는 말이다. 『장자(莊子)』에서는 '등가(登假)'[238]라고 하였다.

또한 지금 '국장(國葬)'을 '인산(因山)'이라 하는데, 한(漢)나라의 파릉(灞陵)[239]이 산을 따라서 만들어진 데서 유래한다.

## 물고
### 物故

한(漢)나라 역사에 "위청(衛青)과 곽거병(霍去病)[240]이 흉노를 정벌할 때에 한나라 병졸들의 '물고(物故)' 또한 수만 명이었다"[241]라고 하였다. 안사고(顔師古)[242]의 주석에서 "귀물(鬼物)이 되어 죽었다는 의미이다"[243]라고 하였다.

지금은 죽은 자를 일컫는다.

---

235) **載營魂而登霞兮**. **楚辭**, 霞與遐同, 猶言適遠, **又作假莊**.(『韻府羣玉, 登遐』)→**註**, 霞與遐同, 猶言適遠.(『松南雜識』)

236) 舜**生三十徵庸**. **三十在位**. **五十載**陟方乃死.(『書經, 虞書, 舜典』)→舜**之**陟方乃死**也**.(『松南雜識』)

237) 告喪曰天王登假.(『禮記, 卷四, 曲禮下』)

238) 彼且擇日而登假, 人則從是也.(『莊子, 德充符』)

239) 파릉(灞陵) : 한(漢) 문제(文帝)의 능. 본래는 섬서성(陝西省) 서안시(西安市) 동쪽의 지명.

240) 위청(衛青)과 곽거병(霍去病)은 한나라 무제(武帝) 때에 흉노를 정벌한 명장이다.

241) **是時**, **漢所殺虜**匈奴**合八九萬**, **而**漢士卒物故亦數萬.(『資治通鑑, 卷十九, 漢紀十一, 世宗孝武皇帝中之上』)→**衛霍出征**匈奴, 漢士卒物故亦數萬.(『松南雜識』)

242) 안사고(顔師古) : 당나라의 학자(581~645). 이름은 주(籀). 사고(師古)는 자. 태종의 칙명으로 『오경정의』의 편찬에 참가하였으며, 태자 승건(承乾)을 위하여 『한서(漢書)』에 주를 달았다.

243) 師古**曰**, **物故謂死也**, 言其同於鬼物而故也.(『資治通鑑, 卷十九, 漢紀十一, 世宗孝武皇帝中之上』의 주석)→師古**註**, 言其同於鬼物而故也.(『松南雜識』)

## 대고

大故

「단궁(檀弓)」에서 "대고(大故)가 있지 않으면 밖에서 자지 않는다"[244]라고 하였는데, 그 주석에서 "'대고'는 상사(喪事)의 우환이다"[245]라고 하였다.

## 호종

扈從[246]

『운회(韻會)』에서 "꼬리 뒤에서 따르는 것을 '호(扈)'라 한다"라고 하였다. 또, 주석에서 "말을 기르는 자를 '호(扈)'라 한다"[247]라고 하였으니, 곧 『예기(禮記)』[248]의 "고삐를 잡다[執羈靮]"[249]라는 말과 같다.

## 시위

侍衛

'시위(侍衛)'는 한(漢)나라 시절에 임금이 나갈 때 경계하고 들어올 때 벽제하던 것이다.

지금 임금의 수레가 행차할 때 '안가시위(安駕侍衛)'[250]라고 외치는 말이 이것이다.

---

244) 君子非有大故, 不宿於外.(『禮記注疏, 卷二, 檀弓上』)
245) 大故謂喪憂.(『禮記, 卷二, 檀弓上』의 주석)
246) 호종(扈從) : 임금의 수레를 모시고 뒤따라감. 또는 그 사람, 시종.
247) 養馬者曰扈.(『春秋公羊傳注疏, 卷十六, 宣公』의 주석)
248) 『松南雜識』에는 '左傳'으로 오기되어 있다.
249) 如皆守社稷, 則孰執羈靮而從. 如皆從, 則孰守社稷.(『禮記, 卷十, 檀弓下』)
250) 안가시위(安駕侍衛) : 임금이 탄 수레를 편안하게 모시라는 뜻으로 쓰는 봉도(奉導) 소리.

## 소차

小次

『주례(周禮)』[251]에서 '대차(大次)·소차(小次)'[252]라고 하였는데, 그 주석에서 "지금의 옷 갈아입는 곳과 같다"라고 하였다. 세간에서 능에 행차할 때 쉬는 곳을 '소차(小次)'[253]라고 한다.

『주례(周禮)』의 정현(鄭玄)의 주석에서 "'차(次)'는 장막을 말한다. 큰 장막은 처음에 가서 멈춰 지내는 곳이고, 작은 장막은 제사를 지낼 때 물러나 기다리는 곳이다"[254]라고 하였다.

## 시어소

時御所

'시어소(時御所)'[255]는 왜(倭) 국왕의 궁전이니 원(源)씨가 천황의 궁전 서쪽에서 거처할 때 감히 '왕'이라고는 칭하지 못하고 다만 '어소(御所)'라 칭하였다.

우리나라 시어소는 의미가 없다.

---

251) 『松南雜識』에서는 '記'로 오기하였음.

252) 朝日祀五帝, 則張大次小次.(『周禮, 卷六, 天官冢宰下』)

253) 대차(大次)는 제왕이 제사지내거나 제후들이 조근(朝覲)할 때 임시로 휴식하는 큰 장막을 이르며, 소차(小次)는 교사(郊祀) 지낸 때 설치하는 작은 장막을 이른다.

254) 次謂幄也. 大幄初往所止居也, 小幄謂接祭退俟之處.(『周禮, 卷六, 天官冢宰下』의 주석)

255) 시어소(時御所) : 임금이 임시로 거처하는 곳. 시좌소(時座所)라고도 한다.

## 옥체
玉體

「환영전(桓榮傳)」에서 말하였다.

태자가 보내온 편지에서 "원컨대 군(君)께서는 병을 조심하고 식사를 잘하여 옥체(玉體)를 아끼도록 하시오"라고 하였다.[256]

대개는 본래 존귀한 이의 몸에 대해서 사용하였지만, 지금은 오직 임금의 몸에 대해서만 사용할 뿐이다.

임금의 행차를 '거둥[擧動]'이라 하는 것은 친히 고귀한 발을 들어[擧] 움직인다[動]는 의미이다.

## 제배
除拜

『몽계필담(夢溪筆談)』[257]에서 "관직에 제배(除拜)되는 것이 제(除)이다"[258]라고 하였으니 대개 올려 제수한다[乘除]는 의미이다.

지금의 '제수(除授)'라는 말이 이것이다.

---

256) 太子報書曰, …… 願君愼疾加餐 重愛玉體.(『後漢書, 卷六十七, 桓榮丁鴻列傳, 第二十七, 桓榮傳』) → 太子報書, 願君愼疾加餐, 重愛玉體.(『松南雜識』)

257) 몽계필담(夢溪筆談) : 송나라의 심괄(沈括)이 지은 책. 천문, 수학, 동식물, 물리, 약학, 문학, 미술, 음악, 역사, 행정 따위의 다양한 분야에 걸친 독창적인 연구 논문과 수필을 수록하였다. 26권.

258) 除拜官職謂除其舊籍, 不然也, 除猶易也, 以新易舊曰除, 如新舊歲之交謂之歲除, 易除戎器戒不虞, 以新易弊, 所以備不虞也, 堦謂之除者, 自下而上, 亦更易之義.(『夢溪筆談, 卷四, 辨證二』) → 除拜官職謂除.(『松南雜識』)

## 정탈

定奪

『거가필용(居家必用)』에서 "사무를 차례대로 처리한다는 의미이다"[259] 라고 하였다. 지금 왕이 내린 처분을 '탑전정탈(榻前定奪)'이라고 한다.

## 타첩

妥帖[260]

한유(韓愈)의 시에서 "적절하게 예(鼻)를 힘껏 배척했네[妥帖力排鼻]"[261] 라 하니, 지금 우리나라 말에 온당함과 성취함을 모두 '타첩(妥帖)'이라고 한다.

또 서북 지역의 방언에 떨어지는 것[墮]을 타(妥)라고 하니,[262] 두보(杜甫)의 시에서 "꽃이 지자 앵무새가 나비를 잡네[花妥鶯捎蝶]"[263]라고 한 말이 이것이다.

육기(陸機)[264]의 「문부(文賦)」에서도 "혹은 적절하여 시행하기 쉽다[或妥帖而易施]"[265]라고 하였는데, 그 주석에서 "안정된 것이다"라고 하였다.

---

259) 定奪. 謂取決事務之義.(『居家必用, 辛集』) → 所次事務之義.(『松南雜識』)

260) 타첩(妥帖) : 별탈없이 순조롭게 일이 끝남, 온당(穩當)함을 의미함. 다르게 妥怗 · 妥貼이라고도 함.

261) 「천사(薦士)」.

262) 西北方言, 以墮爲妥.(『漁隱叢話前集, 卷十, 杜少陵五』)

263) 「중과하씨 오수(重過何氏五首)」.

264) 육기(陸機) : 진(晉)나라의 문인. 자는 사형(士衡). 동생 육운과 더불어 이륙(二陸)이라고 칭송된다. 오(吳)나라가 망한 후, 동생과 함께 진나라에서 벼슬하였다. 화려한 문장을 썼으며, 조식(曹植) 이후의 제일인자로 꼽힌다. 주요 저서에 「문부(文賦)」·「변망론(辨亡論)」·『육사형집(陸士衡集)』 등이 있다.

265) 或岨峿而不安.(『文選, 卷十七, 論文, 文賦』)

## 건망
健忘

『장자(莊子)』에서 "기(氣)가 내려간 채 올라가지 않으면 사람으로 하여금 곧잘 잊어버리게 합니다"[266]라고 하였고, 『열자(列子)』에서 화자(華子)의 건망증을 인용하여 무심함의 극치를 밝힌 것[267]이 이것이다.

또 노(魯)나라에 대단히 잘 잊어버리는 사람이 있었는데, 이사하면서 자신의 아내를 잊어버렸다. 또 걸(桀)과 주(紂)는 자기 몸을 잊었다.[268]

## 까마귀 정신
烏精神

연암(燕巖) 박지원(朴趾源)이 말하였다.

까마귀는 구름을 쳐다보고 고기를 묻어 표시해두는데, 나갔다가 돌아와 묻은 고기를 찾아보면, 구름은 벌써 다른 곳으로 옮겨갔기에 고기가 묻혀 있는 곳을 알지 못한다.

그런 까닭에 지금 정신없고 잘 잊어버리는 것을 '까마귀 정신[烏精神]'이라고 한다.

---

266) 下而不上, 則使人善忘.(『莊子, 達生』) → **氣**下而不上, 則使人善忘.(『松南雜識』)

267) 송나라의 화자(華子)는 건망증이 매우 심해서 가족들이 이를 고치기 위해 점쟁이와 의사에게 찾아가 보는 등 많은 노력을 하였지만 효험이 없었다. 어떤 유생이 그 마음과 생각을 변화시켜야 건망증을 치료할 수 있다고 하였는데, 그 방법은 배고프면 음식을 찾고 추우면 옷을 찾고 어두우면 밝음을 찾는 것과 같은 이치였다.(『列子, 卷三, 文周穆王, 第三』)

268) 노(魯)나라 애공(哀公)이 공자에게 "과인은 건망증이 심한 자에 대해서 들었으니, 이사하면서 그 아내를 잊어버렸다고 합니다"고 하자, 공자가 "이는 심한 경우라고 할 수 없고 심한 경우는 그 몸을 잊는 것이니 걸(桀)과 주(紂) 같은 경우가 그러합니다"라고 하였다.(『孔子家語, 卷三, 賢君, 第十三』)

## 호풍
### 好風

당시(唐詩)[269]에서 "친구 같은 맑은 바람 불어온다[淸風來故人]"[270]라고 하였다.

명나라 역사에서 강해(康海)[271]가 공동(崆峒) 이몽양(李夢陽)[272]에게 "좋은 바람이 부는데 지금 손님께서는 빨리 오지 않습니까?"[273]라고 하였다.

『금릉육원시어(金陵六院市語)』에서 "불청객을 조롱하여 '취목설(吹木屑)'[274]이라고 한다"[275]라고 한 말이 이것이다.

또 쓸데없는 이야기를 하고 가는 것을 비웃어 '설틈과문(說闖寡門)'이라고 한다.

---

269) 『松南雜識』에는 '宋詩'로 오기되어 있음.

270) 두목(杜牧)의 「조추(早秋)」.

271) 강해(康海) : 명나라 무공(武功) 출신. 자는 덕함(德涵), 호는 대산(對山). 또는 반동해부(沜東海父). '홍치십재자(弘治十才子)'의 한 사람. 홍치 연간에 진사(進士)가 되어 관직이 수찬(修撰)에 이르렀다. 이몽양(李夢陽)과 창화하여 대단한 명성을 얻었다. 왕구사(王九思)와 함께 악률(樂律)에 밝고 사곡(詞曲)에도 능하였다.

272) 이몽양(李夢陽) : 명나라의 시인(1472~1529). 자는 헌길(獻吉), 호는 공동자(空同子). 효종과 무종을 섬겨 강직한 신하로 이름이 났다. 문장은 진한(秦漢), 시는 성당(盛唐)을 주장하여 시문의 복고를 꾀하였으며, 칠언 고시와 오언 고시에 뛰어났다. 저서에 『공동자집』이 있다.

273) 瑾焚香迎海, 延致上坐, 海不少遜, 瑾曰, 今日何好風吹, 得先生來也.(『弇山堂別集, 卷二十九, 史乘考誤十』) → 康海謂崆峒曰, 有何好風, 今客不速自來.(『松南雜識』)
* 『松南雜識』에는 강해(康海)가 공동(崆峒)에게 한 말로 오기 되어 있다.

274) 취목설(吹木屑) : 목설(木屑)은 나무를 톱질할 때 떨어지는 나무가루를 말한다.

275) 嘲吹木屑, **嗔人不請自來**.(『山中一夕話, 金陵六院市語』) → 嘲**人不請自來**, 吹木屑.(『松南雜識』)

## 풍문
### 風聞

『한서(漢書)』에서 말하였다.

조타(趙佗)[276]가 "풍문(風聞)에 저의 부모님의 묘소가 이미 무너졌다는 것을 들었습니다"라고 하였다.[277]

심약(沈約)[278]의 「탄문(彈文)」에서 '풍문(風聞)'이라고 하였고 『국어(國語)』[279]에서 "시장에서 떠도는 말을 채집하여 듣는다"[280]라고 하였는데, 그 주석에서 "풍(風)은 '채집[采]'의 뜻이니, 장사치와 나그네의 말을 채집하여 듣는 것이다"[281]라고 하였다.

## 뇌동
### 雷同

『예기(禮記)』에서 "뇌동(雷同)하지 마라"[282]라고 하였다.

『풍속통(風俗通)』에서 "백리를 '동(同)'이라고 한다"[283]라고 하니, 우레

---

276) 조타(趙佗) : 진한(秦漢) 때 남월왕(南粵王). 처음에는 남해위(南海尉)였던 까닭에 위타(尉佗)라고도 한다.

277) 曰, …… **又**風聞老夫父母墳墓已壞**削**, **兄弟宗族已誅論**.(『前漢書, 卷九十五, 西南夷兩粵朝鮮傳, 第六十五』) → **尉佗**曰, 風聞老夫父母墳墓已壞.(『松南雜識』)

278) 심약(沈約) : 남조 시대의 학자(441~513). 자는 휴문(休文). 음운학의 거두로 사성(四聲)을 처음으로 연구하고, 시의 팔병설(八病說)을 제창하였다. 저서에 『진서』·『송서』·『제기(齊紀)』·『사성운보(四聲韻譜)』 등이 있다.

279) 『松南雜識』에서는 출전을 『좌전』으로 오기하였다.

280) 風聽臚言於市.(『國語, 卷十二, 晉語六』)

281) 風采也, **臚傳也**, 采聽商旅**所傳善惡**之言.(『國語, 卷十二, 晉語六』의 주석) → 風采也, 采聽商旅之言.(『松南雜識』)

282) 毋勦說, 毋雷同.(『禮記, 卷二, 曲禮上』)

283) 風俗通曰, 周禮百里曰同.(『太平御覽, 卷一百五十七, 州郡部三, 敘縣』)

소리가 백 리 안에는 대체로 같다는 의미이다.

## 행색
### 行色

『장자(莊子)』에서 "수레와 말에 행색(行色)이 있다[車馬有行色]"[284]라고 하였는데, 그 주석에서 "물경(物景)을 또한 색(色)이라 한다"[285]라고 하였다.

## 행리
### 行李[286]

『춘추좌전(春秋左傳)』에서 "사신[行李]이 오가는 것은 한 가지 이로움 뿐만이 아니다"[287]라고 하였는데, 그 주석에서 "李와 理는 옛날에 통용하였다"라고 하였다. 바로 '황제(黃帝)의 이법(李法)'[288]이라는 말이 이것이다.[289]

지금은 잘못하여 행장(行裝)을 '행리(行李)'라고 한다.

---

* 『松南雜識』에서는 출전을 『사기』로 밝히고 있으나, 『사기』에는 나오지 않는 기록이다. 『태평어람(太平御覽)』·『수경주(水經注)』·『승암집(升菴集)』 등에서 이 문장의 출전을 『풍속통』으로 밝히고 있다.

284) 『莊子注, 盜跖』.

285) 又物景亦曰色, 莊子盜跖篇, 車馬有行色.(『康熙字典, 色』)→莊子曰, 車馬有行色. 註物景亦曰色.(『松南雜識』)

286) 행리(行李) : 사자(使者) 또는 사신(使臣). 행리(行理)라고도 함.

287) 行李之往來, **共其乏困, 君亦**無**所害**.(『春秋左傳, 卷十六, 僖公』)→行李之往來, 無**一利焉**.(『松南雜識』)

288) 이법(李法) : 정벌과 벌주고 죽이는 일을 주로 하는 관직을 이법(李法).

289) 黃帝李法.(『前漢書, 卷六十七, 楊胡朱梅云傳, 第三十七, 胡建』)

## 투필

投筆

『후한서(後漢書)』에 나오는 반초(班超)[290]의 일화인데 지금은 유생(儒生)이면서 무관으로 종사하는 것을 말한다.

가까운 곳의 사람을 가리켜 '그'라고 한다[指斥謂渠].

운서(韻書)에서 "다른 사람을 일러 거(渠)·농(儂)이라고 한다"라고 하였다.

초중경(焦仲卿)[291]의 처를 위해 당시 사람이 지은 「공작동남비(孔雀東南飛)」[292]에서,

| | |
|---|---|
| 비록 고을 관리와 혼인하였지만 | 雖與府吏要 |
| 그와 영원히 인연이 없었으면 | 渠會永無緣[293] |

---

290) 반초(班超) : 후한(後漢) 초기의 명장. 자는 중승(仲升). 섬서성(陝西省) 함양(咸陽) 출신. 반표(班彪)의 아들로 학문에 뜻을 두고 낙양(洛陽)에 갔다. 사서(寫書)를 하면서 어머니를 모시는 빈곤한 생활을 단념하고 무인(武人)으로서 입신양명할 것을 결심하였다. 73년 두고(竇固)를 따라 흉노(匈奴) 토벌의 별장(別將)으로 재능을 발휘해 큰 공을 세우고, 이후 31년간 서역(西域)에 머물며, 선선(鄯善)·구자(龜茲)·언기(焉耆 : 카라샬) 등지의 오아시스 제국가를 정복하고 부하 감영(甘英)을 페르시아 만(灣) 방면으로 파견하여 정보를 수집하는 등 많은 공적을 세웠다. 벼슬은 군사마(軍司馬)·장병장사(將兵長史)를 거쳐 서역도호(西域都護)가 되고 정원후(定遠侯)에 봉해졌다. 서역을 토벌하고 반세기 이상 흉노의 지배 하에 있던 50여 나라를 한(漢)나라의 위령(威令) 밑에 복속시켰다. 102년 71세의 고령을 이유로 귀국할 것을 간청하여 낙양에 도착한 다음 달에 병사하였다.

291) 초중경(焦仲卿) : 후한(後漢)의 인물. 건안(建安) 연간에 여강소리(廬江小吏)가 되었다. 아내 유씨(劉氏)가 현덕(賢德)이 있었지만 중경의 어머니는 그녀를 받아들이지 않았다. 나중에 쫓겨났지만 다시는 재가하지 않을 것을 맹세하였다. 그러나 친정에서 그녀를 핍박하자 물에 투신하여 죽었으며 중경은 그 소식을 듣고 정원의 나무에 목을 매어 죽었다. 이에 당시 사람들이 「공작동남비(孔雀東南飛)」라는 시를 지어 그들을 애도하였다.

292) 『松南雜識』에는 '초중경(焦仲卿)의 시'로 오기되어 있음.

293) 雖與府吏**要**, **渠會**永無緣.(『玉臺新詠, 卷一, 古詩, 無名人爲焦仲卿妻作』) → 雖與府吏**會**, **要渠**永無緣.(『松南雜識』)

이라고 하였다.

두보(杜甫)의 시에서 "시를 읊조리며 그를 추억하네[吟詩正憶渠]"294)라고 하였다.

『강희자전(康熙字典)』에서 "세상에서 다른 사람을 일러 '그(渠)'라고 한다"295)라고 하였다.

지금 '너[汝]'를 '그[渠]'라고 한 것이 오래되었다.

대개 나를 지칭하는 말을 오(吳)나라 사람들은 '농(儂)'이라고 하고, 초(楚)나라 민간에서는 '괴(塊)'296) 및 '오(吾)'·'여(予)'·'문(們)'·'엄(俺)'이라고 한다.

전여성(田汝成)297)이 "남만(南蠻)에서는 남을 칭하여 '대(歹)'라고 하고 스스로를 칭하여서도 '대(歹)'라고 하니 진(晉)나라의 '찰(咱)'이나 초(楚)나라의 '농(儂)'이라는 말과 같다. '歹'의 음은 다(多)와 개(改)의 반절이다"라고 하였다.298)

『묵객휘서(墨客揮犀)』299)에서 말하였다.

가위공(賈魏公)300)이 재상으로 있을 때 때 방사(方士) 가운데 허씨(許氏) 성을 쓰는 사람이 있었다. 그가 남을 대할 때 한 번도 자신의 이

294) 「원회사제영관등(遠懷舍弟穎觀等)」.

295) 俗謂他人爲渠**儂**.(『康熙字典, 渠』) → 俗謂他人爲渠.(『松南雜識』)

296) 괴(塊) : 홀로 있는 모양을 나타낸다.

297) 전여성(田汝成) : 명나라의 관료·학자. 전당(錢塘) 출신. 자는 숙화(叔禾). 가정(嘉靖) 연간에 진사(進士)가 되었고 관직은 광서우참의(廣西右參議)에까지 이르렀다. 강우(江右)를 나누어 지켰는데 업적이 있었다. 고문(古文)에 박학하고 더욱이 서술(敍述)을 잘 하였다. 『염요기문(炎徼紀聞)』을 찬술하였다. 전원에 은거한 후, 호수와 산을 유람하였다. 저서에 『서호유람지(西湖遊覽志)』·『전숙화집(田叔禾集)』·『요기(遼記)』 등이 있다.

298) 田汝成**炎徼紀聞**, 南蠻稱人曰歹, 自稱亦曰歹, 猶晉之言**咱**, 楚之言儂也.(『康熙字典, 歹』) → 田汝成**曰**, 南蠻稱人曰歹, 自稱亦曰歹, 猶晉之言**咱**, 楚之言儂也.(『松南雜識』)

299) 묵객휘서(墨客揮犀) : 송나라 팽승(彭乘)이 지은 책. 송대의 일사(軼事)와 시화 및 문평을 기록한 것으로 인용이 상세하다. 총 10권. 속편 10권이 있다.

300) 가위공(賈魏公) : 송나라의 재상인 가창기(賈昌期)를 이름. 자는 자명(子明).

름을 부르지 않고 항상 아(我)라고 하니 당시 사람들이 그를 '허아(許我)'라고 하였다.[301]

옛 사람들은 남을 대할 때 자신의 이름을 칭하였는데 지금 사람들은 대인(大人) 앞에서는 '소인(小人)'이라 하고 상관(上官) 앞에서는 '하관(下官)'이라고 한다.

## 너나들이 사귐
### 爾汝莫逆

『장자(莊子)』에서 "자상호(子桑戶)·맹자반(孟子反)·자금장(子琴張)이 서로 쳐다보며 웃고 마음에 맞아 거슬림이 없었다"[302]라고 하였으니, 지금의 '막역한 사귐[莫逆交]'이란 말이 이것이다.

한(漢)나라의 공융(孔融)과 예형(禰衡)[303]은 '너나들이 사귐[爾汝交]'을 맺었다.

진(晉)나라 무제(武帝)가 손호(孫皓)[304]에게 "남쪽 사람들은 이여가(爾汝

301) 賈魏公爲相日, 有方士姓許, 對人未嘗稱名, **無貴賤, 皆稱**我, 時**人**謂**之**許我.(『墨客揮犀, 卷四』)→賈魏公爲相, 有方士姓許, 對人未嘗稱名, **每言**我, 時謂許我.(『松南雜識』)

302) 子桑戶孟子反**子**琴張 …… 相視而笑, 莫逆於心.(『莊子, 大宗師』)→子桑戶孟子反琴張, 相視而笑, 莫逆於心.(『松南雜識』)

303) 예형(禰衡): 후한의 학자. 평원(平原) 출신. 자는 정평(正平)으로 문재(文才)가 있었다. 성품이 굳세면서도 오만하였다. 공융(孔融)이 소(疏)를 올려 그를 천거하자 조조(曹操)가 그를 만나고자 하였지만 병을 핑계대고 나가지 않고 다시 방자한 말을 하였다. 조조가 그를 불러 고사(鼓史)를 만들어 빈객을 많이 모아놓고 벌거벗겨 때리게 하였다. 공융이 그에게 옷을 덮어 주고 조조에게 가서 사과하라고 하자 거짓으로 승낙하고 다시 조조에게 욕을 하였다. 조조가 그를 죽이고자 했지만 현자를 죽였다는 소리를 들을까 두려워하여 유표(劉表)에게 보냈다. 유표 역시 그의 방자한 말 때문에 점차 그를 싫어하게 되어 강하태수(江夏太守) 황조(黃祖)에게 보냈다. 황조가 성품이 급하여 마침내 예형의 불손한 말에 화를 내며 그를 죽였다.

304) 손호(孫皓): 삼국 시대(三國時代) 오(吳)나라 사람. 손권(孫權)의 손자. 자는 항종(亢宗), 일명 팽조(彭祖)라고도 한다. 또 다른 자는 호종(皓宗)이다. 손휴(孫休)를 이어 즉

歌)를 좋아한다고 들었다"라고 하자 손호가 노래하였다.

| | |
|---|---|
| 옛날엔 너의 이웃이었는데 | 昔與爾爲鄰 |
| 지금은 너의 신하가 되었네 | 今與爾爲臣 |
| 너에게 한 잔 술을 올려서 | 上汝一盃酒 |
| 너의 만수무강을 기원한다 | 令汝壽萬春[305] |

## 교칠
### 膠漆

한(漢)나라의 뇌의(雷義)[306]와 진중(陳重)[307]은 '관포지교(管鮑之交)'가 있어서, 수재(秀才)를 천거할 때 뇌의가 진중에게 양보하였다. 사람들이 "아교와 옻칠도 나름대로 견고하다고 하지만 뇌의와 전중의 사귐만 못

위하였다. 성품이 난폭하고 교만하며 주색(酒色)을 좋아하였다. 진(晉)나라 병력이 남하하여 건업(建業)을 함락시키자 나가서 항복하고 폐위되어 귀명후(歸命侯)가 되었다. 재위는 16년이다.

305) 晉武帝問孫皓, **聞**南人好**作**爾汝歌, **頗能爲不**. 皓**正飮酒**, **因擧觴勸帝而言**曰, 昔與**汝**爲鄰, 今與**汝**爲臣, 上汝一**桮**酒, 令汝壽萬春. **帝悔之**.(『世說新語, 卷下之下, 排調, 第二十五』) → 晉武帝問孫皓, 南人好爾汝歌, 皓曰, 昔與**爾**爲鄰, 今與**爾**爲臣, 上汝一**盃**酒, 令汝壽萬春.(『松南雜識』)

306) 뇌의(雷義) : 후한(後漢)의 인물. 파양(鄱陽) 출신. 자는 중공(仲公). 헌제(獻帝) 때 군공조(郡功曹)가 되었다. 효렴(孝廉)으로 천거되어 상서시랑(尙書侍郎)에 배임되었다. 사건에 연좌되어 벌을 받게 되었을 때 순제(順帝)가 조서를 내려 형벌을 면제하였다. 고향으로 돌아갔다가 뛰어난 재주로 천거되었지만 친구인 진중(陳重)에게 양보하였다. 그러나 자사(刺史)가 그의 말을 들어주지 않자 마침내 거짓으로 미친 척을 하며 머리를 풀어헤치고 달아나 명에 응하지 않았다. 나중에 시어사(侍御史), 서남돈령(徐南頓令)에 배임되었다.

307) 진중(陳重) : 후한(後漢)의 인물. 의춘(宜春) 출신. 자는 경공(景公). 어렸을 때 같은 마을의 뇌의(雷義)와 매우 친밀히 지내 향리에서 '교칠자견(膠漆自堅)'이라고 하였다. 뇌의와 진중은 모두 『노시(魯詩)』·『안씨춘추(顔氏春秋)』를 공부하였다. 효렴(孝廉)으로 천거되어 낭(郎)이 되었고, 뇌의와 함께 상서랑(尙書郎)에 제수되었다. 뇌의가 축출당하자 병으로 사양하고 돌아왔다. 뒤에 뛰어난 재주로 천거되어 세양령(細陽令)이 되었고 시어사(侍御史)에 배임되었다.

하다"[308]라고 하였다.

지금의 '교칠지교(膠漆之交)'라는 말이 여기에서 유래하였다.

## 구경
### 貴景

귀경(貴景)은 우리나라에서 관광(觀光)을 이르는 말이니 바로 광해군(光海君) 말기의 노래에 "구경하러 면류관이 가네[貴景瑬往]"라고 한 말이 이것이다.

## 부집
### 父執

「곡례(曲禮)」에서 "아버지의 친구를 뵙다"[309]라고 하였는데, 그 주석에서 '집(執)'은 아버지와 뜻을 같이 하는 사람[310]이라고 하였다.

## 군신좌사
### 君臣佐使

우리나라 말로 군신좌사(君臣佐使)[311]는 '모든 일을 배정하는 것'을 이

308) 膠漆自謂堅, 不如雷與陳.(『後漢書, 卷一百十一, 獨行列傳, 第七十一, 雷義傳』)
309) 見父之執.(『禮記, 卷一, 曲禮上』)
310) 執, 志同者也.(『禮記, 卷一, 曲禮上』의 주석) → 父同志者.(『松南雜識』)
311) 군신좌사(君臣佐使) : 약의 처방문에 따라 약을 배합하여 조제하는 일을 말한다. 대개 약이 병을 치료하는 것에는 각기 주장하는 바가 있다. 치료를 주로 하는 것이 군(君)이고, 치료를 돕는 것이 신(臣)이다. 군(君)과 상반되게 만들어진 것이 좌(佐)이고, 약을 이끌어 병과 서로 만나게 하는 것이 사(使)이다.

른다. 대개 약을 지을 때 따뜻하고 차가운 성질의 약으로 몸을 보호하고 병을 몰아내는데 제일 중요한 약재가 군(君)이 되고 다음의 약재가 신(臣)이 된다.

송시(宋詩)[312]에서 "의원을 찾아가 약재를 묻는다[訪醫仍問藥君臣]"[313]라고 한 말이 이것이다.

## 객기
### 客氣

「천관서(天官書)」에서 "구름과 바람은 하늘의 객기(客氣)이다"[314]라고 하였다.

『춘추좌전(春秋左傳)』에서 "염맹(冉猛)이 객기(客氣)를 부렸다"[315]라고 하니 지금의 '객기(客氣)'라는 말은 여기에서 나왔다.

『화엄경(華嚴經)』에서 "일체의 번뇌(煩惱)와 습기(習氣)를 끊어 없앤다"[316]라고 하였으니, 지금의 '습기(習氣)'라는 말은 여기에서 나왔다.

---

312) 대복고(戴復古)의 「기호주양백자감승(寄湖州楊伯子監丞)」.
*『松南雜識』에는 '唐詩'로 오기되어 있음.

313) 訪醫**因**問藥君臣.(『宋元詩會, 卷四十五, 戴復古, 寄湖州楊伯子監丞』) → 訪醫**仍**問藥君臣.(『松南雜識』)

314) 雲風**此**天之客氣.(『史記, 卷二十七, 天官書, 第五』) → 雲風天之客氣.(『松南雜識』)

315) **陽虎僞不見**冉猛**者曰, 猛在此必敗. 猛逐之, 顧而無繼, 僞顚. 虎曰, 盡**客氣**也**.(『春秋左傳注疏, 卷五十五, 定公』) → 冉猛客氣.(『松南雜識』)

316) 習氣, 〈華嚴經〉斷除一切煩惱習氣.(『通俗編, 卷一』) → 華嚴經, 斷除一切煩惱習氣.(『松南雜識』)

## 무망

毋望317)

「춘신군전(春申君傳)」에 '뜻밖의 복과 뜻밖의 재앙'318)이라는 말이 있다. 지금의 생각지도 않았던 일을 '무망차(毋望此)'라고 하는 말이 이것이다.

## 농동

籠侗

『북사(北史)』에서 "우문태(宇文泰)319)를 일러 농동장사(籠侗壯士)라고 하였다"라고 하니 바로 노예이며, 힘이 없다는 말이다.

양웅(楊雄)320)의 『법언(法言)』에 '공동(倥侗)'321)이라는 말이 있는데, 그 주석에서 '공(倥)은 무지(無知)'322)라고 하였다. "동(侗)은 성숙하지 못한 사람을 말한다"323)라고 하니, '농동(籠侗)'은 아마도 '공동(倥侗)'의 와전인 듯하다.

---

317) 무망(毋望): 생각지도 않았는데 갑자기 이르는 것.

318) **世有**毋望**之**福, **又有**毋望**之**禍.(『史記, 卷七十八, 春申君列傳, 第十八』) → 毋望福, 毋望禍.(『松南雜識』)

319) 우문태(宇文泰): 후위(後魏) 무천(武川) 출신. 어렸을 때의 이름은 흑달(黑獺). 후위(後魏) 때 관서대도독(關西大都督)이 되었다. 효무제(孝武帝)가 고환(高歡)에게 핍박을 받다가 장안(長安)으로 달아나 우문태에게 의지하니, 이때가 서위(西魏) 시대이다. 얼마 뒤 우문태가 효무제를 독살하고 문제(文帝)를 세워 스스로를 태사전정(太師專政)이라고 하였다. 아들 각(覺)에 이르러 위(魏)를 찬탈하여 북주(北周)를 세우고 그를 추존하여 태조(太祖)라 하였다.

320) 양웅(楊雄): 전한(前漢) 말의 학자·문인. 자는 자운(子雲). 사천성(四川省) 성도(成都) 출신. 청년시절에 동향의 선배인 사마상여(司馬相如)의 작품을 통하여 배운 문장력을 인정받아, 성제(成帝) 때 궁정문인의 한 사람이 되었다. 학자로서 각 지방의 언어를 집성한 『방언(方言)』·『역경(易經)』에 기본을 둔 철학서 『태현경(太玄經)』과 『논어(論語)』의 문체를 모방한 수상록 『법언(法言)』 등을 저술하였다.

321) 天降生民, 倥侗顓蒙.(『揚子法言, 卷一』)

322) 倥**侗**無知也.(『揚子法言, 卷一』의 주석) → 倥無知也.(『松南雜識』)

323) 未成器之人, **曰侗倥**, **侗童蒙也**.(『康熙字典, 侗』) → **侗**未成器之人**云**.(『松南雜識』)

## 호도

糊塗

『송사(宋史)』에서 “여단(呂端[324])은 큰일을 호도(糊塗)하지 않는다”[325] 라고 하였는데, 그 주석에서 “호도(糊塗)는 골돌(鶻突)이다”라고 하니, 당시의 방언인 듯하다.

지금의 ‘호도(糊塗)’는 분명하지 않다는 뜻이다.

## 도을

塗乙

운서(韻書)에서 “문장의 자구(字句)를 고치는 것을 ‘도을(塗乙)’이라고 한다”라고 하였다.

지금은 글자를 쓸 때 잘못 쓴 곳을 칼로 잘라내는 것을 의미하니, 또한 ‘도을(塗乙)’이 와전된 것이다.

## 포부

抱負

「유림열전(儒林列傳)」에서 “책을 안고 짊어지다[抱負墳策]”[326]라고 하니, 지금 “재주가 뛰어나 포부가 있다”는 말이 여기에서 유래하였다.

---

324) 여단(呂端) : 송나라의 관료. 안차(安次) 출신. 자는 이직(易直). 태종(太宗) 때 호부시랑 평장사(戶部侍郎平章事)가 되었다. 황제가 그를 재상으로 삼으려고 하자 어떤 사람이 그가 호도(糊塗)하다라고 하였다. 황제가 말하기를 “여단은 작은 일에는 호도하지만 큰 일에는 호도하지 않는다”고 하고 마침내 재상으로 삼았다. 졸시는 정혜(正惠).

325) **或曰端爲人糊塗**, **太宗曰**, 端**小事糊塗**, 大事不糊塗.(『宋史, 卷二百八十一, 列傳, 四十, 呂端』) → **呂**端大事不糊塗.(『松南雜識』)

326)『後漢書, 卷一百九上, 儒林列傳, 第六十九上』.

## 고루
孤陋

『초학기(初學記)』[327]에서 "고루(孤陋)하고 견문이 적다"라고 하였으니, 지금 "독학하여 고루하다"라는 말이 여기에서 유래하였다.

## 노망
鹵莽

『장자(莊子)』에서 "대충 밭을 갈면 벼이삭도 대충 나에게 보답한다. 지리멸렬하게 김을 매놓으면 벼이삭도 지리멸렬하게 나에게 보답한다"[328]라고 하였다.

## 산외
山外

『문주청화(文酒淸話)』에서 말하였다.

손산(孫山)[329]의 친구 중에 주생(周生)이란 자가 있었는데, 손산에게 시험의 합격여부를 묻자 손산이 말하였다.

---

327) 초학기(初學記) : 당나라 서견(徐堅) 등이 현종의 명에 따라 편찬한 책. 시문을 짓는 데 필요한 고금의 전거(典據) 있는 말이나 구절, 작품 따위를 23부 313항목으로 분류하여 배열하였다. 30권.

328) 長梧封人問子牢曰, 君爲政焉勿鹵莽, 治民焉勿滅裂. 昔予爲禾, 耕而鹵莽之, 則其實亦鹵莽而報予, 芸而滅裂之, 其實亦滅裂而報予. 予來年變齊, 深其耕而熟耰之, 其禾繁以滋, 予終年厭飧.(『莊子, 則陽』) → 鹵莽而耕之, 鹵莽報予, 滅裂而芸之, 滅裂報予.(『松南雜識』)

329) 손산(孫山) : 송나라 오(吳) 출신.

"과거 합격자 명단 끝자락에 손산(孫山)이 있고 다른 사람은 모두 손산(孫山)밖에 있소."[330]

지금 낙방한 것을 '산외지탄(山外之歎)'이라고 하는 말이 여기에서 유래하였다.

## 바닥이 없다
### 無當

『금루자(金樓子)』[331]에서 "계수나무 꽃은 열매가 없고, 옥술잔은 바닥이 없네"[332]라고 하였는데, 그 주석에서 "당(當)은 바닥이다"[333]라고 하였다. 지금의 '커서 바닥이 없다[大無當]'라는 말이 여기에서 유래하였다.

『운옥활투(韻玉活套)』에서 "정당(亭當)은 바로 십 리마다 정(亭)이 있고 팔 리마다 당(當)이 있다는 말이다"라고 하였다.

또 '적당(的當)'[334], '구당(勾當)'[335], '간당(幹當)'[336]은 모두 방언(方言)이다.

---

330) 孫山有周生者, 托山探得失, **山**曰, 解名盡處是孫山, 餘人更在孫山外. 文酒淸話.(『韻府羣玉, 孫山外』)→文酒淸話**曰**, 孫山有周生者, 托山探得失, 曰解名盡處是孫山, 餘人更在孫山外.(『松南雜識』)

331) 금루자(金樓子) : 양(梁)나라 원제(元帝)가 편찬한 책. 황제가 자호를 '금루자(金樓子)'라고 하여 이렇게 이름하였다. 원본은 15편인데, 오래전에 산실되었다. 고금의 권계(勸戒)가 될 만한 내용들을 수록하고 있는데 주(周)나라, 진(秦)나라의 고서를 많이 인용하였다. 총 6권.

332) 桂華無實, 玉巵無當.(『金樓子, 卷六, 雜記篇, 十三上』)

333) 當底也.(『金樓子, 卷六, 雜記篇, 十三上』의 주석)

334) 적당(的當) : 확당(確當)이라는 말과 같다.

335) 구당(勾當) : 사무를 담당한다는 말이다. 구당(句當)이라는 말과 같다.

336) 간당(幹當) : 일을 판별한다는 뜻으로 판사(辦事)라는 말과 같다.

## 봉부동
### 封不動

지금 금은(金銀)을 보관한 창고 중에 봉해 놓고 이동하지 못하게 한 것이 있으니, 부자집에서 창고에 물건을 재워두고 '봉부동(封不動)'337)이라고 하는 것과 같다.

## 기구
### 箕裘

'기구(箕裘)'는 본래 『예기(禮記)』에 나오는 말인데,338) 지금은 조상대대의 사업을 일컫는다.

'청전(青氈)'은 본래 왕헌지(王獻之)339)의 일과 관련되어 있는데,340) 지금은 오래된 물건을 일컫는다.

337) 『국조보감(國朝寶鑑)』에서는, "나라의 제도에서 쓰고 남은 전곡(錢穀)은 모두 별도로 저축하는 것을 '봉부동(封不動)'이라고 한다"고 하였는데, 이후로는 물건을 유사시 외에는 쓰지 못하게 창고에 넣고 굳게 봉하는 것을 의미하였다.

338) 良冶之子, 必學爲裘, 良弓之子, 必學爲箕.(『禮記, 學記』)

339) 왕헌지(王獻之) : 진(晉)나라의 서예가. 자는 자경(子敬). 절강성(折江省) 소흥(紹興) 출신. 왕희지의 일곱째 아들. 왕희지의 여러 아들 중에서 최연소자인 헌지가 서(書)의 천분을 가장 많이 타고났으며, 부친으로부터 서법을 이어받아 호기 있는 서풍을 완성하였다. 부친을 대왕(大王)으로 부르는 데 대해 소왕(小王)으로 부르고, 2왕(二王) 또는 희헌(羲獻)으로 병칭되어 서(書)의 표준으로 받들어진다.

340) 왕헌지가 밤에 누워 있는데 집에 도둑이 들어 물건을 모두 훔쳐가려 하자, 왕헌지가 "도둑들아! 청전(青氈)은 우리 집의 연고 있는 물건이니 그대로 두어라"라고 천천히 말하자, 도둑들이 놀라 달아났다고 한다.(『晉書, 卷八十, 列傳第五十, 王獻之』)

## 그만

高末

『북제서(北齊書)』에서 “무성제(武成帝) 때, 노는 아이들이 ‘고말(高末)’이라고 하니 ‘고말(高末)’은 대개 고씨(高氏)[341]의 운세가 끝났다는 의미이다”[342]라고 하였다.

지금은 와전되어 ‘고만(高滿)’이 되었으니, 중지하라는 말이다.

## 요마

么麽

「왕명론(王命論)」[343]에서 “자질구레하여[么麽] 여러분 수준도 못되거늘[么麽, 不及數子]”[344]이라고 하였는데, 그 주석에서 “‘요마(么麽)’는 자질구레하다는 뜻이다”[345]라고 하였다.

『비파록(琵琶錄)』[346]에서 “녹요(綠腰)[347]는 바로 녹요(錄要)로, 악공들이 음악을 헌진(獻進)할 때 중요한 곳을 기록하는 것이기에 이렇게 이름 하는데, ‘육요(六么)’라고 잘못 쓰기도 한다”[348]라고 하였다. 육요(六么)는

341) 북제(北齊)는 남북조 시대에 고양(高洋)이 동위(東魏)의 효정제(孝靜帝)를 멸하고 세운 나라이므로, “고씨의 운수가 다 되었다”는 말은 북제가 망할 것이라는 의미이다. 북제는 업(鄴)을 도읍으로 하여 한때 번영하였으나 북주(北周)에게 멸망되였다.

342) 遊童**戲者**, **好以兩手持繩拂地**, **而却上跳**, **且**唱曰, 高末, **高末之言**, 盖高氏**運祚**之末也.(『北齊書, 卷八, 帝紀第八, 後主, 幼主』)→遊童唱曰, 高末, **高末**, 盖高氏之末也.(『松南雜識』)

343) 반표(班彪)의 작품.

344) 『文選, 卷五十二, 論上, 王命論』.

345) **不長曰么**, **細**小**曰麽**.(『文選, 卷五十二, 論上, 王命論』의 주석)→小**也**.(『松南雜識』)

346) 비파록(琵琶錄) : 당나라의 가안절(段安節)이 편찬한 책. 총 1권.

347) 녹요(綠腰) : 당대(唐代)의 악곡(樂曲)의 이름. 본래는 ‘녹요(錄要)’라고 쓴다. 악공이 곡을 연주할 때, 중요한 것을 기록하는 것을 말한다.

348) 綠腰, **本錄要也**. 樂工進曲, **上命**錄**其**要者, **白樂天詩作六么**, **故知唐人多混稱之**, **或曰**, **此曲拍**, **無過六字者**, **故曰六么**.(『琵琶錄』)→綠腰, 樂工進曲, 錄**出**要者, **以爲**

요마(么麽)와 다르다.

## 조도
調度

조충국(趙充國)[349]이 "조정하고 전환[調度]하는 것이 매우 광범위하였다[調度甚廣]"[350]라고 하였다.

지금 날마다 쓰는 것을 '조도(調度)'라고 하는 말은 여기에서 유래하였다.

## 요기
療飢

「사호가(四皓歌)」[351]에서,

| | |
|---|---|
| 반짝반짝한 보랏빛 영지로 | 曄曄紫芝 |
| 요기할 수 있다네 | 可以療饑[352] |

名, 誤爲綠腰.(『松南雜識』)

349) 조충국(趙充國) : 한(漢)나라의 인물. 상규(上邽) 출신. 자는 옹손(翁孫). 사람됨이 침착하고 큰 지략이 있었으며 사방 오랑캐의 일에 통달하였다. 무제(武帝) 때 가사마(假司馬)로 이사장군(貳師將軍)을 좇아 흉노(匈奴)를 정벌하고 중랑(中郎)에 배임되었다. 또 정무(定武)의 도씨(都氏)를 공격하여 수형도위(水衡都尉)가 되었고 후장군(後將軍)에 발탁되었다. 선제(宣帝) 초기에 영평후(營平侯)에 봉해졌다. 서강(西羌)이 반란을 일으켰을 때, 그의 나이가 70이었지만 황제의 명을 받들어 금성(金城)에 가서 토벌하였다. 시호는 장(壯)이다.

350) 『資治通鑑, 卷二十六, 漢紀十八, 中宗孝宣皇帝中』.
 * 『松南雜識』에는 출전을 「조충국전(趙充國傳)」이라고 하였으나, 『한서, 조충국전』에는 없는 내용으로 『자치통감』에서 조충국이 한 말이다.

351) 사호가(四皓歌) : 사호(四皓)는 진(秦)·한(漢)의 교체기에 상산(商山)에 은거한 네 노인인 동원공(東園公)·기리계(綺里季)·하황공(夏黃公)·녹리선생(甪里先生)을 말한다.

라고 하였다.

주자(朱子)의 시에 "파로 단전을 덥히고 보리로 요기하네"[353]라고 하였다.

## 요기색

### 療飢色

수(隋)나라 양제(煬帝)가 강선(絳仙)을 볼 때마다 내시(內侍)를 돌아보고 말하였다.

"옛 사람이 '뛰어난 미색은 음식이 될 만하다'고 말하였는데, 강선 같은 여인은 요기(療飢)가 된다"[354]

지금의 '색요기(色療飢)'라는 말은 고부(古賦)에 "홀연히 나와 눈이 맞았다"[355]라는 말과 비슷하다.

## 세찬진봉

### 歲饌進奉

『풍토기(風土記)』에서 "촉(蜀)의 풍속에 한 해가 저물 때 음식을 선사

---

352) **曄曄**紫芝, 可以療**饑**.(『樂府詩集, 卷五十八, 四皓歌』) → **燁燁**紫芝, 可以療**飢**.(『松南雜識』)

353) 蔥**煖**丹田麥療飢.(『宋詩紀事, 卷四十八, 朱子, 德興縣葉元愷家題』) → 葱**養**丹田麥療飢.(『松南雜識』)

354) **南部烟花錄**, 隋煬帝每視**御女吳**絳仙, **謂**內侍曰, 古人謂秀色若可**飡**, 絳仙者, 可以療**饑**矣.(『山堂肆考, 卷一百十三, 形貌, 療饑』) → 隋煬帝每視絳仙, **顧**內侍曰, 古人謂秀色若可**餐**, **若**絳仙者, 可以療**飢**矣.(『松南雜識』)

355) **忽獨**與**余**兮目成.(『文選, 卷三十三, 騷下, 九歌二首, 少司命』) → **初既**與**汝**兮目成.(『松南雜識』)

하며 문안을 하는 것을 '궤세(饋歲)'라 한다"[356]라고 하였다.

당나라 위수(韋綬)[357]가 처음 진봉하였으니, 지금의 '세찬진봉(歲饌進奉)'이다.

## 판탕
### 板蕩

당나라 태종(太宗)의 시에 "난세에 진실한 신하를 알 수 있다[板蕩識誠臣]"[358]라고 하였다. '판탕(板蕩)'[359]은 본래 『시경(詩經)』의 「판장(板章)」과 「탕장(蕩章)」이다.

지금의 '판탕말세(板蕩末世)'라는 말이 이것이다.

## 낭당
### 郎當

'낭낭(郎當)'은 「왕망전(王莽傳)」에는 '낭당(琅當)'[360]이라고 되어 있으니 쇠사슬로 목을 묶은 것이다. 『육서고(六書故)』[361]에 "그 물건 됨이 이

---

356) **增**風土記曰, 蜀**之風**俗, 晩歲**相與餽**問, 謂**之**饋歲.(『說郛, 卷六十上, 風土記』) → 風土記曰, 蜀俗, 晩歲饋問, 謂饋歲.(『松南雜識』)

357) 위수(韋綬) : 당나라의 문신. 경조(京兆) 출신.
*『松南雜識』에는 '韋綏'로 오기되어 있음.

358) 「사소우(賜蕭瑀)」.

359) 난탕(板蕩) : 본래 판(板)과 탕(蕩)은 『시경(詩經), 대아(大雅)』의 편명으로 여왕(厲王)의 무도(無道)함을 말한 것이지만 후세에는 난세(亂世)의 대명사로 쓰이게 되었다.

360) 『前漢書, 卷九十九下, 王莽傳, 第六十九下』.
*『松南雜識』에는 '五行志'로 되어 있음.

361) 육서고(六書故) : 송나라 대동(戴侗)이 편찬한 책.. 육서(六書)로 글자의 의미를 분석하였다. 수(數) · 천문(天文) · 지리(地理) · 인(人) · 동물(動物) · 식물(植物) · 공사(工事) · 잡(雜) · 의(疑)로 이루어져 있다. 총 33권.

어져 무거운 까닭에 세상에서는 아주 곤란하게 무거워 들 수 없는 것을 '낭당(鋃鐺)'이라고 한다"[362]라고 하였다.

당나라 현종(玄宗)의 어린 시절의 자(字)가 삼랑(三郞)이었다. 그가 촉(蜀)으로 갈 때, 수레 위에서 방울 소리가 났는데, 사람의 말소리와 아주 흡사하게, "삼랑낭당, 삼랑낭당(三郞郎當, 三郞郎當)"이라고 한 까닭에 그 역(驛)을 낭당역(琅瑠驛)[363]이라고 하였다.

## 난당
### 難當

당나라 이세적(李世勣)[364]은 '망뢰적(亡賴賊)' 노릇을 한 적이 있고 '난당적(難當賊)' 노릇을 한 적이 있었다.[365]

지금 감당할 수 없는 것을 '난당(難當)'이라고 하는 말이 여기에서 나왔다.

---

362) **前漢**五行志, 作琅當, 以鐵瑣琅, 當其頸也. 六書故, **鋃鐺之**爲物, 連牽而重. 故俗以困重不擧, 爲鋃鐺.(『康熙字典, 鋃』) → 五行志, 作琅當, 以鐵瑣琅, 當其頸也. 六書故, **其**爲物, 而重. 故俗以困重不擧, 爲鋃鐺.(『松南雜識』)

363) 낭당역(琅瑠驛) : 사천성(四川省) 재동현(梓潼縣)에 있다. 일명 상정역(上亭驛)이라고도 한다. 당 현종(玄宗)이 촉(蜀)으로 행차하다가 방울소리를 들은 곳으로, 낭당역(郎當驛)이라고도 한다.

364) 이세적(李世勣) : 당나라의 무장. 산동성 조주(曹州) 출신. 본성이 서씨(徐氏)였으나 고조(高祖) 이연(李淵)에게 이씨 성을 하사받았다. 이름도 세적(世勣)에서 태종의 이름 세민(世民)의 '세'자를 피하여 뺐다. 호족의 가문에서 태어나 수(隋)나라 말기에 군도(群盜)에 가담하였으나 후에 당에 항복, 태종에게 등용되어 하북·하남을 통일하는 데 공을 세웠다. 태종 때 이정(李靖)과 돌궐을 격파하였으며, 또 고비사막을 넘어 설연타(薛延陀)를 평정하여 당나라 대제국 건설에 공헌하였다. 고종 때 재상이 되어 고구려를 원정하기도 하였다.

365) 勣常謂人, 我年十二三時, 爲亡賴賊, 逢人則殺, 十四五爲難當賊, 有所不愜則殺人, 十七八爲佳賊, 臨陳乃殺之, 二十爲大將, 用兵以救人死.(『資治通鑑, 卷二百一, 唐紀十七, 高宗天皇大聖大弘孝皇帝中之上』) → 唐李世勣, 爲亡賴賊, 爲難當賊.(『松南雜識』)

## 의완 · 무당
醫緩巫堂

『춘추좌전(春秋左傳)』에서 "진후(晉侯)가 병이 들자 진(秦)나라에서 의원 완(緩)을 보내 치료하게 하였다"366)라고 하였다.

「이훈(伊訓)」에서 "궁에서 노래하고 춤추는 것을 무풍(巫風)이라고 한다"367)라고 하니, 무당이 북을 두드리고 춤추는 것을 말한다.

운서(韻書)에서 "무당(巫堂)의 제사를 '당(堂)'이라고 한다"라고 하였다. 우리나라에서 '신당(神堂)'이라고 하는 말이 이것이다.

## 전당
典當

『정사통(正字通)』368)에서 "여러 가지 물건을 내다 잡히고 돈을 마련하는 것을 민간에서는 '당(當)'이라고 한다"369)라고 하였다.

『후한서(後漢書), 유우전(劉虞傳)』에서 "유우(劉虞)370)가 준 것을 오랑캐에 지당잡혔는데, 공손찬(公孫瓚)371)이 자주 그것을 노략질하여 빼앗았

---

366) **公**疾**病**, **求醫于秦**, 秦**伯**使醫緩爲之.(『春秋左傳, 卷二十六, 成公』) → **晉侯**疾, 秦使醫緩爲之.(『松南雜識』)

367) 歌于**室**, **時謂**巫風.(『書經, 商書, 伊訓』) → 歌**舞**于**宮**, 巫風.(『松南雜識』)

368) 정자통(正字通) : 명나라 장자열(張自烈)이 찬한 것으로, 12권이다. 매응조(梅膺祚)의 『자휘(字彙)』를 모방하여 12권을 12간지로 표시하였다. 『자휘』의 잘못된 것을 바로잡고 훈고(訓詁)를 더하였는데, 인용한 것이 번잡하다.

369) 凡出物質錢, 俗謂之當.(『正字通, 當』)

370) 유우(劉虞) : 후한(後漢) 말의 관료. 자는 백안(伯安). 처음에 효렴(孝廉)으로 천거되었고 얼마 뒤 유주자사(幽州刺史)가 되었다. 백성과 오랑캐가 그의 덕에 감화되어 국경을 어지럽히지 않았고 선비(鮮卑)를 비롯한 여러 부족이 해마다 공물을 바쳤다. 황건적(黃巾賊)의 난에 감릉상(甘陵相)에 배임되어 잘 다스렸다.

371) 공손찬(公孫瓚) : 후한(後漢) 말기의 군웅(群雄). 본명은 공백규(孔伯珪). 효렴(孝廉)으로 기용되었으며, 오환(烏桓) 토벌의 공을 세워 강로교위가 되었다. 초평 2년(191) 황건적을 무찌르고, 원소(袁紹)의 죄상을 들추어 그와 싸웠으며, 유우(劉虞)를 쳐서 유

다”[372]라고 하였다.[373]

## 골몰

汩沒

『피서록화(避暑錄話)』[374]에서 “지금 사람들이 말하는 ‘골몰(汩沒)’이란 의당 뜨고 가라앉는다는 뜻이다”[375]라고 하였다.

두보(杜甫)의 시에서 “은거해 있다가 하루아침에 신세 폈네[汩沒一朝伸]”[376]라고 한 말이 이것이다.

## 알매

黖昧

『옥편(玉篇)』에서 “알매(黖昧)는 짙은 흑색이다”라고 하였다.

한유(韓愈)의 「구주서언왕묘비(衢州徐偃王廟碑)」에서 “짙은 어둠이 걷혔네”[377]라고 한 말이 이것이다.

---

주(幽州)를 차지하고 근거지로 삼았다. 그러나 유우의 아들 유화(劉和), 원소・오환의 연합군과 싸워 패배하였다. 건안 4년(199) 원소의 대군에게 크게 패하자, 자기 집에 불을 지르고 자살하였다.

372) 虞所賚賞, 典當胡夷, 瓚**數**抄奪之.(『後漢書, 卷一百三, 劉虞公孫瓚陶謙列傳第六十三, 劉虞傳』) → 虞所賚賞, 典當胡夷, 瓚**復**抄奪之.(『松南雜識』)

373) 正字通, 凡出物質錢, 俗謂之當. **後**漢劉虞傳, 虞所賚賞, 典當胡夷, 瓚復抄奪之.(『康熙字典, 當』) → 正字通**曰**, 凡出物質錢, 俗謂之當. 漢劉虞傳, 虞所賚賞, 典當胡夷, 瓚復抄奪之.(『松南雜識』)

374) 피서록화(避暑錄話) : 송나라의 섭몽득(葉夢得)이 편찬한 서적. 총 2권이 전한다.

375) 今人言汩沒 當是浮沈之意.(『避暑錄話, 卷下』)

＊두보 시에서 ‘汩沒’은 ‘은거’의 의미로 사용되었으니, 『避暑錄話』의 ‘汩沒’와 의미가 서로 다르다.

376) 「기이십이백 이십운(寄李十二白 二十韻)」.

377) 黖**昧**就滅.(『昌黎先生文集, 卷二十七, 碑銘, 衢州徐偃王廟碑』) → 黖就滅.(『松南雜

지금은 '난매(暖昧)'라고 한다.

## 사태
沙汰

『진서(晉書)』[378]에서 "물에. 일어 추려내다[沙之汰之]"[379]라고 하였다. 『장자(莊子)』에서는 "사물을 냉정하게 선별하다[泠汰於物]"[380]라고 하였다. 『구당서(舊唐書)』에서는 "중을 선별하였다[沙汰僧尼]"[381]라고 하였다.

## 불분
不忿

운서(韻書)에서 "'忿(분)'은 곧 '噴(분)' 자이니 매우 성이 났지만 입 밖으로 드러내지 않음을 말한다"라고 하였다.

두보(杜甫)의 시에 "복사꽃이 비단보다 붉다고 노여워 마라[不分桃花紅勝錦]"[382]라고 하였다. '분(分)'은 '분(忿)'과 같으니 또한 시속의 표현을 사용한 것이다.

지금 이문(吏文)이나 공사(供詞)[383]에 '불분(不忿)'이라는 말이 많이 있으니, 역시 성을 낸다는 뜻이다.

---

識』)

378) 『松南雜識』에서는 출전을 『시경』으로 오기하였다.

379) 『晉書, 卷五十六, 列傳第二十六, 孫綽』.

380) 『莊子, 天下』.

381) 『舊唐書, 卷三十七, 志第十七, 五行』.

382) 「송로륙시어입조(送路六侍御入朝)」.

383) 공사(供詞) : 죄인이 범죄 사실을 진술한 말로 '공초(供招)'라고도 함.

## 적증
赤憎

두보(杜甫)가 「배 앞의 연꽃을 읊은 시」[384]에서 "경박하게 사람의 회포 막는 것이 밉다[赤憎輕薄遮人懷]"라고 하였는데, 그 주석에서 "적증(赤憎)은 생증(生憎)과 같다"라고 하였다.

지금은 와전되어 대단히 미워한다는 뜻으로 쓰인다.

## 양단간
兩袒間

『예문류취(藝文類聚)』에서 "제(齊)나라 여자가 동쪽 집에서 먹고 서쪽 집에서 자기를 바라며 두 어깨의 옷을 내렸다"[385]라고 하였다.

양단간(兩袒間)은 수서양단(首鼠兩端)[386]과 말은 같지만 뜻이 다르고, 『중용(中庸)』의 "양끝을 잡는다[執兩端]"[387]와 말은 다르지만 뜻이 같다. 대개 또한 실천 도야의 의미이기도 하다.

---

384) 원제는 「풍우간주전락화희위신구(風雨看舟前落花戱爲新句)」임.

385) **風俗通曰, 兩袒, 俗說,** 齊**人有**女, **二人求之, 東家子醜而富, 西家子好而貧. 父母疑不能決, 問其女定所欲適, 難指斥言者, 偏袒, 令我知之. 女便兩袒, 怪問其故, 云欲**東家食西家宿, **此爲**兩袒**者**也.(『藝文類聚, 卷四十, 禮部下, 婚』) → 齊女東家食西家宿**而**兩袒**之**也.(『松南雜識』)

*『松南雜識』에서는 출전을 '사류(事類)', 즉 『사문유취(事文類聚)』로 밝히고 있으나, 아래 보인 바와 같이 『사문유취』 보다 『예문류취』가 『松南雜識』의 내용과 더 가깝다.

齊有一女, 二家求之. 其家語其女曰, 汝欲東家則左袒, 欲西家則右袒. 其女兩袒, 父母問其故, 對曰, 願東家食而西家息, 以東家富而醜, 西家貧而美也.(『古今事文類聚, 後集, 卷十四, 人倫部, 擇婿, 食東息西』)

386) 수서양단(首鼠兩端) : 쥐가 의심이 많아서 머리를 내놓고 관망하는 것처럼 양편 중에서 어느 편을 택하여야 좋을지 몰라서 망설이는 것을 말한다. 수시양단(首施兩端)이라고도 한다.(『山堂肆考, 卷二百二十二, 毛蟲, 鼠』)

387) 『中庸章句, 第六章』.

## 제일일등
### 第一一等

한나라가 천하를 통일한 공을 논할 때에 소하(蕭何)[388]가 제일(第一)이었다. 공손홍(公孫弘)[389]은 대책(對策)이 제일(第一)이었다.[390] 『춘추좌전』에 노나라에서 장희백(臧僖伯)을 장사지내고 일등(一等)을 더하였다는 기록이 있다.[391]

## 고비
### 皐比

『좌전(左傳)』의 주석에서 "고비(皐比)는 범가죽이다[皐比虎皮]"[392]라고 하였다.

「횡거선생화상찬(橫渠先生畵像贊)」[393]에서 "용감하게 고비(皐比)를 걷어 버렸다"[394]라고 하였으니, 대개 지위가 높은 사람이 앉는 곳이다.

지금 여러 인물 중에서 최고로 꼽히는 사람을 '고비(皐比)'라고 하는

---

388) 소하(蕭何) : 한 고조 유방을 도와 천하를 평정하고, 한나라의 법령과 제도를 만든 명재상. 장량(張良)・한신(韓信)과 함께 삼걸(三傑)로 불리기도 한다.

389) 공손홍(公孫弘) : 전한(前漢) 때의 재상(B.C. 200~B.C. 121). 자는 계(季). 현량으로 추천되고, 문학시험에 장원하여 박사에 임명되었다. 내사(內史)・어사대부(御史大夫)를 역임하여, B.C. 124년(元朔 5) 승상(丞相)이 되고 평진후(平津侯)에 봉해졌다. 최초의 승상봉후(丞相封侯)이다.

390) 한 무제(漢武帝) 때 현량문학(賢良文學)의 선비들을 뽑아 대책(對策)을 시험하였는데 태상(太常)에서 공손홍(公孫弘)의 대책을 끝에 둔 것을 무제가 발탁하여 1등에 둔 다음 박사(博士)로 삼고, 금마문(金馬門)에서 대조(待詔)케 한 일이 있다.

391) 노나라 은공 5년에, 장희백(臧僖伯)이 '시어(矢魚)'에 대하여 간언하였으나 노나라 은공이 그의 말을 듣지 않았다. 장희백이 죽자 은공은 그의 말을 듣지 않은 일을 후회하면서 그의 벼슬에 한 등급을 더해서 장사지내도록 하였다.

392) 『春秋左傳注疏, 卷七, 莊公』 "蒙皐比而先犯之"의 주석.

393) 주희(朱熹)가 지은 글.

394) 勇撤皐比.(『晦庵集, 卷八十五, 六先生畫像贊, 橫渠先生』)

말이 이것인 듯하다.

## 신기
神奇

『장자(莊子)』에서 "만물은 동일하다. 냄새나고 썩은 것이 변해서 신비롭고 기이한 것이 되고, 신비롭고 기이한 것이 다시 변해서 냄새나고 썩게 된다"[395]라고 하였다.

지금의 신기(神奇)이다.

## 미경사
未經篩

『전등록(傳燈錄)』에서 말하였다.

> 오조(五祖) 홍인(弘忍)[396]이 육조(六祖) 혜능(慧能)[397]에게 물었다.
> "쌀이 익었느냐."
> 육조가 대답하였다.
> "아직 체로 치지도 않았습니다."[398]

---

395) 萬物一也, **是其所美者爲神奇, 其所惡者爲臭腐**, 臭腐**復**化**生**神奇, 神奇復化爲臭腐.(『莊子, 知北遊』) → 萬物一也, 臭腐化**爲**神奇, 神奇復化爲臭腐.(『松南雜識』)

396) 홍인(弘忍) : 당나라 고승(高僧)으로 선종의 오조(五祖)이다. 황매산(黃梅山)에 은거하며 수련하다가 사조(四祖)인 도신선사(道信禪師)를 만나서 심인(心印)을 얻고 마침내 법통을 이었다. 함형(咸亨) 2년에 육조(六祖)인 혜능(慧能)에게 법통을 전해주었다. 시호는 대만선사(大滿禪師).

397) 혜능(慧能) : 당나라 고승으로 선종의 제 육조(六祖)이다. 신수(神秀)와 함께 홍인선사(弘忍禪師)에게 법통을 전수받아서 신수는 북종(北宗), 혜능은 남종(南宗)이라 일컬어진다. 소주(韶州) 조계산(曹溪山) 보림사(寶林寺)에 은거하였다. 시호는 대감선사(大鑑禪師).

지금 '미경사소년(未經事少年)'이라는 말도 미숙하다는 의미이니, '事'자와 '篩'자의 음이 같기 때문이다.

## 근거

### 勤渠

『한서(漢書)』에서 "사마상여(司馬相如)가 탁문군(卓文君)[399]의 시자(侍者)에게 많은 물품을 주고 자신의 은근한 마음을 전하게 하였다"[400]라고 하였다. 또 사마천(司馬遷)의 편지[401]에서 "술잔을 입에 머금고 은근(慇懃)하게 대접하였다"[402]라고 하였는데, 송나라는 선조의 이름 홍은(弘殷[403])을 피휘해서 근거(勤渠)로 고쳤다. 또 '신근(辛勤)'으로 쓴다고도 한다.

## 가첩

### 架疊

『속화품(續畵品)』[404]에서 말하였다.

모릉(毛棱)은 혜원(惠遠)의 아들로 그림은 너끈히 손쉽고 빨리 그려

---

398) **六祖在舂米**, 五祖問, 米熟未. 答曰, 未經篩. 傳燈錄.(『韻府羣玉, 未經篩』)→傳燈錄**曰**, 五祖問**六祖**, 米熟未. 答曰, 未經篩.(『松南雜識』)

399) 탁문군(卓文君) : 한나라의 부호 탁왕손(卓王孫)의 딸. 사마상여가 유혹하는 거문고 소리에 반하여 밤중에 집을 빠져 나와 그의 아내가 되었다.

400) **相如乃令侍人**, 重賜文君侍者, 通殷勤.(『前漢書, 卷五十七上, 司馬相如傳』)→**馬卿**重賜文君侍者, 通殷勤.(『松南雜識』)

401) 「보임안서(報任安書)」를 이름.

402) **未嘗御**盃酒, 接**殷勤之歡**.(『前漢書, 卷六十二, 司馬遷傳』)→**啣**盃酒, 接**慇懃**.(『松南雜識』)

403) 송나라 태조 부친의 이름이 弘殷이다.

404) 속화품(續畵品) : 진(陳)의 요최(姚最)가 편찬한 책. 총 1권.

내지만, 참되고 공교로움은 부족하다. 그 아버지와 비교하면 '탁상 위에 탁상을 포개 올려놓는 격[牀上疊牀]'이고, 그 형과 비교하면 '지붕 밑에 또 지붕을 만드는 격[屋下架屋]'이다.[405)]

지금 일을 하고 다시 그 일을 하여 '눈 위에 다시 서리가 더해지는 국면[雪上加霜]' 같은 것을 '가첩(架疊)'이라고 한다.

### 타첩
打疊

『운부군옥(韻府群玉)』에서 "민간에서 쓰는 '타첩(打疊)'은 모든 일이 순조롭게 끝났다[妥帖]는 말이 변한 것이다"라고 하였다.

### 출입
出入

『고악부(古樂府)』[406)]에서 말하였다.

| | |
|---|---|
| 마른 물고기 황하를 지나며 우네 | 枯魚過河泣 |
| 어느 때 후회한들 갈 수 있을까 | 何時悔復及[407)] |
| 방어와 연어에게 편지를 보내 | 作書與魴鱮 |

---

405) 毛稜, **右**惠遠**之**子, 便**捷**有餘, 眞巧不足. **善於布置**, **略不煩草**, 若比**方諸**父, 則牀上**安**牀.(『續畫品』)→續畫品曰, 毛稜, 惠遠子, 便**速**有餘, 眞巧不足. 若比**其**父, 則牀上**疊**牀, **方之厥兄**, **則屋下架屋**.(『淵鑑類函, 卷三百七十七, 服飾部八, 牀二』)→毛稜, 惠遠子, 便**速**有餘, 眞巧不足. 若比**其**父, 則牀上疊牀, 方之厥兄, 則屋下架屋.(『松南雜識』)

406) 고악부(古樂府) : 원나라의 좌극명(左克明)이 편찬한 책. 총 10권.

407) 『松南雜識』에는 '何時還復入'으로 되어 있다.

출입을 신중히 하도록 하라　　　　　　相教愼出入[408]

지금의 '출입(出入)'이란 말이 이것이다.

## 구차
荀且

『한서(漢書), 선제기(宣帝紀)』에서 "그럭저럭 지냄[苟且]이 없다"[409]라고 하였는데, 지금 '자유(呰窳)'를 '구차(苟且)'라고 하는 말이 여기에서 유래하였고, 『진사(晉史)』의 '걸활(乞活)'[410]이라는 말이 이것이다.

「화식전(貨殖傳)」에서 "게으르게 그럭저럭 살아가다[呰窳偸生]"[411]라고 하였는데, 그 주석에서 "'呰'의 음은 '자'이니 병약하다는 의미이다. '유(窳)'는 곧 게으른 사람이 스스로 일어설 수 없는 꼴이 마치 박이 땅에 있으면서 자립할 수 없는 것과 같다"[412]라고 하였다. 또 지금은 '떨쳐 일어난다'라는 말이다.

양웅(揚雄)[413]의 『방언(方言)』[414]에는 "'자(呰)'는 왜소(矮小)의 의미이

---

408)『古樂府, 卷十, 雜曲歌辭, 枯魚過河泣』.

409) 莫有苟且**之意也**.(『前漢書, 卷八, 宣帝紀, 第八』)→莫有苟且.(『松南雜識』)

410)『晉書, 卷五十九, 列傳第二十九, 東海王越』.

411)『史記, 卷一百二十九, 貨殖列傳, 第六十九』.

412) **呰窳**, **偸生而亡積聚**. **貨殖傳**, 呰音紫, 弱疾也. 懶人不能自起, 如瓜瓠在地, 不能自立也.(『韻府羣玉, 呰窳』)→**貨殖傳**, 呰音紫, 弱疾也. **窳**, **卽**懶人不能自起, 如瓜瓠在地, 不能自立也.(『松南雜識』)

413) 양웅(揚雄) : 한나라의 학자. 성도(成都) 출신. 자는 자운(子雲). 구변은 서툴렀으나 학문이 해박하고 생각이 깊어서 문장으로 세상에 이름을 떨쳤다. 『태현(太玄)』을 지어 『주역』에 비기고 『법언(法言)』을 지어 『논어』에 비겼다.

414) 방언(方言) : 각 지방의 언어(言語)·물명(物名)의 동이(同異)를 수록한 책. 모두 13권이다. 한(漢)나라 양웅(揚雄)이 찬(撰)하였다고 하나, 근거가 희박하다. 『한서, 양웅전(揚雄傳)』에 양웅의 저서를 기록한 데도 보이지 않고, 허신(許愼)의 『설문(說文)』에 양웅의 말을 인용한 것이 이 『방언』에 보이지 않는 점으로 보아, 다른 사람의 손에서 이루어진 것으로 보인다.

다"[415]라고 하였다.

### 고생
孤生

『한서(漢書), 장패전(張霸傳)』에서 "고단한 삶으로부터 일어나 지위가 군수까지 이르렀다[起自孤生, 致位郡守]"[416]라고 하였는데, 지금의 '외로운 이슬 같은 여생[孤露餘生]'이라는 말이다.

### 달고
達苦

지봉 이수광이 말하였다.

> 소설(小說)에서, 무거운 것을 들면서 힘 쓰는 자가 선창하는 것을 '호두(號頭)'라 하고, 무리가 모두 화답하는 것을 '타호(打號)'라고 한다. 지금 흙을 쌓는 자가 '달고(達苦)'라고 외치는 것은 대개 타호(打號)의 와전이다.[417]

살펴보건대, 진(秦)나라가 만리장성을 쌓을 때 "물고기는 황하에 노는데, 사람들은 얼마나 괴로운가![魚遊河人多苦]"라는 노래가 있기 때문에 흙을 쌓을 때 "어유하다고(魚遊河多苦)"라고 외친다. 대개 '다(多)'자의 음

415) **呰**㦬短也.(『方言, 卷十』) → **呰**㦬短也.(『松南雜識』)
416) 『後漢書, 卷六十六, 鄭范陳賈張列傳第二十六, 張霸傳』.
417) 小說**曰**, 擧重用力者, 先倡爲號頭, 衆皆和之曰打號. 今築土者, 呼爲達苦, 蓋打號聲訛**而然**也.(『芝峯類說, 卷十六, 語言部, 方言』) → 小說, 擧重用力者, 先倡爲號頭, 衆皆和之曰打號. 今築土者, 呼爲達苦, 蓋打號聲訛也.(『松南雜識』)

이 '달(達)'자로 와전된듯하다. 민간에서는 '타항(打夯)'이라고 한다.

### 여러 사람이 힘을 모을 때는 '자'라고 외친다
衆力呼者

『개권일소(開卷一笑)』에서 "『금릉시어(金陵市語)』에서 '거동을 하면 자(者) 자를 숭상한다'고 하였는데, 지금 여러 사람이 힘을 모을 때 '자(者)'라고 외치니 '아위성(鵶圍聲)'이라고 한다"라고 하였다.

### 나무를 들 때는 '사'라고 외친다
擧木呼邪

『회남자(淮南子)』에서 "큰 나무를 드는 사람은 반드시 '어사(於邪)'라고 소리쳐서 서로 호응하여 힘을 모은다"[418]라고 하였다.

『시경(詩經)』에서 "허허(許許)하면서 나무를 베네[伐木許許]"[419]라고 하였다.

지금 무거운 것을 드는 사람들이 '어사(於邪)'라고 외치는 소리가 이것이다.

### 우번
瑀播

이우(李瑀)와 이번(李璠)은 율곡(栗谷) 이이(李珥)의 두 형인데, 늘 율곡

418) **今夫**擧大木者, **前**呼邪**許後亦應之**, 此擧重勸力之歌也.(『淮南子, 道應訓』) → 擧大木者, **必**呼**於**邪, **以相應齊力**.(『松南雜識』)
419) 『毛詩注疏, 卷十六, 小雅, 伐木』.

과 나란히 앉아 있다가, 율곡의 제자가 율곡에게 절을 하면 이우(李瑀)와 이번(李璠)도 함께 그 예를 받았다. 제자들이 서로 이야기하기를 "자기에게 절하는 것이 아닌데 절을 받는다"라고 하였다.

지금의 '우번(瑀璠)'이라는 말은 여기에서 유래하였다.

## 농참군
### 弄參軍

『악부잡록(樂府雜錄)』[420]에서 말하였다.

농참군(弄參軍) 놀이는 관도령(館陶令)인 석빙(石聘)이 장범(贓犯)으로 적발된 것에서 시작되었다. 한나라 화제(和帝)가 그의 재주를 아껴서 사면해 주고, 연회할 때마다 광대들을 시켜 희롱하고 욕보이도록 하였기 때문에 그렇게 이름을 붙인 것이다.[421]

지금의 '농판(弄判)'[422]이란 말은 여기에서 유래한 듯하다.

## 편작
### 扁鵲

『사기(史記)』에서 말하였다.

---

420) 악부잡록(樂府雜錄) : 당나라의 단안절(段安節)이 편찬한 책. 총 1권.

421) 樂府雜錄**述**, 弄參軍**之戲**, **自後漢館陶令石聘**有贓**犯始也**. **蓋**和帝惜其才, **特**免**其**罪, 每**遇**宴樂, **卽令衣白夾衫**, 命優**伶**戲弄辱之, **經年乃釋**, **謂之後爲參軍者誤也**.(『文獻通考, 卷一百四十七, 樂考二十, 散樂百戲』) → 樂府雜錄**曰**, 弄參軍, **始**有**臟濫**. **漢**和帝惜其才, 免罪, 每宴樂, 命優戲弄辱之, **故名焉**.(『松南雜識』)

422) 농판 : 없는 장난이나 농담이 벌어진 자리. 또는 그런 분위기.

편작(扁鵲)의 성은 진(秦)이고, 이름은 완(緩)이고 자는 월인(越人)이다. 정(鄭)나라에서 제(齊)나라의 노촌(盧村)으로 가서 머물렀기에 '노의(盧醫)'라고 불렀다. 황제(黃帝) 때에 명의(名醫)인 편작이 있었기 때문에 지금 신통한 의원을 통칭하여 '편작(扁鵲)'이라고 한다.[423)]

조선 영조는 만년에 '건공(建功)'이라는 인삼탕(人蔘湯)을 복용하였는데, 간혹 "건공(建功)은 무슨 공로[功]이며, 편작은 어떤 참새[鵲]인가?"라고 하교(下敎)하였다.

## 장창

張蒼[424)]

『사기(史記), 장승상열전(張丞相列傳)』에서 "시첩(侍妾) 백여 명을 두고 그 젖을 마셨다"[425)]라고 하였다. 따라서 나이 들어도 힘이 쇠약해지지 않았다.

지금은 신기(腎氣)[426)]가 강한 자를 이른다.

---

423) **扁鵲者, 勃海郡鄭人也,** 姓秦氏, **名**越人. **正義, 黃帝八十一難序云, 秦越人, 與軒轅時扁鵲相類, 仍號之爲扁鵲. 又家於盧國, 因命之曰, 盧醫也.**(『史記, 卷一百五, 扁鵲倉公列傳第四十五』) → 姓秦, **名緩,** 字越人. **自鄭, 寓於齊之盧村, 號盧醫. 黃帝時, 名醫有扁鵲, 故統稱神醫謂扁鵲.**(『松南雜識』)

424) 장창(張蒼) : 한(漢)나라의 재상. 양무(陽武) 출신. 박학하고 독서를 좋아하였으며 율력(律曆)에 정통하였다. 문제(文帝) 때 승상을 지냈다.

425) **蒼之免相後, 老口中無齒食乳, 女子爲乳母. 妻**妾**以**百**數, 嘗孕者不復幸, 蒼年百有餘歲而卒.**(『史記, 卷九十六, 張丞相列傳, 第三十六』) → **侍**妾百**餘人, 飮其乳.**(『松南雜識』)

426) 신기(腎氣) : 성교할 때의 남자의 정력.

## 걱정
### 巨正

걱정[巨正]은 우리나라말로 근심거리를 의미한다. '巨'자의 속음은 '걱'이다. 조선 명종 때 양주(楊州) 백성 임꺽정(林巨正)[427]은 서관(西關)[428]의 극악한 도적이었기에, 선조들은 대부분 임꺽정을 걱정거리로 여겼다. 토포사(討捕使)[429] 남치근(南致勤)[430]이 그의 목을 베었다.

## 주처
### 周處

오(吳)나라 사람들은 주처(周處)[431]를 근심거리로 여겼기 때문에 지금은 매우 고달픈 경우를 '주처'라고 한다.

---

427) 임꺽정(林巨正) : 조선 시대의 의적(?~1562). 일명 거정(巨正). 양주(楊州)의 백정(白丁)이었으나 정치의 혼란과 관리의 부패로 민심이 흉흉해지자 1559년(명종 14) 불평분자들을 규합, 황해도와 경기도 일대에서 창고를 털어 곡식을 빈민에게 나누어 주고 관아를 습격, 관원을 살해하였다. 백성들의 호응으로 관군(官軍)의 토벌을 피했으나 형 가도치(加都致)와 참모(參謀) 서림(徐林)이 체포되어 그 세력이 위축되다가, 체포되어 처형되었다.

428) 서관(西關) : 황해도와 평안도를 통틀어 이르는 말.

429) 토포사(討捕使) : 각 진영에서 도둑 잡는 일을 맡아보던 벼슬. 처음에는 수령이, 후에는 진영장이 겸직하였다.

430) 남치근(南致勤) : 조선 시대의 무신(?~1570). 자는 근지(勤之). 제주, 남평 등지에서 왜구를 무찔렀으며, 임꺽정을 체포하여 처형하였다.

431) 주처(周處) : 진(晉)나라 사람. 힘이 세고 마음대로 행동하였기 때문에 고을사람들이 모두 걱정거리로 여겼다. 남산의 호랑이・장교(長橋)의 이무기와 함께 '삼해(三害)'라고 하였다.

## 손랑
孫郞

'손랑(孫郞)'은 강동(江東) 지역의 방언이니 바로 '손책(孫策)'[432]을 말한다. 지금은 요란한 것을 일컫는다.

## 왕손만
王孫滿

『춘추좌전(春秋左傳)』에서 "초자(楚子)가 솥의 무게를 묻자 주나라 왕손만(王孫滿)이 이를 물리쳤다"[433]라고 하였다.

지금은 물리친다는 말을 '왕손만(王孫滿)'이라고 한다.

## 도척
盜跖

가의(賈誼)의 부(賦)[434]에서 "도척(盜跖)과 장교(莊蹻)를 청렴하다고 하네"[435]라고 하였는데, 그 주석에서 "도척은 진(秦)나라의 큰 도적이고,

---

432) 손책(孫策) : 후한(後漢) 말의 무장(175~200). 손권(孫權)의 형. 아버지인 손견(孫堅)이 죽은 뒤에 그의 군대를 이어받아 강남(江南)을 평정하였다.

433) 楚子伐陸渾之戎, 遂至於雒, 觀兵于周疆, 定王使王孫滿勞楚子. 楚子問鼎之大小輕重焉. 對曰, 在德不在鼎. 昔夏之方有德也, 遠方圖物. 貢金九牧, 鑄鼎象物. 百物而爲之備, 使民知神姦. 故民入川澤山林, 不逢不若, 螭魅罔兩, 莫能逢之. 用能協于上下, 以承天休. 桀有昏德, 鼎遷于商, 載祀六百. 商紂暴虐, 鼎遷于周, 德之休明, 雖小重也. 其姦回昏亂, 雖大輕也. 天祚明德, 有所底止, 成王定鼎于郟鄏. 卜世三十, 卜年七百, 天所命也. 周德雖衰, 天命未改, 鼎之輕重, 未可問也.(『春秋左傳, 卷二十一, 宣公』) → 楚子問鼎, 周王孫却之.(『松南雜識』)

434) 「조굴원부(弔屈原賦)」.

435) **謂**跖蹻廉.(『楚辭集注, 卷八, 弔屈原』) → 跖蹻廉.(『松南雜識』)

장교는 초(楚)나라의 큰 도적이다"[436]라고 하였다.

도척은 본래 황제(黃帝) 시대 도적의 이름인데, 춘추 시대 유하혜(柳下惠)[437]의 동생을 일컫기도 한다.

지금은 흉악한 짓을 하는 사람의 호칭이다.

## 범강장달
范彊張達

범강(范彊)과 장달(張達)은 『삼국지(三國志)』에서 장비(張飛)를 죽인 자이다.[438]

지금은 흉폭하며 용감하고 강건한 사람의 호칭이다.

## 허저
許褚

허저(許褚)[439]는 조조(曹操)의 장수로 이른바 '치호(癡虎)'[440]라는 자이다.

지금은 신수(身手)가 호걸스럽고 건장한 사람의 호칭이다.

---

436) 賈誼賦**謂**, 跖蹻廉. 跖秦大盜, 蹻楚大盜.(『韻府羣玉, 蹻』) → 賈誼賦, 跖蹻廉. 跖秦大盜, 蹻楚大盜**也**.(『松南雜識』)

437) 유하혜(柳下惠) : 춘추 시대 노(魯)나라 사람. 사사(士師)로서 세 번씩이나 물리침을 당하고서도 노나라를 떠나지 않았다고 한다.

438) 張達范彊殺飛, 持其首, 順流而奔.(『三國志, 蜀志, 卷六, 張飛』)

439) 허저(許褚) : 중국 삼국 시대 위(魏)나라 무장. 자는 중강(仲康). 용기와 힘이 남보다 뛰어나서 소꼬리를 잡고 끌고 다닐 수 있었다. 키가 여덟 자이고 허리는 십여 둘레였으며 용모가 뛰어났다. 조조(曹操)에게 귀의하여 도위(都尉)에 제수되었다. 힘은 호랑이 같은데 어리석기에 '호치(虎癡)'라 불렸다고 한다.

440) 軍中以褚力如虎而癡, 故號曰虎癡.(『三國志, 魏志, 卷十八, 許褚』)
* '호치(虎癡)'는 '치호(癡虎)'로 쓰기도 한다.

## 무대

茂大

『수호지(水滸志)』에 나오는 무송(茂松)의 형이다.
지금은 나약하고 작은 사람을 일컫는다.

## 제갈량이라면 애초에 들어가지도 않았다

諸葛亮初不入

야사(野史)에 이러한 이야기가 있다.

병조판서 송철(宋鐵)의 아내는 질투가 매우 심하였다. 송철이 조정에 나가려고 안방으로 들어 갔는데, 아내가 문을 잠가 버렸다 송철이 공무가 급해서 나오려고 했지만 나올 수가 없었다. 그 사위 홍섬(洪暹)[441]이 창문의 종이를 뚫고 물었다.

"어쩌다가 이곳에 들어가셨습니까?"

송철이 말하였다.

"비록 제갈량도 어쩔 수 없었을 것이다."

홍섬이 말하였다.

"제갈량이라면 애초에 들어가지도 않았을 것입니다."

지금 '애초에 들어가지도 않는다[初不入]'는 말은 여기에서 유래하였다.

441) 홍섬(洪暹) : 조선 시대의 문신(1504~1585). 자는 퇴지(退之). 호는 인재(忍齋). 벼슬은 영의정에 이르렀다. 1535년에 김안로(金安老)의 전횡을 탄핵하여 유배되었다가 김안로가 죽은 후에 풀려났는데, 이때 자신의 심경을 읊은 「원분가(冤憤歌)」가 전한다. 저서로 『인재집』과 『인재잡록』이 있다.

## 치치한천
### 耻耻漢川

종실(宗室)인 한천도정(漢川都正)은 성질이 탐욕스럽고 야비하였다. 시장 가게에서 물건을 사서는 나중에 바꾸는 경우가 많았다. 심지어 생선으로 국을 끓였다가도 입맛에 맞지 않으면 바로 돌려주고 돈을 달라고 하였다. 그래서 지금 다른 사람을 욕할 때 '치치한천(耻耻漢川)'이라고 하는데, 와전되어 '지지하천(至至下賤)'이라고 한다.

## 국간
### 國幹

지봉 이수광이 말하였다.

국간(國幹)이라는 자(字)를 쓰는 김생(金生) 아무개가 있었는데, 여종과 사통(私通)을 하였다. 하루는 은밀한 곳에서 만나기로 약속을 하였는데, 이웃의 선비가 알고는 먼저 가서 몸을 숨기고 있었다. 조금 지나자 김생이 여종과 함께 술을 들고 그곳으로 왔다. 김생이 여종을 범하려고 하는데, 여종은 굳이 음식부터 먼저 먹자고 청하여, 서로 버티며 시간을 오래 끌었다. 이웃 선비가 소리쳤다.

"국간(國幹)아! 그대는 어찌 그리 고집스럽게 들어주지 않는가?"

민간에서 고집스런 것을 '국간'이라고 하는 것이 여기에서 유래하였다.[442)]

442) **昔有**金生**某**字國幹者, 與**其**女僕私焉. 一日, **相**約**會**于密地, 隣**居**士**人**知之, 乃先**往**隱身**林木中**. 少選, 生與婢携酒**果**至. 生**卽執婢**欲犯**之**, 婢固請先食**而後犯**, 相持久之. 士**人**呼曰, 國幹**國幹**, 君何固執, 不聽**婢言**乎. **生與婢驚愧**, **棄之而走**, **士人遂盡喫酒果而返**. 俗謂固滯者爲國幹, 出**於**此**云**.(『芝峯類說, 卷十六, 語言部, 諧謔』) → 金生字國幹者, 與女僕私焉. 一日, 約于密地, 隣士知之, 乃先隱身. 少選, 生與婢携酒至. 生

## 장도감
### 張都監

『수호지(水滸志)』에서 장도감(張都監)이란 자가 무대(茂大)의 아내 반금련(潘金蓮)과 누대 위에서 잔치를 벌이고 있었는데, 무송(茂松)이 잔치상을 때려 부셔 버렸다고 한다. 그래서 지금 그릇을 때려 부셔 버리는 것을 '장도감'이라 한다.

## 옹치
### 雍齒[443)]

한나라 역사에서 초(楚)나라 장수 옹치(雍齒)가 자주 황제를 괴롭히고 모욕하니, 황제가 미워하게 되었다. 그래서 지금 원한이 있는 것을 '옹지(雍齒)'라고 한다.

또한 『월절서(越絶書)』[444)]에서 "'쥐는 벽을 잊어버려도, 벽은 쥐를 잊지 않는다'라고 하니 지금 월(越)나라가 오(吳)나라에 대한 복수를 잊지 않는나는 말이다"[445)]라고 하였다.

---

欲犯**婢**, 婢固請先食, 相持久之. 士呼曰, 國幹, 君何固執, 不聽乎. 俗謂固滯者謂國幹, 出此.(『松南雜識』)

443) 옹치(雍齒) : 한(漢)나라 초기의 무장. 고조(高祖)를 따라서 전공(戰功)이 있지만 끝내 고조의 미움을 샀다. 고조가 제위에 오를 때 여러 장수가 군공에 따라 봉해지지 못하여 원망을 사고 있었다. 고조는 장량(張良)의 말을 따라서 우선 옹치를 십방후(什邡侯)에 봉하자 여러 장수가 "옹치도 공후(公侯)가 되었으니 우리들의 근심도 없어지겠구나"라고 하며 기뻐하였다고 한다.

444) 월절서(越絶書) : 작자 미상의 사부(史部) 서적. 총 15권. 대체로 후한인이 찬술한 것으로 추증된다.

445) 夫鼠忘壁, 壁不忘鼠, 今越**人**不忘吳**矣**.(『越絶書, 卷五, 請糴內傳』) → 夫鼠忘壁, 壁不忘鼠, 今越不忘吳**之語也**.(『松南雜識』)

## 발길
### 潑洁

이발(李潑)[446]과 이길(李洁)[447] 두 형제가 정여립(鄭汝立)의 모반사건에 연루되어 잔인하게 죽음을 당하였으므로 형벌 당한 사람을 '발길(潑洁)'이라고 칭한다.

## 자기
### 磁芑

허자(許磁)[448]와 이기(李芑)[449]가 사림들을 모함해서 죽었기 때문에 악착(齷齪)스럽고 인정 없는 사람을 '자기(磁芑)'라고 칭한다.

---

446) 이발(李潑) : 조선 시대의 문신(1544~1589)으로, 본관은 광산(光山), 자는 경함(景涵), 호는 동암(東巖) · 북산(北山). 전남 남평 출신. 동인(東人)과 서인(西人)이 분기할 때, 동인의 지도자로 활동하면서 특히 서인을 이끌던 정철(鄭澈)과 크게 대립하였다. 1589년, 가까이 지내던 정여립(鄭汝立)이 모반하였다는 옥사가 일어나자 종성으로 유배되었다가 다시 압송되어 심문을 받던 중에 고문으로 죽었다.

447) 이길(李洁) : 조선 시대의 문신(1547~1589)으로 자는 경연(景淵), 호는 남계(南溪)이며 이발(李潑)의 아우. 1589년, 친하게 지내던 정여립(鄭汝立)의 모반 사건으로 형인 급(汲)과 발(潑)이 그와 내응한 혐의로 고문 끝에 죽고 동인들이 대거 축출당할 때 희천으로 귀양 갔다가 다시 서울로 압송되어 죽음을 당하였다.

448) 허자(許磁) : 조선 중종 때의 문신(1496~1551)으로 자는 남중(南仲), 호는 동애(東厓)이다. 저서에 『동애유고(東厓遺稿)』 등이 있다.

449) 이기(李芑) : 조선 명종 때의 문신(1476~1552)으로 자는 문중(文仲), 호는 경재(敬齋)이다. 명종 즉위년(1545)에 우의정에 올라 윤원형 등 소윤 일파와 손을 잡고 을사사화를 일으켰다. 후에 영의정에 이르렀으나, 선조 초에 훈작(勳爵)이 추삭되고 묘비도 제거되었다.

## 곤정혜
### 袞貞醯

남곤(南袞)[450]과 심정(沈貞)[451]은 당시 어진사람들의 미움을 받았기에 '감동젓[甘同醯]'의 이름이 '곤쟁이젓'으로 되었다.

## 왕장군의 고지기
### 王將軍之庫子

『전등신화(剪燈新話)』[452]의 원자실(元自實)의 고사에서 유래하였는데, 지금은 수전노(守錢虜)를 칭한다.[453]

---

450) 남곤(南袞) : 조선 시대의 문신(1471~1527). 자는 사화(士華), 호는 지정(止亭). 대사헌·대제학을 거쳐 영의정을 지냈다. 기묘사화 때 예조 판서로 있으면서 조광조를 비롯한 여러 선비를 모함하여 죽였다.

451) 심정(沈貞) : 조선 중종 때의 문신(1471~1531). 자는 정지(貞之), 호는 소요정(逍遙亭). 중종반정에 참여하여 공을 세웠으며, 조광조 일파의 탄핵으로 파직되자 남곤, 홍경주 등과 기묘사화를 일으켰다.

452) 전등신화(剪燈新話) : 명나라 구우(瞿佑)의 단편 전기소설집(傳奇小說集). 4권 20편과 부록 1권으로 되었으나 원본은 40권이다. 1378년에 쓴 자서(自序)가 있다. 이는 당나라 때의 소설을 본떠 고금의 괴담기문(怪談奇聞)을 엮어서 쓴 전기소설로서 명대(明代)의 유일한 문어체(文語體) 소설집이다.

453) 『전등신화』 「삼산복지지(三山福地誌)」에 나오는 이야기. 원자실(元子實)이 목군(繆君)이란 사람에게 돈을 꾸어준 일이 있었는데, 자신이 어려운 처지에 놓이자 빚을 받으러 그를 찾아갔다. 그러나 목군은 간계한 핑계를 대며 상환하지 않았다. 이에 격분한 원자실이 목군을 살해하려고 하였으나 마음을 고쳐먹고 참았다. 원자실의 선한 마음을 본 도사(道士)가 그에게 말하였다. "그는 왕장군의 곳간지기라오. 재물을 어찌 마음대로 쓸 수 있겠소[彼乃王將軍之庫子, 財物豈得妄動耶]" 목군은 3년 뒤 왕장군에게 살해되었다.

### 두억시니

斗億神

두억(斗億)은 안당(安瑭)[454]의 노비 이름인데, 원통하게 죽어서 귀신이 되었다.

### 만석중

曼石衆

만석(曼石)은 개성의 고승이다. 개성 기생 황진이(黃眞伊)가 처음에 그와 친압하려 하였는데, 부철각(夫鐵脚)[455]과도 같았다. 후에 정을 통하고는 남들이 비웃거나 침을 뱉어도 거들떠보지도 않았다. 그래서 지금은 처음에 도를 닦다가 끝에는 어지럽게 된 사람을 '만석중(曼石衆)'이라고 한다.

### 백문선허문서

白文善虛文書

백문선(白文善)은 서리(書吏)가 되어 허위 문서로 사람들을 속이는 일이 많았다. 그래서 '허위 문서[虛文書]'를 '백문선(白文善)'이라고 한다.

---

454) 안당(安瑭) : 조선 전기의 문신(1461~1521). 자는 언보(彦寶). 호는 영모당(永慕堂). 대사간 · 이조판서 · 우의정 · 좌의정을 지냈으나, 중종 16년(1521) 신사무옥 때에 처형되었다.

455) 부철각(夫鐵脚) : 당나라의 고승 응천선사(應天禪師) 징관(澄觀)의 별호. 응천선사가 어떤 집에 머물게 되었는데, 창녀가 제 어미에게 몰려 방으로 들어왔다. 그러나 응천선사는 가부좌를 틀고 아침까지 미동도 하지 않았다. 그래서 그를 부철각(夫鐵脚)이라고 부르게 되었다.

## 허새허영
許壐許瑛

'허새허영(許壐許瑛)'은 지금 실정이 없는 일을 칭하는 말이니 허새는 바로 임술옥사(壬戌獄事)[456]의 구동자이다. 또 허새(許壐)[457]의 별호가 궁동(宮東)이었기 때문에 혹 상놈들이 맹세하면서 '허새궁동(許壐宮東)'이라고도 한다.

## 죽소허문
竹所虛文

죽소(竹所) 김광욱(金光煜)[458]은 문장이 화려하고 넉넉했음에도 불구하고 문형(文衡)[459]이 되지 못하였다. 그래서 지금은 문장 짓는 헛공부를 칭한다.

---

456) 임술옥사(壬戌獄事) : 1682년 허새(許壐)의 모반사건을 조작하여 노소분당의 원인을 만든 사건.

457) 허새(許壐) : 조선 후기의 유생(?~1682). 아버지는 무옥(誣獄)에 희생당한 유생 대(垈)이다. 숙종 6년(1680) 경신대출척으로 남인이 쫓겨나고 서인이 집권한 뒤 남인의 잔여 세력을 완전히 숙청하기 위하여 서인의 김석주(金錫胄)·김익훈(金益勳) 등이 전 병사 김환(金煥)·기패관(旗牌官) 한수만(韓壽萬) 등을 시켜 무고하게 하였다. 즉 남인 유생이던 허새 등이 주상이 무도하고 조정이 문란하므로 300명의 병사가 궁궐을 침범하여 복평군(福平君)을 추대하고 대왕대비를 수렴청정(垂簾聽政)하게 한다는 무고였다. 이에 국청(鞫廳)을 설치하여 관련된 남인들을 모두 처단하게 되었는데, 허새는 무옥의 주동자로 지목되어 처형당하였다.

458) 김광욱(金光煜) : 조선 중기의 문신(1580~1656). 자는 회이(晦而). 호는 죽소(竹所). 1606년 증광시 문과(文科)에 급제하여, 형조 판서, 좌참찬, 우참찬 등을 지냈다. 『청구영언』과 『해동가요』에 시조 22수가 전한다. 저서에 『죽소집』이 있다.

459) 문형(文衡) : 대제학(大提學). 고려 시대에, 보문각·우문관·진현관에 둔 정이품 또는 종이품 벼슬. 조선 시대에 둔, 홍문관과 예문관의 으뜸 벼슬. 정이품으로, 태종 1년(1401)에 대학사를 고친 것이다.

## 지천굴
### 遲川壑

지천(遲川) 최명길(崔鳴吉)[460]은 여러 번 나라의 큰일을 맡아서 처리하였다. 예를 들면, 인조반정에 인조의 생부를 원종(元宗)에 추숭한 일, 병자호란 때 강화를 맺은 일 등이다. 일이 이루어진 후에는 그 일과 상관없는 사람들의 시정에 대한 논의가 모두 최명길에게 허물을 돌렸다. 그래서 지금 매사에 탓하는 것을 '지천굴[遲川壑]'[461]이라고 한다. 학(壑)은 모든 물이 돌아가는 곳이기 때문이다. 우리나라에서는 학(壑)을 '굴'이라고 훈석하니, 땅굴을 말한다. 마치 『설문해자(說文解字)』에서 "흙이 쌓인 것을 산이라 한다"고 하였는데, 산의 석음이 뫼 산[聚山]인 것과 같다.

## 조무상
### 曹無傷[462]

조무상(曹無傷)은 『사기(史記)』에서 이른바 '패공(沛公)의 좌사마(左司馬)'[463]이다.

지금은 사이에 끼어 헐뜯고 사특한 짓을 하는 자를 '조무상'이라 한다.

---

460) 최명길(崔鳴吉) : 조선 중기의 문신(1586~1647). 자는 자겸(子謙). 호는 지천(遲川)·창랑(滄浪). 병자호란 때에 화평(和平)을 주장하고 항서(降書)를 써서 청나라에 항복하였다. 성리학과 문장에 뛰어나고 글씨에도 일가를 이루었다. 저서에 『지천집』·『경서기의(經書記疑)』 등이 있다.

461) 지천굴[遲川壑] : '지청구'의 어원으로 보인다. 지청구는 '꾸지람', '까닭 없이 남을 탓하고 원망함'의 의미이다.

462) 조무상(曹無傷) : 남을 참소하는 소인(小人)을 비유적으로 이르는 말. 한나라의 유방이 초나라의 항우와 대립할 때에, 유방이 관중(關中)의 왕이 되려 한다고 항우에게 고해 바쳐 항우를 격노케 한 사람의 이름이 조무상이었던 데서 유래한다.

463) 沛公左司馬曹無傷, 使人言於項羽.(『史記, 卷七, 項羽本紀, 第七』)

## 김덕함의 중의 아랫단
### 金德諴中衣底

성옹(醒翁) 김덕함(金德諴)[464]은 청백리로 병조판서가 되고도 여전히 헤진 옷을 입었는데, 옷 아랫단을 여러 번 기웠다. 그래서 지금은 김덕함의 기운 옷을 '김덕함의 중의(中衣) 아랫단'이라고 일컫는다.

## 귀달마
### 貴達馬

조선의 정승 홍귀달(洪貴達)[465]은 청렴하고 검소하였다. 정승의 지위에 있었으나 그의 말이 살찌지 않았기 때문에 지금 비루먹은 말을 '귀달마(貴達馬)'라고 부른다.

또 '향칭마(鄕廳馬)'는 유향소(留鄕所)[466]에서 타는 말로, 오랫동안 매어두고 잘 먹이지 않는다. 그래서 야윈 말을 또한 '향청마(鄕廳馬)'라고 부른다고 한다.

---

464) 김덕함(金德諴) : 조선 중기의 문신(1562~1636). 본관은 상주(尙州). 자는 경화(景和), 호는 성옹(醒翁). 임진왜란 때 의병을 모집하고 군량을 조달하는 일을 맡았다. 이듬해 행재소인 정주까지 왕을 호종, 그 공으로 공조좌랑이 되었다. 정묘호란 때는 호소사(號召使)로 활약했으며 청나라에 대한 척화를 강력히 주장하였다. 청백리로 뽑혔으며 이조판서에 추증되었다. 문집으로 『성옹유고』가 전한다. 시호는 충정(忠貞)이다.

465) 홍귀달(洪貴達) : 조선 전기의 문신(1438~1504). 본관은 부계(缶溪). 자는 겸선(兼善), 호는 허백당(虛白堂)·함허정(涵虛亭). 문장이 뛰어나고 글씨에도 능했으며, 성격이 강직해 부정한 권력에 굴하지 않았다. 문집으로 『허백정문집(虛白亭文集)』이 있다. 시호는 문광(文匡)이다.

466) 유향소(留鄕所) : 고려·조선 시대에, 지방의 수령을 보좌하던 자문 기관. 풍속을 바로잡고 향리를 감찰하며, 민의를 대변하였다. ≒ 향소(鄕所), 향청(鄕廳).

## 효령대군의 북 가죽
### 孝寧大君鼓皮

효령대군(孝寧大君)[467]이 일찍이 산사(山寺)에 이르러 두 손으로 종일 북 하나를 두드리니, 북 가죽에 모두 보풀이 일었다. 세상에서 유약하여 힘이 없는 물건을 '효령대군고피(孝寧大君鼓皮)'라고 하는데, 지금은 '고(鼓)'가 '낭(囊)'으로 와전되었다.

## 거선패
### 巨善牌

『골보(骨譜)』에서 "단백(單白)과 순육(純六)은 천지 차이이다"라고 하였다. 이노재(李魯在)는 키가 매우 작았는데 선산 부사(善山府使)가 되었고 허승(許乘)은 키가 매우 컸는데 거제 부사(巨濟府使)가 되었다. 당시 영남(嶺南) 관찰사가 특별히 동시에 불러들였다. 그들이 명함을 바치고 들어오니, 기녀가 웃으며 천양지차(天壤之差)에 비유하여 '거선패(巨善牌 : 거제부사와 선산부사의 패)'라고 하였다.

『춘추곡량전(春秋穀梁傳)』[468]에서 대머리를 대머리에게 맞이하게 하고, 절름발이를 절름발이에게 맞이하게 하고, 애꾸눈은 애꾸눈에게 맞이하게 하였다고 한 사실[469]과 같으니, 모두 매우 불경(不敬)한 짓이다.

---

467) 효령대군(孝寧大君) : 조선 태종의 둘째 아들(1396~1486). 이름은 보(補). 초명은 호(祜). 자는 선숙(善叔). 호는 연강(蓮江). 세조 10년(1464)에 회암사에서 원각 법회를 열었으며, 원각사 창건 때 조성도감의 제조가 되어 역사(役事)를 감독하였다. 문장에도 능하여 세조의 명으로 『원각경』을 국역하였다.

468) 『松南雜識』에는 『國語』로 오기되어 있음.

469) 季孫行父禿, 晉郤克眇, 衛孫良夫跛, 曹公子手僂, 同時而聘於齊, 齊使禿者御禿者, 使眇者御眇者, 使跛者御跛者, 使僂者御僂者.(『春秋穀梁傳, 成公, 元年』) → 禿者御禿, 跛者御跛, 眇者御眇.(『松南雜識』)

## 일섭청
### 一葉淸

『명사(明史)』의 기록에 의하면, "성조(成祖) 때 주신(周新)[470]이 절강(浙江)을 다스리자 탐관오리(貪官汚吏)들이 겁이 나서 숨을 죽이고 있었다. 그러나 오직 전당(錢塘)의 현령(縣令) 섭종인(葉宗人)[471]만이 청렴(淸廉) 명철(明哲)로 중시되니, 당시 사람들이 '전당일섭청(錢塘一葉淸)'이라고 불렀다"라고 한다.

지금 여럿 중에 특출한 사람을 '일섭청(一葉淸)'이라고 한다.

## 흥이항이
### 興伊恒伊

세상에 전하기를, 조선의 민백흥(閔百興)[472] · 민백항(閔百恒) 형제가 연이어 강원감사가 되어 선정(善政)을 베풀었기에, 지금까지 '흥이항이(興伊恒伊)'라고 칭한다. 어떤 경우엔 '시비(是非)'라는 말로 사용된다.

---

470) 주신(周新) : 명나라의 문신. 남해(南海) 출신. 초명은 지신(志新), 자는 일신(日新).
471) 섭종인(葉宗人) : 명나라의 문신. 자는 종행(宗行), 송강(松江) 화정(華亭) 출신.
472) 민백흥(閔百興) : 조선 후기의 문신. 본관은 여흥(驪興). 자는 기지(起之). 목사로 있다가, 1762년(영조 38) 문묘작헌례시(文廟酌獻禮試) 알성문과에 을과로 급제한 뒤, 형백상의 명망으로 영조의 특은을 입어 바로 판결사에 임명되었는데, 그해 같은 달 임금이 금상문(金商門)에 나가 방방(放榜)하고 그를 승지에 임명하니, 사람들이 너무 지나친 예우라고 하였다. 두 달 뒤 충청도관찰사가 되었으며, 그로부터 또 석 달이 지난 뒤 대사간이 되었다가, 넉달 뒤 다시 승지가 되었다. 1765년 이조참의, 1767년 동지의금부사, 이듬해 동지경연사(同知經筵事) · 좌윤 · 예조참판 · 승지 · 공조참판 등을 역임하였다. 1768년 대사헌이 되었고, 1771년 이조참판에 임명되었다.

## 성환

成歡

지금 '성환역(成歡驛)'을 '서만(西漫)'이라 부르는 것은 성환(成歡)이 이 역의 찰방이 되었기 때문에 역인(驛人)들이 소리를 바꾸어 피휘(避諱)한 것이다.

## 신풍

新豊

신풍부원군(新豊府院君) 계곡(谿谷) 장유(張維)[473]는 효종(孝宗)의 장인이다. 살림살이가 검약하여 궐내 음식의 응공(應供)이 몹시 풍후(豊厚)하지 않았기에, 나인들이 비웃으며 '신풍(新豊)'이라 하였다. 그래서 지금 눈에 차지 않는 물건을 '신풍(新豊)'이라고 칭한다.

## 곽취

郭走

진(晉)나라 역사에서 "석륵(石勒)의 장수 마추(麻秋)는 오랑캐로 성질이 매우 사나웠다. 그래서 아이가 울 때 어미가 '마호(麻胡)가 온다'고 으르면 바로 그쳤다"[474]라고 하였다.

---

473) 장유(張維) : 조선 시대의 문신(1587~1638). 자는 지국(持國). 호는 계곡(谿谷). 시호는 문충(文忠). 인조반정 때 공을 세웠고 정묘호란 때 임금을 수행하여 우의정에 이르렀다. 특히 문장에 뛰어났으며, 저서에 『계곡집』·『계곡만필』·『음부경주해(陰符經註解)』 등이 있다.

474) **後趙**石勒將麻秋, 性**虓**險, **太原胡人也**. 有兒啼, 母輒恐之, 麻胡來, **啼聲絶**, **至今以爲故事**.(『類說, 卷四十, 稽神異苑, 麻胡恐小兒』)→石勒將麻秋, **胡**性險. 有兒啼, 母輒恐之**曰**, 麻胡來, **卽止**.(『松南雜識』)

지금 아이의 울음을 그치게 할 때 '곽쥐[郭走]'라고 하니, 놀라게 하는 말이다. '곽쥐'란 곽재우(郭再祐)의 부친 곽월(郭越)[475] 형제와 여러 종형제가 문장과 기개로 세상에 이름을 크게 떨쳤기 때문에 "곽씨의 '주(走)' 변(邊)의 글자를 항렬로 쓰는 사람을 당세에서 두려워하고 복종하는 대상으로 일컬었다"는 말이지, 쥐의 이름이 아니다.

## 생팔
生八

『묵객휘서(墨客揮犀)』[476]에서 말하였다.

북도(北都)의 어떤 기녀가 있었는데, 행동이 서툴고 어색하기에 선비들이 '생장팔(生張八)'이라고 하였다.
위야(魏野)[477]의 시에서,

| | |
|---|---|
| 그대는 북도의 서툰 장팔(張八) | 君爲北道生張八 |
| 나는 서주의 능숙한 위삼(魏三) | 我是西州熟魏三 |
| 술동이 앞에서 웃고 말하지 않는다고 괴이쩍어 마라 | 莫怪樽前無笑語 |
| 반은 서툴고 반은 능숙하여 서로 알지 못하네 | 半生半熟未相諳 |

라고 하였다.[478]

475) 곽월(郭越) : 조선 중기의 문신(1518～1586). 본관은 현풍(玄風). 자는 시정(時靜), 호는 정재(定齋). 의병장 곽재우(郭再祐)의 아버지이다.
476) 『松南雜識』에는 '墨客揮塵'로 오기되어 있음.
477) 위야(魏野) : 송나라의 문학가. 자는 중선(仲先). 시 짓기를 좋아하고 벼슬을 구하지 않았다. 협주(陜州)의 동쪽 교외에 살았는데, 초당(草堂)을 지어 거문고와 시를 읊조리며 '초당거사(草堂居士)'라고 자호하였다. 『초당집』이 있다.
478) 北都有妓女, **美色而**擧止生硬, 士人謂**之**生張八. **因府會忠愍令乞詩于野**, 野**贈之**, 詩**曰**, 君爲北道生張八, 我是西州熟魏三, 莫怪**樽**前無笑語, 半生半熟未相諳.(『墨客

지금 쌀쌀맞고 살갑지 않은 사람을 일러 '생팔(生八)'이라 하는 것은 여기서 유래하였다.

## 고자
高子

고자(高子)는 우리나라 말로 내시를 이르니, '조고(趙高)[479]의 자식'이라는 뜻이다.

『백가명서(百家名書)』에서 "대자(帶子)는 성질이 대부분 독하여 갑자기 희롱하면 뒷날의 화(禍)를 부를까 두렵다. 대자(帶子)는 애꾸[瞎子]·병신[缺子]·절름발이[跛子] 등과 같다"[480]라고 하였다.

지금 '화자(火者)'[481]는 성격이 급하다고 한다.[482] 신라 풍속에 내시를 '불[火]'이라고 하는 것은 대개 음낭(陰囊)을 '불'이라 하기 때문이니, 또한 우리말의 유래가 오래되었다.

---

揮犀, 卷三』)→北都有妓女, 擧止生硬, 士人謂生張八. **魏**野詩**云**, 君爲北道生張八, 我是西州熟魏三, 莫怪**尊**前無笑語, 半生半熟未相諳.(『松南雜識』)

479) 조고(趙高) : 진(秦)나라의 환관. 시황제(始皇帝)가 죽자 조고와 승상 이사(李斯)는 시황제의 장자인 부소(扶蘇)를 죽게 하게 호해(胡亥)를 왕으로 세웠으니 이가 이세(二世)이다. 조고는 승상이 되서 다시 이사를 죽이고 정권을 장악하였다. 그리고 다시 이세를 죽이고 자영(子嬰)을 왕으로 세웠다가 또 자영을 죽이려 하였지만 이를 알아차린 자영에게 죽임을 당하고 삼족이 몰살당하였다.

480) 帶子之人, 性多毒, 忽戲之, 恐招悔吝. 如瞎子缺子跛子之類, **是**也.(『說郛, 卷十二下, 袖中錦, 帶子之人』)→帶子之人, 性多毒, 忽戲之, 恐招悔吝. **帶子**如瞎子缺子跛子之類也.(『松南雜識』)

481) 화자(火者) : 고자.

482) 百家名書云, 帶子之人, 性多毒, 忽戲之, 恐招悔吝, 帶子如瞎子缺子跛子之類, 今俗言火者性急, **亦此也**.(『芝峯類說, 卷十六, 語言部, 俗諺』)→百家名書云, 帶子之人, 性多毒, 忽戲之, 恐招悔吝, 帶子如瞎子缺子跛子之類**也**, 今俗言火者性急**云**.(『松南雜識』)

## 왕팔

王八

지봉 이수광이 말하였다.

지금 중국에서 창녀를 '양한적(養漢的)'이라 하니, 그 미모에 따라 값이 오르내린다. 또한 본 남편으로 거간꾼노릇을 하면서 이익을 취하는 사람을 세간에서 '왕팔(王八)'이라 하니, 대개 천하게 여기는 말이다.[483]

세상에 다음과 같은 말이 전한다.

어떤 이의 아내에게 밤마다 와서 함께 자는 사람이 있었는데, 낮에는 보이지 않았다. 본 남편이 괴이하게 여겨 밤을 틈타 엿보니, 어떤 사람이 떡하니 아내와 함께 누워 있기에, 물어 보았다.

"너는 누구냐?"

"나는 도깨비 왕팔이다."

남편이 말하였다.

"나는 이 여자에게 장가들면서 들인 돈이 적지 않다."

왕팔이 말하였다.

"내가 마땅히 모두 갚아주겠다."

하고 곧 아내와 함께 홀연히 사라졌는데, 장가들 때 들어간 돈과 살면서 쓴 돈이 모두 방 안에 있었다.

483) 今中朝號娼女爲養漢的, 隨其**色貌**美醜**而**上下其價. 亦有本夫牙僧而取利者, 俗謂王八, 蓋賤之也.(『芝峯類說, 卷十八, 技藝部, 妓樂』) → 今中朝號娼女爲養漢的, 隨其美醜, 上下其價. 亦有本夫牙僧而取利者, 俗謂王八, 蓋賤之也.(『松南雜識』)

그래서 지금 '왕팔채(王八債)'[484]라는 용어가 관문서에 기재되어있다.

## 소오
### 蘇五

『사문유취(事文類聚)』[485]에서 말하였다.

소오노(蘇五奴)라는 자가 아내를 잡히고 돈을 받아 생활하였는데, 건달이 오면 자리를 피하며 "돈이나 많이 다오"라고 하였다. 그래서 지금 아내를 팔아먹는 자를 '오노(五奴)'라고 하는 것은 '소오노(蘇五奴)'에서 유래하였다.[486]

곧 총령(葱嶺)의 여사(女肆)[487] 종류이다. 지금 아내에게 빌붙어 사는 사람을 '오장리(五匠里)'라고 하는 것은 '오노'의 와전인 듯하다.

---

484) 왕팔채(王八債) : 제 계집을 매음(賣淫)시키고 받는 돈이라는 의미로 사용된다.

485) 사문유취(事文類聚) : 1246년에 중국에서, 고금(古今)의 여러 책에서 요어(要語), 사실(事實), 시문(詩文)을 뽑아 경(經)·사(史)·자(子)·집(集)의 체재에 따라 종류별로 모아 엮은 책. 전집 60권, 후집 50권, 속집 28권, 별집 32권은 송나라의 축목(祝穆)이 편찬하고 신집(新集) 36권, 외집(外集) 15권은 원나라의 부대용(富大用)이, 유집(遺集) 15권은 축연(祝淵)이 편찬하였다. 236권.

486) 蘇五奴**妻**, **善歌舞美姿色**, **能弄踏搖娘**. **有邀迓者**, **五奴輒隨之**, **前人欲其速醉**, **多勸其酒**, **五奴**曰, 但多與**我**錢. **雖喫䭔子亦醉不煩酒也**. 今**呼**鬻妻者爲五奴, 自蘇始.(『古今事文類聚, 後集, 卷十五, 人倫部, 淫婦, 但多與錢』) → **有**蘇五奴**者**, **以貼婦取錢爲生計**. **有輕薄子來**, **卽避座**曰, 但多與錢. **故**今鬻妻者爲五奴, 自蘇始**也**.(『松南雜識』)

487) 당나라 때 총령(葱嶺) 동쪽의 풍속이 음란한 짓을 좋아하기에, 구자(龜玆)가 여사(女肆)를 벌여 놓고 돈벌이를 하였다.

## 서지상
徐池床

임진왜란 때 온 왜놈으로 서(徐)씨와 지(池)씨가 있었는데, 처음으로 병작법(竝作法)[488]를 정립하였다. 국가에 바치는 세금이 없었기 때문에 반을 나누어 가져갔다. 농사짓는 사람들이후대하였으니 그 밥상을 일러 '서지격기[徐池役只]'[489]라고 하였다.

## 타작관
打作官

우리나라에는 도조법(賭租法)[490]만 있었는데, 왜놈들이 처음으로 타작(打作)[491]을 했기 때문에 지금 추수를 감독하는 사람을 '타자관(打作官)'이라고 한다.

## 납천장
蠟川場

임신년(1812)에 역적 홍경래(洪景來)[492]가 선달에 '납천장(蠟川場)'을 때

488) 병작법(竝作法): 배메기. 지주가 소작인에게 소작료를 수확량의 절반으로 매기는 일 ≒ 반작(半作), 반타작. 병작반수 · 타작.

489) 격기[役只]: 음식을 차려 남을 대접한다는 말.

490) 도조법(賭租法): 조선 시대의 소작제도. 지방에 따라서는 도지법(賭地法) 또는 도작법(賭作法)이라고도 불렀다. 도지법은 원칙적으로 소작료액을 미리 협정하고 매년의 수확량에 관계없이 일정의 소작료를 징수하는 방법이며, 풍 · 흉에 의하여 소작료가 증감하지 않는 것이 특징이다.

491) 타작(打作): 거둔 곡식을 지주와 소작인이 어떤 비율에 따라 갈라 가지는 제도.

492) 홍경래(洪景來): 조선 순조 때 민란의 지도자(1771~1812). 1798년에 평양의 향시에 합격하고 사마시에 응하였으나 지방을 차별하는 폐습 때문에 낙방하자, 이에 불만을

려 부수며 봉기했기 때문에 어떤 물건이 눌려 부서진 것을 말한다.

## 어지간
### 魚池間

충주(忠州)의 지중익(池重翼)이란 사람에게는 물고기비늘이 있었기 때문에 어씨(魚氏) 성을 하사받았다.

지금은 서로 멀지 않은 물건을 말한다.

## 당궁상
### 唐窮相

석주(石州) 권필(權韠)[493]은 어릴 때 용모가 아름답고 온화하여 중국 사람이 크게 칭찬하며 귀한 관상이라고 하였다. 뒤에 북한산의 절을 유람하였는데, 그 절에 있는 부군당(附君堂)[494]의 신상(神像)을 술에 취하여 때려 부수었다. 중국 사람이 다시 관상을 보고 크게 슬퍼하며 천하의

---

품고 1811년에 평안북도 가산에서 군사를 일으켰다가 이듬해 정주에서 패하여 죽었다.

493) 권필(權韠) : 조선 중기의 시인(1569~1612). 본관은 안동(安東). 자는 여장(汝章), 호는 석주(石洲). 정철(鄭澈)의 문인으로, 성격이 자유분방하고 구속받기 싫어하여 벼슬하지 않은 채 야인으로 일생을 마쳤다. 임숙영(任叔英)이 유희분(柳希奮) 등의 방종을 책문(策文)에서 공격하다가 광해군의 뜻에 거슬려 삭과(削科)된 사실을 듣고 분함을 참지 못하여 「궁류시(宮柳詩)」를 지어 풍자, 비방하였다. 이에 광해군이 대노하여 시의 출처를 찾던 중, 1612년 김직재(金直哉)의 무옥(誣獄)에 연루된 조수륜(趙守倫)의 집을 수색한 결과 권필이 연좌되어 해남으로 귀양가다가 동대문 밖에서 행인들이 동정으로 주는 술을 폭음하고는 이튿날 44세로 죽었다. 시재가 뛰어나 자기 성찰을 통한 울분과 갈등을 토로하고, 잘못된 사회상을 비판 풍자하는 데 주목할 만한 성과를 거두었다. 저서로 『석주집(石洲集)』과 한문소설 「주생전(周生傳)」이 현전한다.

494) 부군당(附君堂) : 서울과 경기도 지역에서 마을의 수호신을 모시는 신당(神堂). '부근당'이라고도 하며, 한자로는 부군당(府君堂)·부근당(付根堂)·부강당(富降堂) 등으로도 표기한다.

궁색한 관상이라고 하였는데, 마침내 시안(詩案)에 걸려 죽었다. '당궁상(唐窮相)'이란 '중국 사람이 말한 궁색한 관상'을 의미한다.

소식(蘇軾)의 시에서 "조물주가 사람을 놀리느라 또한 관상을 박하게 만들었네[天公戱人亦薄相]"[495]라고 하였다.

## 요동시
### 遼東豕

'요동시(遼東豕)'[496]는 『한서(漢書)』에서 '주부(朱浮)[497]가 팽총(彭寵)[498]을 꾸짖은 말'이니,[499] 스스로 자기 공을 떠벌리는 것을 비유하는 말이다.

## 수원 여관
### 水原旅

세상에 다음과 같은 이야기가 전한다.

---

495) 「차운황로직적목(次韻黃魯直赤目)」.

496) 요동시(遼東豕) : 견문이 좁아 세상일을 모르고 저 혼자 득의양양함을 이르는 말. 옛날 요동의 어떤 돼지가 머리가 흰 새끼를 낳자, 이를 신기하게 여긴 주인이 임금께 바치려고 하동(河東)으로 가지고 갔다. 그런데 그 곳의 돼지는 모두 머리가 흰 것을 보고 부끄러워서 돌아왔다고 한다.

497) 주부(朱浮) : 후한(後漢)의 장군. 자는 숙원(叔元), 주후(朱詡)의 아들, 광무제(光武帝)을 따라서 편장군(偏將軍)이 되었고 유주(幽州) 목사에 제수되어 북쪽 변방을 잘 다스렸다. 신식후(新息侯)에 봉해졌다.

498) 팽총(彭寵) : 후한(後漢)의 장군. 팽홍(彭弘)의 아들, 자는 백통(伯通), 어양태수(漁陽太守)를 지냈고 광무제(光武帝)에게 귀의하여 건충후(建忠侯)에 봉해지고 대장군(大將軍)의 호칭을 하사받았다. 광무제를 알현하였을 때, 광무가 대접을 후하게 하지 않자 이에 불만을 품었다. 광무가 즉위를 했을 때 공훈을 인정받지 못하자 더욱 원망을 하여 주부(朱浮)에게 참소를 받았다.

499) 寵既積怨, 聞之, 遂大怒, 而擧兵攻浮. 浮以書質責之曰, …… 往時遼東有豕, 生子白頭, 異而獻之, 行至河東, 見羣豕皆白, 懷慙而還. 若以子之功, 論於朝廷, 則爲遼東豕也.(『後漢書, 卷六十三, 朱馮虞鄭周列傳, 第二十三, 朱浮傳』)

어떤 사람이 수원의 여관에서 한 명의 조대(措大)[500]를 만났는데, 별난 도덕과 학식이 없어 보이기에 매우 깔보았다. 후에 어떤 산림학사가 천거되었는데 명망이 높다는 소문을 듣고 다시 만나보니 바로 전에 수원 여관에서 만났던 나그네였다.

또한 불서(佛書)에서 "끓는 물에 녹은 얼음과도 같아서 얼음이 끓는 물에 녹기도 전에 따로 어떤 물이 있었던 사실을 아는 것은 나의 지각이 존재하기 때문이다. 나 역시 그러하다"[501]라고 한 말이 이것이다.

## 궁조대
窮措大

송나라 태조가 조보(趙普)[502]에게 "상유한(桑維翰)[503]은 조대(措大)이지만 눈구멍이 작다"[504]라고 말하였는데, 그 주석에서 "조대(措大)는 능히

---

500) 조대(措大) : 여기에서는 빈한하고 실의(失意)한 선비의 의미로 사용되었음.

501) 如湯消氷, **先**別有水, 知氷消者, **存**我覺, 我亦復如是. **備要**.(『韻府羣玉, 如湯消氷』) →如湯消氷, **無**別有水, 知氷消者, **在**我覺, 我亦復如是.(『松南雜識』)

502) 조보(趙普) : 송나라의 재상. 유주(幽州) 출신. 자는 칙평(則平). 침착하고 말수가 적었으며 과단성이 있고 강인하였다. 태조(太祖)를 도와 천하를 평정하여 추밀사(樞密使)에 제수되었다. 건덕(乾德) 연간에 문하시랑평장사(門下侍郞平章事)가 되었고 외직으로 하양삼성절도사(河陽三城節度使)가 되었다. 조보는 젊을 적, 관리의 업무에만 익숙하고 학문이 부족하였는데, 태조가 독서를 권하자 손에서 책을 놓지 않고 더욱이 『논어』를 좋아하였다고 한다. 태종 때 재상을 지냈고, 위국공(魏國公)에 봉해졌다. 시호는 충헌(忠獻).

503) 상유한(桑維翰) : 후진(後晉)의 인물. 하남(河南) 출신. 자는 국교(國僑). 관직은 중서령(中書令) 및 추밀사(樞密使)를 지냈다. 석경당을 위해 거란에게 구원을 청하면서 부자(父子)의 맹약을 맺고 땅을 떼어 주며 칭신(稱臣)하겠다고 애걸하여 거란의 군대를 출동시킨 결과 석경당이 제위(帝位)에 오르게 하였다. 후에 거란에게 죽임을 당하였다.

504) 太祖**嘗與**趙普, **議事不合**. **上曰**, **安得宰相如**, **桑維翰者與之謀乎**. **普曰**, **使維翰任事**, **陛下亦不用**, **盖維翰愛錢也**. **上**曰**苟用其長**, **當護其短**. 措大眼孔小, **賜與十萬貫**, **則塞破屋子矣**.(『古今事文類聚, 續集, 卷二十六, 珍寶部, 塞破屋子』) → **宋**太**宗謂**趙普曰, **桑維翰**措大眼孔小.(『松南雜識』)

큰일을 실행한다는 의미이다"라고 하였다.

불서(佛書)에서 말하였다.

> 이발(李渤)이 귀종선사(歸宗禪師)[505]에게 물었다.
>
> "대장경(大藏經)의 가르침이 밝힌 것은 무엇인가요?"
>
> 그러자 귀종선사가 주먹을 들어 보여주었다. 이발이 이해하지 못하자, 귀종선사가 말하였다.
>
> "조대(措大)가 부질없이 만권의 책만 읽어서 주먹 끝도 알지 못하는구나."[506]

또 『자가록(資暇錄)』[507]에서는 '궁조대(窮措大)'라 하였다.

## 노학구
### 老學究

송나라 태종이 "진이경(陳貽慶)은 '학구(學究)'[508]로 급제하였다"라고 하였다. 또 왕안석(王安石)이 「자설(字說)」을 짓고 후회하면서 "'학구'를 바꾸어 '수재(秀才)'[509]가 되려 했더니 곧 '수재'를 바꾸어 '학구'가 되었네"[510]라고 하였다.

---

505) 귀종선사(歸宗禪師) : 귀종사(歸宗寺)의 지상선사(智常禪師)를 이름.

506) 李**異日又**問, **一**大藏教明得箇甚麽**邊事**, 師擧拳示之**曰**, **還會麽**, **曰**不會, **師曰**, **這箇**措大拳頭也不識.(『五燈會元, 卷三, 六祖大鑒禪師法嗣』)→李**渤**問**歸宗禪師云**, 大藏教明得箇甚麽, 師擧拳示之, **李**不會, **宗云**, 措大**空讀萬卷書**, 拳頭也不識.(『松南雜識』)

507) 자가록(資暇錄) : 당나라 이광예(李匡乂)가 편찬 책. 옛글에 대해 고증하였다. 총 3권.

508) 학구(學究) : 학문에만 열중하여 세상 물정을 모르는 사람을 비유적으로 이르는 말.

509) 수재(秀才) : 한(漢)나라 이후로 관리를 뽑아 쓰는 데 시험하는 과목의 이름. 후한(後漢)의 광무제(光武帝) 유수(劉秀)의 이름을 피하여 '무재(茂才)'라 고쳐 부르게 되었음.

510) 王**荊公改科擧**, **暮年**曰, **本**欲變學究爲秀才, **不謂**變秀才爲學究.(『古今事文類聚, 前

## 악소년
### 惡少年

『한서(漢書)』에서 "무제(武帝)가 서역(西域)을 정벌할 때 칠과적(七科謫[511])을 출동시켰다"[512]라고 하였는데, '악소년(惡少年)'이 그중 하나이다.

## 무뢰배
### 無賴輩

『사기(史記), 고조본기(高祖本紀)』[513]에서 "대인께서는 언제나 신을 무뢰(無賴)하다고 여기십니다[大人常以臣無賴]"라고 하였는데, 그 주석에서 "교활하게 속인다는 뜻이다"[514]라고 하였다. 「장석지전(張釋之傳)」에는 "궁색하여 무료뢰(無聊賴[515])하다[窘無聊賴]"라고 하였다.[516]

강호(江湖)[517] 지방에서는 어린 아이가 이익이 없이 집으로 들어가는 것을 '무뢰(亡賴)'라고 한다. 오대(五代) 때에 고종회(高從誨)를 '고뢰자(高賴子)'라고 불렀다.[518]

---

集, 卷二十六, 仕進部, 秀才變學究』) → 王**安石作字說悔**曰, 欲變學究爲秀才, **乃**變秀才爲學究.(『松南雜識』)

511) 칠과적(七科謫) : 일곱 가지 죄를 지어 변방으로 유배 온 자들로 구성된 군대.

512) **發天下**七科謫.(『前漢書, 卷六, 武帝紀, 第六』) → **武帝伐西域**七科謫**發兵**.(『松南雜識』)

513) 『松南雜識』에는 '漢書'로 오기되어 있다.

514) 或曰江湖之間, 謂小兒多詐狡猾爲無賴.(『史記, 卷八, 高祖本紀, 第八』의 주석)

515) 무료뢰(無聊賴) : 의지할 곳 없이 곤란함.

516) 漢高紀, 大人常以臣無賴, **謂多**狡詐, **又**釋之傳, **尉**窘無聊賴.(『唐音, 卷二, 送楊開府』의 주석) → 漢高紀, 大人常以』)

517) 강호(江湖) : 삼강오호(三江五湖). 곧 오(吳)나라와 월(越)나라 사이를 말한다.

518) 無媿恥者, 爲賴子, 猶言無賴也, 故諸國皆目爲高賴子.(『五代史, 卷六十九, 南平世家, 第九』)

## 파락호
破落戶[519)]

『수호지(水滸志)』에서 "'부랑자(浮浪者)'와 '파락호(破落戶)'의 자제가 양산박(梁山泊)에 모였다"라고 하였다.

또 도적소굴을 세상에서 '양산박(梁山泊)'이라고 부른다.

## 대방가
大方家[520)]

『장자(莊子)』에서 하백(河伯)이 "나는 오랫동안 '대방가(大方家)'에게 비웃음을 당하였다[吾長見笑於大方之家]"[521)]라고 하였는데, 그 주석에서 "'대도(大道)'라는 말과 같다"라고 하였다.

주자의 시에 "울타리를 부수고 대가로 나아간다[剖破藩籬卽大家]"라는 구절이 있다.

## 큰 무당의 앞
大巫之前

오(吳)나라 장굉(張紘)[522)]이 「진림(陳琳)[523)]에게 편지로 문장을 논한 글」

519) 파락호(破落戶) : 재산이나 세력이 있는 집안의 자손으로서 집안의 재산을 몽땅 털어먹는 난봉꾼을 이르는 말.
520) 대방가(大方家) : 문장이나 학술이 뛰어난 사람.
521) 『莊子, 秋水』.
522) 장굉(張紘) : 삼국 시대 오나라의 문신, 학자. 자는 자강(子綱).
523) 진림(陳琳) : 후한 말의 인물. 광릉(廣陵) 출신. 자는 공장(孔璋). 문학으로 왕찬(王粲) 등과 이름이 비등하였다. 일찍이 원소(遠紹)를 위해 조조에게 글을 보내어 그의 죄를 꾸짖었는데 원소가 패하자 조조에게로 가니, 조조가 그의 재주를 아껴 죄주지 않고 기실(記室)로 삼았다. 그가 일찍이 격문(檄文)을 지어 조조에게 바치니 두풍(頭風)을 앓

에서 "작은 무당이 큰 무당을 보면 신기(神氣)가 사그라진다"[524]라고 하였다. 두보의 시에서,

| | |
|---|---|
| 여력을 뽐낼 생각 말고 | 不謂矜餘力[525] |
| 도리어 큰 무당을 뵈라 | 還來謁大巫[526] |

라고 하였다.

세상의 '큰 무당의 앞'이라는 말은 여기서 유래하였다.

## 의중인
意中人

『고금시화(古今詩話)』에서 말하였다.

객이 장선(張先)[527]를 일러 '장삼중(張三中)'이라고 하니, 곧 '마음 속의 일[心中事]', '눈 속의 눈물[眼中淚]', '생각 속의 사람[意中人]'이다.[528]

---

아오던 조조는 그 글을 읽고 "이 글이 나의 병을 낫게 했다"라고 하였다.

524) 張紘見陳琳武庫賦歎曰, 可謂小巫見大巫神氣殫矣.(『海錄碎事, 卷十九, 文學部下』) → 吳張紘與陳琳論文曰, 小巫見大巫, 神氣殫矣.(『松南雜識』)

525) 『松南雜識』에는 '不謂矜余力 '로 되어 있음.

526) 「증위좌승장제(贈韋左丞丈濟)」.

527) 장선(張先) : 송나라의 문장가. 자는 자야(子野).

528) 古今詩話**云**, 客**有**謂張子野**曰**, **人皆謂公**爲張三中, 卽心中事眼中淚意中人也.(『文獻通考, 卷二百四十六, 張子野詞一卷』) → 古今詩話**曰**, 客謂張子野, 爲張三中, 卽心中事眼中淚意中人也.(『松南雜識』)

## 이여이
### 易與爾

용저(龍且)가 "한신(韓信)은 상대하기 쉽다"라고 하였다.[529] 지금은 사람을 경시하는 말이다.

## 조인광좌
### 稠人廣座

『삼국지(三國志)』에서 "관우(關羽)와 장비(張飛)가 넓은 좌중의 운집한 사람들 속에서 종일 모시고 섰다"라고 하였다. 또 '인해(人海)'는 '뭍과 바다에 사람이 많다'라는 뜻이다.

## 수령을 원이라고 한다
### 守令謂遠

우리나라에서 외직을 '원(遠)'이라고 하니, 먼 지역이라는 말이다. 어떤 사람은 '원(願)'이라고도 하니, '사람이 원하는 것은 안을 경시하고 밖을 중시한다'는 뜻이다.

---

529) 항우(項羽)가 제(齊)를 구원하려고 장수 용저(龍且)를 보내 제・초(楚)의 군사와 한(漢)의 군사가 유수(濰水)에서 대치하였다. 한신이 밤에 사람을 시켜 1만여 개의 모래주머니를 만들어 강물을 막았다가 적군이 반쯤 건너올 때 거짓 패한 척하고 달아나자 용저가 추격하였다. 그러나 한신은 막았던 모래주머니를 터서 싸움에 크게 이기고 용저를 죽이고 제나라 왕을 사로잡았다.(『漢書, 韓信傳』)

## 동헌
### 東軒

소철(蘇轍)[530]이 고안(高安)에 좌천되어 동헌(東軒)을 짓고 '동헌장노(東軒長老)'라고 자호하였는데, 소식(蘇軾)이 그에게 보낸 시에,

| | |
|---|---|
| 그대에게 새장을 보내어 거두게 했더니 | 贈君一籠牢收取 |
| 성하게도 '동헌장노'란 이름을 받아왔다 | 盛取東軒長老來[531] |

라는 구절이 있다.

지금 관장(官長)의 정당(政堂)[532]을 '동헌(東軒)'이라 부르는 것이 비록 여기서 유래했지만, 한나라 공손홍(公孫弘)이 '동합(東閤)'을 열었고[533] 당시(唐詩)에 '동각의 설중매[東閣雪中梅]'라는 시구가 있으니, 이미 오래 전부터 사용된 말이다.

## 감결
### 甘結

『거가필용(居家必用)』에서 "'소원(所願)'을 '감(甘)'이라 하고 '마음이 부합하여 따르는 것'을 '결(結)'이라 하니, '마음으로 기꺼워한다'는 뜻이다"[534]라고 하였다.

---

530) 소철(蘇轍) : 북송의 문인(1039~1112). 자는 자유(子由). 호는 영빈유로(潁濱遺老)·난성(欒城). 소순(蘇洵)의 아들이며 소식(蘇軾)의 동생이다. 당송 팔대가의 한 사람으로, 고문에 밝았다. 저서에 『시전(詩傳)』·『난성집(欒城集)』·『춘추전(春秋傳)』·『노자해(老子解)』 등이 있다.

531) 「득기시내추차신운(得其詩乃追次愼韻)」.

532) 정당(政堂) : 지방의 관아. ≒ 정각(政閣).

533) 공손홍(公孫弘)이 한 무제(漢武帝) 때 승상이 되어 평진후(平津侯)에 봉해졌고, 동합(東閤)을 열어 사류(士流)를 연접하여 그 봉록이 모두 빈객 접대에 들어갔으며, 자신은 현미(玄米) 밥을 먹고 베이불을 덮었다고 한다.(『前漢書, 公孫弘傳』)

지금은 '전령(傳令)의 사통(私通)[535]'을 의미한다.

## 영갑

令甲

「소망지전(蕭望之傳)」에 "금포령(金布令)[536]이 으뜸이다[金布令甲]"[537]라는 말이 있다.

『한서(漢書), 선제기(宣帝記)』에서 "명령에는 선후(先後)가 있기 때문에 '영갑(令甲)'[538]·'영을(令乙)'·'영병(令丙)'이라는 말이 있다"[539]라고 하였다.

『학림(學林)』[540]에서 "'갑(甲)'은 '인(仁)'을 주장하니, 앞에서부터 뒤에까지 모두 영갑(令甲)인 것은 관대한 명령을 보임이고, '경(庚)'은 '의(義)'를 주장하니, 앞에서부터 뒤에까지 모두 영경(令庚)인 것은 엄한 명령을 보임이다"[541]라고 하였다. 그래서 역법(曆法)은 '갑경(甲庚)'에 맞추고 성품은 '인의(仁義)'에 맞춘다.

---

534) 甘結. 所願曰甘, 合從曰結, 謂心肯也.(『居家必用, 狀詞』)

535) 사통(私通) : 공사(公事)에 관하여 관원끼리 편지 따위로 사사로이 연락함. 또는 그 편지.

536) 금포령(金布令) : 창고에 관계된 법률.

537) 『前漢書, 卷七十八, 蕭望之列傳』.

538) 영갑(令甲) : 첫째 명령.

539) 令有先後故有令甲令乙令丙.(『前漢書, 卷八, 宣帝紀. 第八』)

540) 학림(學林) : 송나라 왕관국(王觀國)이 편찬한 책. 총 10권.

541) 甲主仁, 庚主義, **先甲後甲者**, 先後皆**以**寬令示**之也**, **先庚後庚者**, 先後皆**以**嚴令示**之也**.(『學林, 卷三, 令甲』) → 甲主仁, 先後皆寬令示 庚主義 先後皆嚴令示 (松南雜識)

## 마감
磨勘

지금은 '관청의 일을 끝마쳤다'라는 뜻으로 쓰이는데, 범중엄(范仲淹)[542]의 '마감법(磨勘法)'[543]에서 유래한다.

## 마련
磨錬

지금 조정의 명령에 "매사를 '마련(磨錬)'해서 하라"라고 하니, 곧 '탁마(琢磨)'나 '단련(鍛錬)'의 뜻이다. 또 『소씨연의(蘇氏演義)』[544]에서 "주관하여 일을 처리하고 일을 모으는 것을 '누라(樓羅)'라고 한다"[545]라고 하였다. 당시의 방언인데, 지금은 경기(經紀)[546] 없이 하는 것을 '마련(磨錬)'이라고 한다.

## 병영
屛營

『후한서(後漢書), 청하왕전(清河王傳)』에서 "병졸들이 놀라 갈팡질팡하며 두려워하였다[屛營]"[547]라고 하였다.

---

542) 범중엄(范仲淹) : 북송 때의 정치가·학자(989~1052). 자는 희문(希文). 인종 때에 참정(參政) 지사(知事)가 되어 개혁하여야 할 정치상의 10개 조를 상소하였으나 반대파 때문에 실패하였다. 저서에 「악양루기(岳陽樓記)」, 문집 『범문정공집(范文正公集)』이 있다.

543) 마감법(磨勘法) : 관리들의 성적을 매기던 제도.

544) 소씨연의(蘇氏演義) : 당나라의 소악(蘇鶚)이 편찬한 책. 총 2권.

545) **婁**羅**者**, 幹辦集事之**稱**.(『蘇氏演義, 卷上』)→幹辦集事之**爲樓**羅**也**.(『松南雜識』)

546) 경기(經紀) : 어떤 일을 조직적으로 계획하여 처리함.

547) 夙夜屛營未知所立.(『後漢書, 卷八十五, 章帝八王傳, 第四十五, 淸河孝王慶傳』)→

양웅(揚雄)의 주석에서 "'병(屛 : píng)'의 음은 '평(平 : píng)'이며, 갈팡질팡하며 불안해하는 모양이다"라고 하였다.

지금 모든 소장(疏章)의 끝에 '병영지지(屛營之至)'라고 쓰는 것은 본래 여기에서 유래하였다. 「낭의전(郎顗傳)」[548]의 '정영(怔營)'[549]의 뜻이다.

## 시행
施行

『후한서(後漢書)』에서 말하였다.

> 장제(章帝)[550]가 조포(曹褒)[551]에게 숙손통(叔孫通)[552]의 『한의(漢儀)』 십이편(十二篇)을 주면서 "지금 예(禮)의 조목에 따라 시행(施行)케 할 만 하다"라고 말하였다.[553]

지금 관문서의 '조험시행(照驗施行)'이라는 말은 여기에서 유래하였다.

살펴보건대, 『거가필용(居家必用)』에서 "'조험(照驗)'은 그 사실을 증명한다는 뜻이다"[554]라고 하였다.

---

卒之屛營 (『松南雜識』)

548) 『松南雜識』에는 '王莽傳'으로 오기 되어 있음.

549) 『後漢書, 卷六十下, 郎襄列傳, 第二十下, 郎顗傳』.

550) 장제(章帝) : 후한의 제3대 황제(57~88). 이름은 유달(劉炟). 묘호는 숙종(肅宗). 학자들을 백호관(白虎觀)에 모아 오경(五經)의 이동(異同)을 토론하게 하였고, 도량이 넓은 정치를 폈으며, 서역 경략(西域經略)을 시도하였다. 재위 기간은 75~88년이다.

551) 조포(曹褒) : 후한(後漢)의 인물. 자는 숙통(叔通). 항상 조정의 제도가 미비하다고 생각하여 숙손통이 한(漢)의 의례를 쓴 것을 사모하면서 밤낮으로 연구에 몰두하였다고 한다.

552) 숙손통(叔孫通) : 한나라 고조 때 예법을 제정한 유자(儒者).

553) **召褒詣嘉德門, 令小黃門, 持班固所上**叔孫通漢儀十二篇, **勅褒**曰, **此制散略多不合經**, 今**宜**依禮條正使可施行.(『後漢書, 卷六十五, 張曹鄭列傳, 第二十五, 曹褒』) → **章帝授曹褒以**叔孫通漢儀十二篇曰, 今依禮條, 正使可施行.(『松南雜識』)

## 행하
行下

행하(行下)는 본래 『당서(唐書)』와 『육선공주의(陸宣公奏議)』[555]에서 처음 쓰였다. 『주자대전(朱子大全)』의 공용문서[556]에 모두 이 말을 사용하였다.

송나라 주밀(周密)[557]의 『제동야어(齊東野語)』[558]에서 말하였다.

조정에서 "유사(遊士)가 검속하지 못하고 풍속이 점점 무너졌다"라고 논의하였기에, 드디어 각 고을에 공문을 하달[行下]하여 학교에서 시험하였다.[559]

## 이문
移文

한(漢)나라 때의 설선(薛宣)[560]이 속현(屬縣)에 공문을 내려 신칙하였다. 공치규(孔稚珪)[561]가 「북산이문(北山移文)」[562]을 지었다.

---

554) 照驗, 謂證明其事也.(『居家必用, 結句』)

555) 육선공주의(陸宣公奏議) : 당나라 때 육지(陸贄)가 지은 책 이름.

556) 공이(公移) : 통제(統制) 관계가 아닌 관아 상호간에 왕래하는 공용문서의 총칭.

557) 주밀(周密) : 송나라 때의 학자. 자는 공근(公謹). 호는 초창(草窓). 저서에 『계신잡지(癸辛雜識)』·『무림구사(武林舊事)』·『절묘호사(絶妙好事)』·『제동야어(齊東野語)』·『지아당잡초(志雅當雜鈔)』·『운연과안록(雲煙過眼錄)』이 있다.

558) 『松南雜識』에는 '癸辛雜誌'로 오기되어 있음.

559) 朝**議**以游士**多**無檢束 …… 風俗寢壞, 遂行下各州, 自試於學.(『齊東野語, 卷六, 杭學游士聚散』) → 朝**儀**以游士無檢束 …… 風俗寢壞, 遂行下各州, 自試於學.(『松南雜識』)

560) 설선(薛宣) : 한나라의 관료. 자는 공군(贛君), 동해(東海) 담(郯) 출신.

561) 공치규(孔稚珪) : 남북조 시대 남제(南齊)의 문인(447~501.) 본명은 공덕장(孔德璋). 강소성(江蘇省) 출신. 조부와 부친이 모두 고위관직을 역임하였고, 자신도 태자첨사(太子詹事)·산기상시(散騎常侍)·도관상서(都官尙書)에 이르렀다. 개구리의 울음소리는 자연의 음악이라 하여 뜰의 풀도 베지 않을 정도로 시(詩)·음영(吟詠)을 즐겼다.

## 통촉
洞燭

『한서(漢書), 선제기(宣帝紀)』에서 "그 이치를 밝히지 못하였다[未燭厥理]"[563]라고 하였다. 양웅(揚雄)은 "빠짐없이 두루 비추니 끝이 없구나![旁燭亡彊]"[564]라고 하였다.

지금 '통촉(洞燭)'은 분명히 보는 것을 의미한다.

## 처분
處分

『운옥활투(韻玉活套)』에서 '처분(處分)'이라고 하였다. 『진서(晉書)』에서 사안(謝安)[565]이 환충(桓沖)[566]의 병사를 물리치며 "조정의 처분이 이미 정해졌다[朝廷處分已定]"[567]라고 말하였다.

---

*『松南雜識』에는 '孔穉珪'로 되어 있음.

562) 남제(南齊) 때 공치규가 지은 글. 북산에 함께 은거하나 약속을 어기고 벼슬길에 나간 주옹(周顒)을 풍자하였음.

563)『前漢書, 卷八, 宣帝紀 第八』.

564)『前漢書, 卷八十七下, 揚雄傳下, 第五十七下』.

565) 사안(謝安) : 동진(東晉) 중기의 재상(320~385). 자는 안석(安石). 오랫동안 회계(會稽)에서 은둔생활을 하면서 왕희지(王羲之)·지둔(支遁) 등과 교우를 맺고, 풍류를 즐기다가 40이 넘은 중년에 비로소 중앙 정계에 투신하였다. 처음 정서대장군(征西大將軍) 환온(桓溫)의 휘하에서 활약하다가 이부상서의 요직으로 진급하였고, 제위(帝位)를 찬탈하려는 환온의 야망을 저지하였다. 환온이 죽은 뒤 재상이 되었을 때 전진왕(前秦王) 부견(苻堅)이 100만 대군을 이끌고 남하하는 것을 막았고, 383년 형의 아들 사현(謝玄)과 부견의 군대를 비수(氐水)에서 격파하였다. 국초(國初)의 왕도(王導)와 함께 명재상으로 칭송이 높았으며, 또 당시의 손꼽는 문화인이기도 하였다. 비수에서 승리를 거둔 지 2년 만에 병사하였다.

566) 환충(桓沖) : 동진(東晉)의 무장. 자는 유자(幼子). 환이(桓彝)의 다섯째 아들. 일찍이 형 온(溫)을 따라 정벌(征伐)에 공을 세웠다. 여러 번 진위장군을 거치다가 형이 죽은 후 중군장이 되었다.

567)『晉書, 卷七十四, 列傳, 第四十四, 桓彝』.

당나라 때의 『한원지(翰苑志)』에서 '대문하(大問何)' · '대제배(大除拜)' · '대처분(大處分)'이라고 하였다.

## 분부
分付

『전등록(傳燈錄)』에서 말하였다.

능행파(凌行婆)가 부배화상(浮杯和尙)[568]에게 물었다.

"힘을 다해서 말하려 해도 말할 수 없는 구절을 누구에게 전하시겠습니까?[盡力道不得底句, 還分付阿誰]"[569]

## 호령
號令

『서경(書經)』에서 "'호령'을 내다[發號施令]"[570]라고 하였다. 반표(班彪)[571]의 역사서[572]에 "'호령'이 온화하고 바르다[號令溫雅]"라고 하였다.

---

568) 부배화상(浮杯和尙) : 당나라의 고승. 마조(馬祖)의 제자.

569) 凌行婆問浮杯和尙云, 盡力道不得底句, 還分付阿誰.(『錦繡萬花谷前, 集卷, 二十八, 佛祖』)→凌行婆問浮杯和尙, 盡力道不得底句, 還分付阿誰.(『松南雜識』)

570) 『書經, 周書, 冏命』.

571) 반표(班彪) : 한(漢)나라 때의 사학가이며 문학가. 자는 숙피(叔皮). 안릉(安陵) 출신으로 반고(班固)의 아버지이다. 20여세에 진중대란(秦中大亂) 때 외효(隗囂)에게 피난을 갔으나 받아들여지지 않고, 다시 하서로 피난을 가서 하서대장군 두융(竇融)에 의해 임용되어 종사하였다. 광무제가 반표의 재능을 알고 불러들여 등용하였다. 그는 사마천의 『사기』가 한 무제 태초(太初) 연간까지만 쓰여진 것을 보고 그 후를 이어서 썼으나 비속한 부분이 많았기에, 광범위하게 사료를 수집하여 『후전(後傳)』 55편을 지었다. 반고의 『한서』 중에 한 무제 이후의 사료는 주로 이 책에 의존한 것이다.

572) 『前漢書』를 이름. "號令溫雅"가 들어 있는 「元帝紀」는 반표(班彪)가 지은 것이므로 반표의 역사서라고 하였다.

당나라 때 이광필(李光弼)573)이 삭방절도사(朔方節度使)가 되어 한번 '호령'하였다.

## 계관
### 啓關

지금 관문서 중에 상부에서 하부로 보내는 공문서를 '관(關)'이라 하고, 하부에서 상부로 올리는 공문서를 '계(啓)'라고 한다. 모두 먹으로 찍은 보장(報狀)574)으로 관부(官府)에서 통행(通行)된다.

지금은 사람들이 모든 일에 거리낌이 없을 때 "무슨 '계관(啓關)'이 있나?"라고 한다. 혹은 "'계(啓)'자인가? '관(關)'자인가?"라고도 한다.

## 조사
### 曹司

「정건전(鄭虔傳)」에서 "현종(玄宗)이 정건(鄭虔)575)의 재주를 아껴서 말단[曹司]에 둘 수 없기에 특별히 광문관(廣文館)을 설치하였다"576)라고 하였다.

지금은 말단을 '조사(曹司)'577)라고 한다.

---

573) 이광필(李光弼): 당나라의 명장. 안녹산(安祿山)・사사명(史思明)의 난을 평정시킨 중흥 공신. 시호는 무목(武穆).

574) 보장(報狀): 어떤 사실을 하관이 상관에게 알리어 보고하는 공문. 오늘날의 보고서와 같음.

575) 정건(鄭虔): 당나라의 관료・학자. 정주(鄭州) 형양(滎陽) 출신. 자는 약제(弱齊).

576) 玄宗愛其才, **欲置左右**, 以不**事事**, **更爲置**廣文館, **以虔爲博士**, **虔聞命**, **不知廣文**曹司**何在**, **訴宰相**. **宰相曰**, **上增國學**, **置廣文館以居**.(『唐書, 卷二百二, 列傳, 第一百二十七, 文藝中, 鄭虔』) → 玄宗愛其才, 以不**可**曹司, **特設**廣文館.(『松南雜識』)

577) 조사(曹司): 벼슬아치가 집무 보는 방. 혹은 갓 벼슬에 제수되어 일에 대한 경험이 없는 사람.

조선의 윤인함(尹仁涵)[578]이 시에서,

| | |
|---|---|
| 과거에 급제한 지 삼 년이 지났건만 | 登科三載後 |
| 아직도 말단[曹司]을 면치 못했네 | 猶不免曹司 |
| 매양 까닭 없는 꾸지람 들으니 | 每受無端責 |
| 굶주림 참아내기 힘드네 | 難堪有口飢[579] |

라고 하였다.

## 방자
### 幫子

운서(韻書)의 주석에서 "사물의 곁에서 취하는 것을 말한다"[580]라고 하였다. 『연번로(演繁露)』[581]에서 "천자의 수레를 뒤따르며 호위하는 무사를 '등자(等子)'라고 이름 하나 잘못된 것이다. 천 균(鈞)의 솥을 들 수 있는 힘을 가진 자를 이르는 말이기에 의당 '정자(鼎子)'라고 해야 한다.[582]

578) 윤인함(尹仁涵) : 조선의 문신(1531~1597). 자는 양숙(養叔), 호는 죽재(竹齋). 1563년 이조정랑으로 있을 때, 동료들에게 전선(銓選)에 관한 기밀을 누설한 죄로 파직되었다. 뒤에 등용되어 공조·호조의 참의를 지내고, 선조 17년(1584) 동지사로 명나라에 다녀왔다. 임진왜란 때 경주부윤으로서 적군을 방어하지 못한 죄로 좌천되었으며, 경주가 함락되자 의병을 모집하여 적과 싸웠다. 1597년 형조참판으로 영위사(迎慰使)를 겸하여, 명나라 장수를 평양으로 영접하러 나갔다가 객사하였다. 문장과 그림에 뛰어났으며, 특히 대를 잘 그렸다. 문집에 『죽재집』이 있다.

579) 『지봉유설』에 의하면 윤인함이 정자(正字)가 되었을 때 지은 시라고 한다.

580) 事物旁取**者, 皆曰幫**.(『康熙字典, 幫』) → 事物旁取**之謂也**.(『松南雜識』)

581) 연번로(演繁路) : 송나라의 정대창(程大昌)이 지은 책. 정대창이 『춘추번로』가 불완전하다고 여겼기 때문에 동중서(董仲舒)의 원래 책을 인용하여 구절마다 자신의 뜻을 발명하여 이 책을 편찬하였다. 『연번로(演繁露)』가 16권, 『속연번로(續演繁露)』가 6권이다.

582) **今**衛士扈駕**清道者, 其著籍**名**爲**等子, 誤矣. **東方朔傳, 夏育爲鼎官, 顏籀注曰, 夏育衛人**力擧千**鈞**, 鼎**官今殿前擧鼎者也. 然則今之衛士, 以力選而誰何犯蹕者**, 當爲鼎子, **不應爲等子也**.(『演繁露, 卷十六, 鼎子』) → 衛士扈駕**者**, 名等子**者**, 誤也. **謂其**

지금 각 고을의 '경방자(京幇子)'[583]란 '정자(鼎子)'의 와전인 듯하다.

## 초료
草料

『고려사』에서 "충렬왕(忠烈王)때 여러 도사(道使)들을 파견하여 군마의 '초료(草料)'를 감독하게 하였다"[584]라고 하였다.

지금 공무 도중 공급받는 '초료(草料)'[585]가 여기에서 시작되었다.

## 별성
別星

공순(孔恂)[586]이 별가(別駕)[587]가 되었는데, 별가의 수레에는 예부터 '병성(屛星)'[588]이 있어서 자사(刺史)의 수레와 같았다. 자사가 노하여 그것을 없애려 하자 공순이 말하였다.

"별가를 제거할 수 있어도 병성은 제거할 수 없습니다."[589]

---

力擧千**匀**鼎, 當爲鼎子.(『松南雜識』)

583) 경방자(京幇子) : 경방자(京房子)라고도 한다. '경주인방자(京主人房子)'의 준말이다. 조선 시대 지방 관아에서 그 지방의 공물(貢物)・입역(立役) 등에 관한 사무를 처리하기 위하여 경저(京邸)에 머물러 있게 하던 향리를 '경주인(京主人)'이라고 한다. 따라서 '경주인방자'는 경주인에게 딸리어 심부름 하던 하례를 말한다.

584) **壬寅**遣**知密直司事韓康于忠淸交州道**, **以備**軍馬草料.(『高麗史, 卷二十九, 世家二十九, 忠烈王』)→遣**諸道使**, **督**軍馬草料.(『松南雜識』)

585) 초료(草料) : 공무로 여행하는 사람이 여행길에 관에서 받던 소정의 공급(供給). 하인과 말의 숙식도 포함하였다.

586) 공순(孔恂) : 후한(後漢) 때의 관료. 자는 거경(巨卿), 신감(新淦) 출신.

587) 별가(別駕) : 한(漢)나라 때에 자사(刺史)가 주(州)를 순행할 때 수행하던 관원. 다른 수레 타고 갔기 때문에 이렇게 일컬어졌다.

588) 병성(屛星) : 대로 엮은 자리로 수레 위에 덮어 먼지를 막는다.

589) 孔恂, **字巨卿**, **新淦人**, **州**別駕從事, 車前舊有屛星如刺史車曲翳儀式, 是時, 刺史

본래 '병성(屛星)'은 수레의 먼지 막이[蔽篕]인데, 지금은 와전되어 '별성(別星)'[590]이 되었다.

### 성화
星火

이밀(李密)[591]의 「진정표(陳情表)」[592]에 "신에게 길에 오를 것을 재촉하여 주사(州司)들이 문 앞에 이르니 성화(星火)보다 급합니다[催臣上道, 州司臨門, 急於星火]"라고 하였다.

지금 '성화독촉(星火督促)'이라는 말은 여기에서 유래하였다.

또, 『산중일석화(山中一夕話)』[593]에서 말하였다.

호대(扈戴)가 아내를 두려워하였기에 나가려면 아내에게 말미를 요청하였다. 아내는 땅에 물방울을 떨어뜨리고 그것을 손가락으로 가리키며 말하였다.

"물이 마르기 전에 돌아와요. 만약 멀리 간다면 향을 살라서 아무 장소에 이르러 집으로 돌아온다는 증거로 삼으세요."[594]

---

行部發去日晏, 刺史怒, 欲去別駕車屛星, 恂諫曰, 明使君傳車自發晩, 而欲徹去屛星, 毁國舊儀, 此不可行, 別駕可去, 屛星不可省.(『後漢書, 卷三十九, 輿服志第二十九, 輿服上』)→孔恂**傳**, 別駕**舊有屛星**, 刺史欲去之, 恂曰別駕可去, 屛星不可去.(『康熙字典, 篕』)→孔恂爲別駕, 別駕車舊有屛星, 如刺史車, 刺史怒欲去之, 恂曰, 別駕可去, 屛星不可去.(『松南雜識』)

590) 별성(別星) : 조정에서 파견하는 대소관원을 통틀어 일컬음. 봉명사신(奉命使臣). 성(星)은 사자(使者)를 뜻한다.

591) 이밀(李密) : 진(晉)나라의 때 사람. 자는 영백(令伯).

592) 진정표(陳情表) : 이밀(李密)은 조모의 손에서 자랐는데, 그의 조모가 90여 세가 되었을 때, 조정에서 그를 불러들였다. 이에 조모를 모시기 위하여 벼슬을 사양한다는 취지로 올린 글.

593) 산중일석화(山中一夕話) : 명나라의 이지(李贄)가 편찬한 책. 총 14권.
* 아세아문화사 영인본 『松南雜識』에는 '山中一虎'로 오기되어 있음.

지금 침방울을 떨어뜨려 기다린다는 말이다.

### 급급율령
急急律令

『자가집(資暇集)』[595]에서 말하였다.

율령(律令)은 천둥 주변의 재빠른 귀신이다. 잘 달려서 빠르기가 천둥과 맞먹는 까닭에 부적의 주문(呪文)에 "급급(急急)하기가 율령(律令)이다"라고 쓴다.[596] '령(令)'자는 평성(平聲)으로 읽어야 한다. 또 한(漢)나라 때 문서를 보낼 때 항상 "율령과 같다[如律令]"라고 썼다.[597]

지금 '성화(星火)'란 말과 같은 의미이다.
후산(后山) 진사도(陳師道)의 시에,

594) 扈戴畏內**特甚**, **未仕時**, 欲出則**謁**假於細君, 細君滴水於地, 指曰, 不乾須前歸, 若去遠則燃香印掐至某所以爲還家之驗.(『山中一夕話, 卷九, 扈戴被水香勸盞』)→扈戴畏內, 欲出則**請**假於細君, 細君滴水於地, 指曰, 不乾須前歸. 若去遠則燃香印掐至某所以爲還家之驗.(『松南雜識』)

595) 자가집(資暇集) : 당나라 이광예(李匡乂)가 편찬한 책. 총 3권.
*『松南雜識』에는 '資暇錄'으로 되어 있음.

596) 도교에서 '급급여율령(急急如律令)'이란 말을 부적이나 주문(呪文)에 쓰는데, 귀신에게 빨리 부적의 명령대로 행하라는 의미이다.

597) 急急如律令, 符祝之類末句, 急急如律令者, 人皆以爲如飮酒之律令, 速去不得滯也, 一說, 漢朝每行下文書, 皆云如律令, 言非律非令之文書行下, 當亦如律令, 故符祝之類末句, 有如律令之言, 並非也, 案律令之令字, 宜平聲讀爲零, 音若毛詩盧重令之令, 若人姓令狐氏之令也, 律令, 是雷邊捷鬼. 學者豈不知之此鬼善走與雷相疾速, 故云, 如此鬼之疾走也.(『資暇集, 卷中』)→律令是雷邊捷鬼, 善走與雷相疾速, 故符咒云, 急急如律令, 宜讀作平聲, 資暇錄, 又漢行文書, 皆云如律令.(『韻府羣玉, 律令』)→律令是雷邊捷鬼. 善走與雷相疾速. 故**符呪**云, 急急如律令. 宜**讀作**平聲. 又漢行文書, 皆云如律令.(『松南雜識』)

| | |
|---|---|
| 고과(考課)에 꼴찌가 될지언정 | 寧書下下考 |
| 급급한 부적을 받들진 않으리 | 不奉急急符[598] |

라고 하였다.

## 세초
### 歲抄

『예기(禮記), 왕제(王制)』에서 "재상은 반드시 국가의 예산을 연말[歲之杪][599]에 제정한다[冢宰制國用, 必於歲之杪]"라고 하였다.

지금의 '세초(歲杪)'가 이것으로, '세말(歲末)'이란 말과 같다.

## 선사
### 善事

『후한서(後漢書)』에서 말하였다.

장제(章帝)가 임연(任延[600])에게 말하였다.

"상관을 잘 섬기면[善事] 명예를 잃지 않을 것이다."[601]

지금은 권문세족에게 뇌물 보내는 것을 말한다.

598) 『后山詩注, 卷十, 咸平讀書堂』.

599) 『松南雜識』에는 '抄'로 오기 되어 있음.

600) 임연(任延) : 후한(後漢) 때의 사람. 자는 장손(長孫).

601) 帝**親見戒之**曰, 善事上官, 無失名譽.(『後漢書, 卷一百六, 循吏列傳第六十六, 任延傳』)→帝**謂任延**曰, 善事上官, 無失名譽.(『松南雜識』)

## 끽봉

喫棒

『전등록(傳燈錄)』에서 말하였다.

낙포(洛浦)가 협산(夾山)[602]에서 삼 년 동안 부엌 일[典座][603]을 하면서 몽둥이 백대를 맞은 후[604]에 크게 깨닫고, 말하였다.

"참신한 일월(日月)이요, 특별한 건곤(乾坤)일세."[605]

지금 세간에서 몽둥이질 당하는 것을 '끽(喫)'이라고 하는데 그 말은 여기에서 유래하였다.

## 무면

無麵

지금 아전의 공금 횡령을 '무면(無麵)'[606]이라고 하니, '무면불탁(無麵不乇)'[607]을 일컫는다.

602) 협산(夾山) : 안휘성(安徽省) 화현(和縣)의 북쪽에 있다.
603) 전좌(典座) : 불가에서 부엌을 일컫는 말.
604) 봉갈(棒喝)을 의미한다. 선종에서 초심자를 지도할 때, 막대기로 머리를 치거나 큰 소리로 외쳐서 그 근기(根機)의 정도를 시험하는 일의 말한다.
605) 洛浦在夾山, 做典座三年, 喫百頓棒, 洛浦後來大悟云, 斬新日月, 特地乾坤.(『錦繡萬花谷, 前集, 卷二十八, 佛祖』)
606) 무면(無麵) : 돈이나 물건이 축나는 일.
607) 무면불탁(無麵不乇) : 원래는 무면박탁(無麵食不飥)의 의미. 밀가루가 없으면 수제비를 만들지 못한다는 말로, 조건이 갖추어지지 않으면 일을 할 수 없음을 비유한다.

## 간몰

乾沒

『한서(漢書)』에서 "장탕(張湯)이 하급관리가 되어 요행으로 이익을 언고[乾沒] 거상 전갑(田甲)과 돈을 주고받았다"[608]라고 하였다. 그 주석에서 "이익을 얻는 것이 '간(乾)'이고, 이익을 잃는 것이 '몰(沒)'이다"[609]라고 하였다.

지금은 '간몰(乾沒)'이 돈을 잃는 것이라고 잘못 알고 있다. 그러나 '육침(陸沈)'이라는 말과 의미가 같은 듯하다. 또 본전[本泉][610]을 잃는 것을 '무리(無利)'라고 한다.

## 부비

浮費

명나라 왕석작(王錫爵)[611]의 소(疏)에 '부비(浮費)'라는 말이 있다. 『한서(漢書)』의 '경비(經費)'[612]라는 말 또한 낭비(浪費)·용비(冗費 : 불필요한 경비)와 같은 말이다.

---

608) 張湯, …… **始**爲小吏乾沒, 與**長安**富賈田甲**魚翁叔之屬交私**.(『前漢書, 卷五十九, 張湯傳, 第二十九』)→張湯爲小吏乾沒, 與富賈田甲**通錢**.(『松南雜識』)

609) 得利爲乾, 失利爲沒.(『前漢書, 卷五十九, 張湯傳, 第二十九』 如淳의 주석)

610) 이규경(李圭景)의 『五洲衍文長箋散稿, 貨幣, 人事篇·治道類, 錢本草辨證說』에서 "錢本泉字 "라고 하였다.

611) 왕석작(王錫爵) : 명나라의 문신. 태창(太倉) 사람. 자는 원어(元馭), 호는 형석(荊石). 저서로는 『왕문숙집(王文肅集)』과 『소초(疏草)』가 있다.

612) 『前漢書, 卷二十四上, 食貨志, 第四』.

## 소리 · 소욕
### 所利所欲

『주역(周易)』에서 "이득을 말하지 않는다[不言所利]"613)라고 하였다. 또, 『전국책(戰國策)』에서 말하였다.

진(秦)나라 선태후(宣太后)가 상근(尚靳)614)에게 말하였다.
"첩이 선왕을 모실 때 선왕이 한쪽 발을 첩의 몸에 올리면 소첩은 무거워 부지할 수가 없습니다. 그렇게 온 몸으로 저를 눌렀는데도 무거운 줄 몰랐던 것은 어째서일까요? 이득이 있었기 때문입니다."615)

『맹자(孟子)』에서 "물고기도 내가 먹고 싶은 음식이고 곰 발바닥도 내가 먹고 싶은 음식이다[魚我所欲也, 熊掌亦我所欲也]"616)라고 하였다. 또 "진실로 원하지만 감히 청하지는 못합니다"617)라고 하였다.

## 모리
### 牟利

『한서(漢書)』에서 "부상(富商)과 거상(巨商)이 이익을 잠식할 수 없다"618)라고 하였다. 그 주석에 "모충(牟蟲)619)이 벼를 갉아먹는 것과 같

613) 『周易, 周易上經, 乾』.
614) 상근(尚靳) : 한(韓)나라에서 진(秦)나라에 구원병을 요청하기 위하여 보낸 사신.
　* 『松南雜識』에는 '趙使'로 오기 되어 있다.
615) 宣太后謂尚子曰, 妾事先王也, 先王以其髀加妾之身, 妾困不疲也. 盡置其身妾之上, 而妾弗重也, 何也. 以其少有利焉.(『戰國策, 卷二十七, 韓二』) → 秦宣太后謂趙使曰, 妾侍先王, 先王以一足加於妾身, 妾重不能支. 全以身委之不知重何也. 所利存焉.(『松南雜識』)
616) 『孟子, 告子上』.
617) 固所願也, 固所願也.(『孟子, 公孫丑下』) → 固所願也, 不敢請.(『松南雜識』)
618) 富商大賈, 亡所牟大利. 如淳曰牟取也.(『前漢書, 卷二十四下, 食貨志, 第四下』)

다"라고 하였다.

## 각쾌
權儈[620]

『한서(漢書), 조왕팽조전(趙王彭祖傳)』[621]의 주석에 "두 집안이 매매한 가격을 평균으로 나누어 거간비로 챙겼다"[622]라는 말이다.

『한서(漢書), 화식전(貨殖傳)』의 '절장쾌(節駔儈)'[623]가 이것이다.

## 등용
騰踊

『춘추좌전(春秋左傳)』에서 안자(晏子)가 "용(踊)[624]의 값이 비싸고, 보통 신은 싸다[踊貴屨賤.]"[625]라고 하였다.

『구당서(舊唐書)』에서 "물가가 뛰어올랐다[物價騰踊]"[626]라고 하였다.

---

→漢書, 富商大賈, 無所牟大利, 言如牟蟲食禾也.(『通雅, 卷二十六, 事制』)
富商大賈, 無所牟大利, 言如牟虫食禾. 漢書.(『韻府羣玉, 牟利』)
→漢書, 富商大賈, 無所牟利. 註言如牟虫食禾.(『松南雜識』)

619) 모충(牟蟲) : 뿌리를 갉아먹는 벌레.

620) 각쾌(権儈) : 각회(権會)란 말과 같다. 관청이 상인을 위하여 교역을 중개하고 그 재화를 합계하여 세금을 거두는 일.

621) 원제목은『前漢書, 卷五十三, 景十三王傳, 第二十三』이다.

622) 平會兩家**買賣之賈者**.(『前漢書, 卷五十三, 景十三王傳, 第二十三』)→平會兩家**之謂也**.(『松南雜識』)

623)『前漢書, 卷九十一, 貨殖傳, 第六十一』.
*'節'은 재화의 귀천을 조절한다는 의미이다. 그러므로 '절장쾌(節駔儈)'는 물건의 귀천을 조절하는 기능을 담당하는 거간꾼이라는 의미이다.

624) 용(踊) : 월형당한 사람이 신는 신발. 용(踊)이 비싼 이유는, 당시에 한 쪽 발목을 끊는 형벌이 남용되었기 때문이다.

625)『春秋左傳, 卷四十二, 昭公, 三年』.

626)『舊唐書, 卷一百三十四, 列傳, 第八十四, 馬燧』.

지금 물가가 오르는 것을 '등용(騰踊)'이라 하는 말은 여기에서 유래하였다.

## 작용

### 作俑

『맹자(孟子)』[627]에서 "처음으로 장례에 쓰는 인형을 만든 자는 그 후사가가 끊어질 것인져!"[628]라고 하였다. 지금 '시작'을 '작용(作俑)'이라고 하는데, '권여(權輿)'[629]와 같은 말로 여기에서 유래하였다.

## 본천

### 本泉

지금 본전(本錢)으로 이익을 늘리는 것을 '본천(本泉)'이라고 하는데, 곧 '화천(貨泉)'[630]의 근본이라는 말이다.

「화식전(貨殖傳)」에서 '대출 이자 금진[子貸金錢]'[631]이라고 하였다.

한유(韓愈)의 글에서 "아들딸을 전당잡히고 돈을 빌렸는데 약속한 대로 갚지 못하니 이잣돈과 원금이 같아졌다[男女質錢, 約不時贖, 子本相侔]"[632]라고 하였다.

---

627) 『松南雜識』에는 '論語'로 오기되어 있음.

628) **仲尼**曰, 始作俑者, 其無後乎.(『孟子, 梁惠王上』) → **論語**曰, 始作俑者, 其無後乎.(『松南雜識』)

629) 권여(權輿) : 저울대와 수레 바탕이라는 뜻으로, 사물의 시초를 이르는 말. 저울을 만들 때는 저울대부터 만들고 수레를 만들 때는 수레 바탕부터 만든다는 데서 유래한다.

630) 화천(貨泉) : 한말(漢末) 왕망(王莽) 때의 화폐 이름. 직경은 일치. 표면에 '화(貨)'자와 '천(泉)'자 두 글자가 있다.

631) 『前漢書, 卷九十一, 貨殖傳, 第六十一』.

632) 「유자후묘지명(柳子厚墓誌銘)」.

『운부군옥(韻府群玉)』에서 "이웃에게 돈을 빌려 잔치 준비를 한다[稱貨於隣家以治具]"[633]라고 하였다.

산곡 황정견(黃庭堅[634])의 시에서,

| | |
|---|---|
| 또 빈곤한 처지에 술상을 차리려고 | 更當力貧開酒椀 |
| 이웃 노인에게 달려가 빚을 낸다네 | 走謁鄰翁[635]稱子本[636] |

라고 한 말이 이것이다.[637]

## 주고
主顧

세간에는 와전되어 '단골(單骨)'이라 한다. '술집단골[酒單顧]'·'점집단골[巫單顧]'이 이것이니, 바로 소설(小說)에서 이른바 '주고(主顧)'이다.

## 전시정
廛市井[638]

『맹자(孟子)』에서 "시장에 자릿세만 받고 세금을 징수하지 않는다[市

633) 『韻府羣玉, 子本』.

634) 황정견(黃庭堅) : 송나라의 시인. 자는 노직(魯直)이고 호는 산곡(山谷)·부옹(涪翁)이다. 진관(陳觀)·장뢰(張耒)·조보지(晁補之)와 함께 소식(蘇軾)의 문하에서 노닐어 '소문사학사(蘇門四學士)'라고 일컬어진다. 문장에 재능이 있었고, 특히 시에 뛰어났다.

635) 『松南雜識』에는 '家'로 되어 있다.

636) 「재답면중(再答冕仲)」.

637) 謂稱貨於隣家以治具. 男女質錢, 約不時贖, 子本相侔, **沒爲官婢**, **韓作柳墓誌**, 走謁鄰翁稱子本.(『韻府羣玉, 子本』) → **韓文云**, 男女質錢, 約不時贖, 子本相侔. **韻玉曰**, 稱貨於隣家以治具. **山谷詩**, **更當力貧開酒椀**, 走謁鄰翁稱子本.(『松南雜識』)

638) 전시정(廛市井) : 가게를 차리고 물건을 파는 사람.

廛而不征]"[639]라고 하였다. 또 옛날에는 정전(井田)[640]에서 시장을 열었기 때문에 지금 '전시정(廛市井)'이라 일컫는다.

## 공양
### 供養

불서(佛書)에서 "시방(十方)의 여러 부처에 공양하는 일이 하나의 무심(無心)에 공양하는 일보다 못하다"[641]라고 하였다.

지금 '잿밥[齋食]'을 '공양(供養)'이라고 하는 말은 여기에서 유래하였다.

## 군대와 시장의 은어
### 軍市邊語

지금 군대·맹청(盲廳)[642]·시장에서는 모두 변어(邊語)를 쓰는데, 그 종류가 많다.

바로 '하늘[天]은 크지[大] 않고 인(仁)은 사람[人]이 아니다. 왕(王)은 기둥[丨]이 아니고 죄(罪)는 그르지[非] 않다. 나[吾]는 입[口]이 아니고 곤룡포[袞]는 옷[衣]이 아니며 검은 색[皀]은 희지 않다. 태(兌)는 맏이[允]가 아니며 빛나는 것[旭]이 태양[日]이 아니다'라고 하는 따위이다.[643] 글자

639) 『孟子, 公孫丑』.

640) 정전법(井田) : 하나라·은나라·주나라에서 실시한 토지 제도. 주나라에서는 사방 1리(里)의 농지를 '井'자 모양으로 100무(畝)씩 9등분한 다음, 그중앙의 한 구역을 공전(公田)이라고 하고, 둘레의 여덟 구역을 사전(私田)이라고 하여 여덟 농가에게 맡기고 여덟 집에서 공동으로 공전을 부치어 그 수확을 나라에 바치게 하였다.

641) 供養十方諸佛, 不如供養一**無**心. 供養十方諸佛, 不如供養一**無**心.(『韻府羣玉, 佛卽心』) → 供養十方諸佛, 不如供養一心.(『松南雜識』)

642) 맹청(盲廳) : 소경들의 모이는 도가(都家). 도가(都家)는 같은 장사를 하는 상인들이 모여 계(契)나 장사 등에 관한 의논을 하는 집을 말한다.

643) '天(천 : 하늘)'은 '大'자를 없애고 '一'이라 하고, '仁(인 : 어질다)'란 말은 '人'자를

획의 한 부분을 제거하는 까닭으로 '변어(邊語)'라고 한다.

대개 수수께끼는 예를 들면 다음과 같은 말들이다.

다른 사람을 초대 할 때, "한산한 관청에 잠시 왕림해 주십시오[閑館蹔屈]"라는 말을 "판자문 관청에서 발을 찍고 주검을 드러내 장사지낸다[板戶公堂斫脚露喪]"[644]라고 하는 말과 다른 사람의 초대에 답할 때, '얼룩개의 좋은 구실[斑犬良賦][645], 달려가 거북점 치는 빈 배[趨龜空肚]'[646]라고 하여 "공경히 의당 달려가 마시겠다[敬當赴飮]"는 말로 삼는다.[647] 은어와 수수께끼는 서로 비슷해 보이지만 실은 다르다.

---

없애 '二'라고 하며, '王(왕 : 임금)'은 '丨'을 없애고 '三'이라고 한다. '罪(죄)'는 '非'자를 없애고 '四'라고 하고, '吾(오 : 나)'는 '口'자를 없애고 '五'라고 한다. '衮(곤 : 곤룡포)'는 '衣'자를 없애 '六'이라 하고, '皂(조 : 검다)'는 '白'자를 없애고 '七'이라 하며, '兌(태)'는 '允'자를 없애고 '八'이라 하며, '旭(욱 : 빛나다)'는 '日'자를 없애 '九'라고 한다.

644) 동의어와 파자(破字)를 사용한 수수께끼이다.
판자문[板戶]은 나무문[木門]이니 門+木은 '閑(한)'자이고, 공당(公堂)은 관사(官舍)이니 舍+官은 '舘(=館, 관)'자이고 다리를 찍는다[斫脚]는 말은 발을 자른다[斬足]는 말과 같으니 斬+足은 '蹔'자가 되고 드러내 놓고 장사지내는 것[露喪]은 주검이 노출되니[尸出] 尸+出은 '屈'자이다. 그러므로 '閑館蹔屈'이라는 의미이다.

645) '斑'자는 '文'자와 무늬라는 의미가 같다. '犬'자는 '狗'자와 개라는 의미가 같으며 '狗'자는 '苟'자와 음이 같다. 따라서 苟+攴(+文)은 '敬'자가 된다. 좋은 구실[良賦]은 밭을 숭상(尙田)한다. 그래서 尙+田이 '當'자가 된다. '趨龜'는 달려가서 거북점을 치는 것이므로 달려가 점친다는 '走卜'과 의미가 같고, 走+卜은 '赴'자가 된다. 속이 빈 뱃속[空肚]에는 음식[食]이 부족[欠]하기에 食+欠은 '飮'자가 된다. 그러므로 '敬當赴飮'라는 의미이다.

646) 『松南雜識』에는 '趨歸空肚'으로 되어 있다.

647) 有遺書招客云, 板戶公堂斫脚露喪, 答云, 斑犬良賦, 趨歸空肚. 古今詩格, 板戶木門閑字, 公堂官舍館字, 斫脚斬足蹔字, 露喪尸出屈字, 謂閑館蹔屈也. 斑犬文苟敬字, 良賦尙田當, 趨龜走卜赴字, 空肚欠食飮字.(『韻府羣玉, 趨歸空肚』)

## 진안
### 眞贗

『설문해자(說文解字)』에서 "진짜 선인은 형체를 바꾸고 하늘로 올라간다"[648]라 하였고, '안(贗)' 자의 주석에서 다음과 같이 말하였다.

가짜 물건이다. 『한비자(韓非子), 설림(說林)』에서 "제(齊)나라가 노(魯)나라를 정벌하고 참정(讒鼎)[649]을 찾으니, 노나라가 가짜[贗]를 가지고 갔다"라고 하였다.[650] 『송서(宋書)』에서 "법흥(法興)이 진짜 천자[眞天子]이고, 황제는 가짜 천자[贗千字]이다"[651]라고 하였다. 한유(韓愈)의 시에서 "참 거짓 뚜렷하게 보이네[居然見眞贗]"[652]라고 하였다.

지금의 '진안(眞贗)'이란 말이 여기에서 유래하였다.

## 덕색
### 德色

「치안책(治安策)」[653]에서 "진(秦)나라 풍속은 아버지에게 곰방매, 호미를 빌려주고도 은혜를 베풀었다[德色]고 생각한다"[654]라고 하였다.

지금 공치사를 '덕색(德色)'[655]이라고 하니 여기에서 유래하였다.

---

648) 眞僊人變形而登天也.(『說文解字, 眞』)

649) 참정(讒鼎) : 솥의 이름.

650) 贗, 僞物也. **亦作鴈**. 說林, 齊伐魯索讒鼎, 魯以**其**贗往.(『韻府羣玉, 贗』) → 贗**註**僞物也. 說林**曰**, 齊伐魯索讒鼎, 魯以贗往.(『松南雜識』)

651) 法興爲眞天子, **帝**爲贗天子.(『宋書, 卷九十四, 列傳, 第五十四, 恩倖, 戴法』) → 法興爲眞天子, **官**爲贗天子.(『松南雜識』)

652) 『五百家注昌黎文集, 卷四, 古詩, 崔十六少府攝伊陽以詩及書見投因酬三十韻』.

653) 치안책(治安策) : 한(漢)나라 문제(文帝) 때에 천하가 처음 평정되어 제도가 소활하였으나, 논자들은 모두 천하가 이미 다스려졌고 평안하다라고 하였다. 이때 가의(賈誼)만이 아니라고 여기며 일의 형세가 통곡할 만하고 눈물 흘릴 만하며 크게 한숨 쉴 만하다고 말하였다. 그리고 치안책을 올렸다.

654) 秦俗 …… 借父**耰鉏**, 慮有德色.(『前漢書, 卷四十八, 賈誼傳, 第十八』) → 秦俗, 借父**鋤耰**, 慮有德色.(『松南雜識』)

## 이력
### 履歷

'이력(履歷)'은 『운옥활투(韻玉活套)』에서 '경력(經歷)'이라고 하였는데, 지금은 늙어서 남행(南行)[656]으로 관직을 얻는 명칭으로 사용한다. 세간에서는 대부분 선조 때부터 벼슬살이를 한 것과 조상의 작위와 벼슬을 '이력(履歷)'이라고 한다.

## 계사
### 啓事

지금 대관(臺官)이 논죄(論罪)하고 적몰(籍沒)하는 것을 '계사(啓事)'라고 하니, 산도(山濤)[657]가 인재를 선발한 '계(啓)'와 용도는 다르지만 명칭은 같으며, 장흘(臧紇)이 빗장을 부순[658] '서(晳)'와 용도는 같지만 명칭은 다르다. 또, 성(姓)과 족(族)을 기록하지 않은 것은 본래 춘추에서 유래하였다. 『송서(宋書)』의 '반역자 준(準)'[659]이 바로 이것이다.

655) 덕색(德色) : 스스로 은덕을 베풀었다고 자랑하는 얼굴.

656) 남행(南行) : 조선 시대에 과거를 거치지 않은 문음자제(門蔭子弟)나 은일지사(隱逸之士)를 관직에 임명하던 제도. 혹은 그 관직에 임명된 벼슬아치.

657) 산도(山濤) : 진(晉)나라의 은자. 하내회(河內懷) 출신. 자는 거원(巨源). 죽림칠현(竹林七賢) 중의 한 명.

658)장흘(臧紇)은 노나라의 대부. 노나라 양공(襄公) 23년에 계손(季孫)이 장씨(臧氏)를 공격하자 장흘(臧紇)이 녹문(鹿門)의 빗장을 부수고 주(邾)로 달아났다.
*『松南雜識』에는 臧訖로 되어 있음.

659) 『宋書, 卷十六, 志第六, 禮三』.
*준(準)은 송나라의 재상 구준(寇準)을 이름.

## 흔각
### 捃却

당나라의 이신(李紳)[660]이 여러 번 원수에게 배척[捃却]당하였다.[661] 이봉길(李逢吉)[662]이 배도(裵度)를 두려워하여 배척[捃却]하였다.[663] 지금의 '죄인흔각(罪人捃却)'이라는 말이 이것이며, 또한 '덕이 아닌 것을 물리친다[捃否德]'라는 말도 여기에서 유래하였다.

『주자어류(朱子語類)』에서 말하였다.

> 『한서(漢書)』에서 "자신에게 붙지 않는 자를 새끼줄을 당겨 막듯 배척한다[引繩排捃]"라고 하였다. 지금 사람들은 '흔(捃)'자를 '근(根)'으로 잘못 읽는다. '捃'은 막고 지연시킨다는 말과 같다. '인승배흔(引繩排捃)'은 새끼줄을 당겨 막는 것 같다는 의미이다.[664]

그러나 오(吳)나라·초(楚)나라 풍속에서는 끌어당기고 앞에서 막는 것을 '흔격(捃挌)'이라고 한다.[665]

---

660) 이신(李紳) : 당나라 때의 관료. 자는 공수(公垂)이며, 중서령(中書令) 이경현(李敬玄)의 증손자이다.

661) 이봉길(李逢吉)이 이신(李紳) 을 추천하였지만, 사실은 그를 배척하기 위한 행위였다.

662) 이봉길(李逢吉) : 당나라의 간신. 기각험휼(忌刻險譎)하기로 이름이 났음.

663) 당 경종(敬宗) 때 이봉길(李逢吉)이 팔관(八關)으로 불리는 당인(黨人)인 장우신(張又新)·이속(李續)·장권여(張權輿)·유서초(劉栖楚)·이우(李虞)·정석범(程昔範)·강흡급(姜洽及)·이훈(李訓) 등 8인과 함께 반대파를 배척하였다.

664) 漢書, 引繩排捃不附已者, 今人誤讀捃爲根. **注云, 猶今言捃挌之類. 盖關中俗語如此, 捃挌**猶云抵拒擔閣也. 引繩排捃, 如以繩扞拒然.(『朱子語類, 卷一百三十四, 歷代一』) → 漢書, 引繩排捃不附已者, 今人誤讀捃爲根. **捃**猶云抵拒擔閣也. 引繩排捃, 如以繩扞拒然.(『松南雜識』)

665) 吳楚俗, 謂牽引前卻, 爲捃挌. 朱子語類, 漢書引繩排捃不附已者, 今人誤讀捃爲根, 捃挌猶云抵拒擔閣也, 引繩排捃, 如以繩扞拒然.(『康熙字典, 捃』) → 漢書引繩排捃不附已者, 今人誤讀捃爲根. **捃**猶云抵拒擔閣也. 引繩排捃, 如以繩扞拒然. 吳楚俗, 謂牽引前卻, 爲捃挌.(『松南雜識』)

## 척리

### 戚里

「만석군전(萬石君傳)」[666]에서 "임금과 인척 관계가 있는 사람들이 거처하기 때문에 '척리(戚里)'라고 한다"라고 하였다.[667]

이때문에 뒤에는 '외척(外戚)'을 지칭하는 말이 되었다.

## 조보

### 朝報

조보(朝報)는 불가어(佛家語)에서 나온 듯하다.

『송사(宋史)』에서 "왕안석(王安石)이 『춘추(春秋)』를 비난하여 '단란조보(斷爛朝報)'[668]라고 하였다"[669]라고 하니, 송나라 때 이미 이 말이 있었다. 지금은 '기별(記別)'[670]을 의미하니, 산곡(山谷) 황정견(黃庭堅)이 선사에게 보낸 편지에서 "새벽에 기별을 받았습니다[夙承記莂]"[671]라고 한 말이 이것이다.

---

666) 만석군전(萬石君傳) : 『사기』 열전의 편명. 한대(漢代)의 석분(石奮)을 말함. 석분이 15세 때 한 고조(高祖)를 만났는데, 고조는 그의 공손하고 조심성 있는 태도가 좋아서 그의 누이를 맞아들이고 석분을 가까이 하였다. 경제(景帝) 때는 천자(天子)가 만석군(萬石君)이라고 부를 만큼 네 아들과 함께 부귀를 누렸는데 자손들도 그 가르침을 받아 효근(孝謹)으로 명성이 높았다.

667) 於上有姻戚者, **皆**居之, 故名其里爲戚里.(『史記, 卷一百三, 萬石張叔列傳, 第四十三』의 주석) → 於上有姻戚者, 居之 故名其里爲戚里.(『松南雜識』)

668) 단란조보(斷爛朝報) : 단란(斷爛)은 결함이 많아서 완전하지 못한 것을 뜻하고, 조보(朝報)는 정부에서 매일 반포하는 공고문(公告文)을 말한다.

669) **黜**春秋**之書**, **不使列於學官**, **至戱目爲**斷爛朝報.(『宋史, 卷三百二十七, 列傳, 王安石』) → **詆**春秋**謂**斷爛朝報.(『松南雜識』)

670) 기별(記別) : 조선 때 승정원(承政院)에서 처리한 사항을 아침마다 반포하던 일. 또는 그 종이. 기별(奇別) · 기별(寄別) · 난보(爛報) · 조보(朝報)가 다 같은 말이다.

671) 『山谷集, 卷二十四, 碑銘碣, 黃龍心禪師塔銘』.

## 문안
問安

『예기(禮記), 문왕세자(文王世子)』에서 "부왕에게 잠자리의 '안부(安否)'를 물었다"[672]라고 한 말이 이것이다.

지금의 '안부(安否)'라는 말이 본래 여기에서 유래하였다.

## 서사
筮仕

지금 처음으로 관직에 나아가는 것을 일러 '서사(筮仕)'[673]라고 하는데, 본래는 『춘추좌전(春秋左傳)』의 "필만(畢萬)이 진(晉)나라에서 벼슬하는 것에 대해 점을 쳤다"[674]라고 한 데서 유래하였다. 그 주석에서 "처음 벼슬하는 것이다"[675]라고 하였다.

672) 文王之爲世子, 朝於王季日三. 雞初鳴而衣服, 至於寢門外, 問內豎之御者曰, 今日安否何如, 內豎曰安, 文王乃喜, 及日中又至, 亦如之. 及莫又至, 亦如之.(『禮記, 文王世子, 第八』)→問寢安否.(『松南雜識』)

673) 서사(筮仕) : 관직에 나아가기 전에 먼저 길흉을 점쳐 봄. 인신하여 처음으로 관직에 나아가는 것을 가리킨다.

674) 畢萬筮仕**於**晉.(『春秋左傳, 卷十, 閔公』)→畢萬筮仕**于**晉.(『松南雜識』)

675) 畢萬筮仕于晉. 初官**曰筮仕**.(『韻府羣玉, 筮仕』)→畢萬筮仕于晉. **註**, 初官也.(『松南雜識』)

## 권정례
### 權停禮[676]

지금은 기별(記別)이 매사 임시로 작정하는 것을 말한다. 송나라 때의 '권의각(權依閣)'이라는 말과 같은 듯하지만 다르다.

## 의례
### 依例

「춘추좌전서(春秋左傳序)」에서 "책의 대의를 나타내어 체례(體例)를 말한다[發凡以言[677]例]"[678]라고 하니 지금의 '범례(凡例)'라는 말의 시초이다. 북제(北齊)의 양음(楊愔)[679]이 "재주가 뛰어나면 상례(常例)를 따르지 않는다[才高不依常例]"[680]라고 하니, 지금의 '의례(依例)'·'전례(前例)'라는 말은 여기에서 나왔다.

---

676) 권정례(權停禮) : 원래 임금 혹은 세자가 참석해야 할 의식에 참석하지 않고 권도(權道)로서 의식만을 거행하는 것을 이른다. 또는 절차를 격식대로 모두 갖추지 않고 치루는 것. 권정행례(權停行禮)라고도 함.

677) 『松南雜識』에는 '起'로 되어 있다.

678) 두예(杜預)의 「춘추좌전서(春秋左傳序)」.

679) 양음(楊愔) : 북제(北齊)의 관료. 자는 준언(遵彦). 젊어서부터 청렴으로 유명하였다. 위(魏)나라 영안(永安) 초에 산기시랑(散騎侍郎)에 배임되었다. 효장제(孝莊帝) 말기에 여러 해 동안 숨어 지냈는데, 효무제(孝武帝)가 그를 접견하고 행대낭중(行臺郎中)에 임명하였다. 이후 우승(右丞)이 되었다. 부모의 초상에 장례를 치르기 위해 사직을 청하고 고향으로 돌아왔는데, 겨울철이어서 눈과 바람이 세차게 불어왔지만 걸음마다 통곡하여 보는 사람들이 슬프게 여겼다. 천보(天保) 초기에 태원장공주(太原長公主)에게 장가들어 상서령(尙書令)이 되었고 표기대장군(驃騎大將軍)이 되었다가 개봉왕(開封王)에 봉해졌다. 효소제(孝昭帝)가 황위를 찬탈한 뒤 피살되었다.

680) 『北齊書, 卷四十五, 列傳, 第三十七, 文苑, 樊遜』.

## 귀골
### 貴骨

『당서(唐書), 동이전(東夷傳)』에서 "신라는 그 족속의 명칭을 '제일골(第一骨)', '제이골(第二骨)'이라고 하여 구별한다"[681]라고 하였다.
우리나라 역사에서 말하였다.

신라의 풍속에 왕의 귀족을 '진골(眞骨)'이라 부르고 관리를 등용할 때에도 다만 골품(骨品)만을 쓰니 바로 '갈문왕(葛文王)'[682] · '골정왕(骨正王)'[683]이나 태조(太祖)의 조부 성골(聖骨)이 이것이다.

지금 '귀골(貴骨)'[684]이라는 말은 여기에서 나왔다.

## 요요화주
### 遙遙華胄

'요요화주(遙遙華胄)'는 지금 먼 조상 중에 현달한 선조가 있는 경우를 말한다.
『남사(南史)』[685]에 하창우(何昌寓)[686]가 이부상서(吏部尙書)가 되었을 때 어떤 민씨(閔氏)성을 쓰는 이가 벼슬자리를 청탁하였다. 그의 조상을

681) 新羅 …… 其族名第一骨第二骨以自別.(『唐書, 卷二百二十, 列傳, 第一百四十五, 東夷, 新羅條』) → 新羅, 其族名第一骨第二骨以自別.(『松南雜識』)
682) 갈문왕(葛文王) : 신라 때, 임금의 아버지나 장인 또는 친형제, 여왕의 남편들에게 주던 봉작(封爵).
683) 골정왕(骨正王) : 신라 상고 시대의 왕족. 일명 골정(骨正).
684) 귀골(貴骨) : 귀한 사람이 될 골상(骨相). 또는 그런 상을 가진 사람.
685) 『松南雜識』에는 '梁史'로 되어 있음.
686) 하창우(何昌寓) : 남제(南齊)의 문신. 하동지(何佟之)의 아들. 자는 엄망(儼望). 시호는 간자(簡子). 무리 짓지 않았지만 사귀는 사람들이 모두 당대의 명사였다. 관직이 이부상서(吏部尙書), 시중(侍中)에 이르렀다.

묻자 민자건(閔子騫)[687]의 후예라고 대답하였다. 하창우가 웃으며 "까마득한 옛날 훌륭한 조상의 자손일세[遙遙華胄]"라고 하였다.[688]

조선 시대에 기생의 아들인 종실(宗室)이 입시(入侍)하였는데, 임금이 그의 외가(外家)를 묻자, "신의 본가(本家)는 금지옥엽(金枝玉葉)[689]이고 외가는 노류장화(路柳牆花)[690]입니다"라고 대답하였다.

살펴보건대 『전등신화(剪燈新話)』에서 "길가의 버들[路柳]과 담장의 꽃[墻花][691]은 사람들이 모두 꺾을 수 있지만 산닭[山鷄]과 들오리[野鶩]는 집에서 길들일 수 없다"라고 하였다.

## 피리춘추

皮裡春秋[692]

진(晉)나라 저부(褚裒)[693]가 마음속으로 포폄함이 있음을 이른다.

지금은 마음속으로 분별이 있는 것을 칭한다.

---

687) 민자건(閔子騫) : 춘추 시대 노나라의 유학자. 이름은 손(損). 자건은 자. 공문십철(孔門十哲)의 한 사람으로, 효행이 뛰어났으며 공자의 제자가 되었다.

688) 昌寓**後**爲吏部**尙書**, **嘗**有**一客姓**閔求官, **昌寓謂曰**, **君是誰後**, 答**曰**子騫後, **昌寓團扇掩口而**笑**謂座客**曰, 遙遙華胄.(『南史, 卷三十, 列傳, 第二十, 何昌寓』) → **何**昌寓爲吏部, 有閔姓求官**者**, **問其祖**, 答**以閔**子騫**之**後, **乃**笑曰, 遙遙華胄.(『松南雜識』)

689) 금지옥엽(金枝玉葉) : 금으로 된 가지와 옥으로 된 잎이라는 뜻으로, 임금의 가족을 높여 이르는 말.

690) 노류장화(路柳牆花) : 아무나 쉽게 꺾을 수 있는 길가의 버들과 담 밑의 꽃이라는 뜻으로, 창녀나 기생을 비유적으로 이르는 말.
*『松南雜識』에는 '路柳場花'로 되어 있음.

691) 『松南雜識』에는 '場花'로 되어 있음.

692) 피리춘추(皮裏春秋) : 말로는 잘잘못을 가리지 아니하는 사람도 마음속으로는 셈속과 분별력이 있음.

693) 저부(褚裒) : 진(晉)나라의 문신. 자는 계야(季野). 강헌황후(康獻皇后)의 아버지이다. 젊어서 대범하고 고귀한 풍모가 있었다. 환이(桓彝)가 그를 지목하여 말하기를 "계야(季野)는 마음 속에 춘추(春秋)를 담고 있다. 겉으로는 잘잘못을 말하지 않고 속으로 포폄(褒貶)한다는 뜻이다"라고 하였다. 이로부터 '계야양추(季野陽秋)'라는 말이 나왔다.

## 연장
### 硏掌

「예술전(藝術傳)」에서 말하였다.

불도징(佛圖澄)[694]이 마기름을 가져다 연지(臙脂)와 섞어 손바닥 안에서 문지르니 찬란하게 빛이 났다. 동자(童子)는 대단히 많은 갑마(甲馬)와 유요(劉曜)[695]가 결박당한 모습을 보았다.[696]

우리나라에서 매사를 분명히 하여 가리켜 보이는 것을 '손바닥 위의 불'이라고 하는 말이 여기에서 나왔다.

## 무용지물
### 騈拇

'변무(騈拇)'는 지금 긴요치 않은 사람을 욕하는 말이다.

『장자(莊子)』에서 '네 발가락과 여섯 손가락[騈拇枝指]'[697]이라고 하였

---

694) 불도징(佛圖澄) : 진(晉)나라의 고승. 천축(天竺) 출신. 본성(本姓)은 백(帛). 석륵(石勒)의 정벌을 따라가 미언(微言)을 하니 매사마다 적중하여 석륵이 깊이 공경하고 중히 여기어 대화상(大和尙)이라고 칭하였다.

695) 유요(劉曜) : 진(晉)나라 때 전조(前趙)의 임금. 자는 영명(永明). 문무(文武)에 재주가 있었다. 처음에는 한(漢)나라의 유총(劉聰)을 섬겨 상국(相國)에 배임되었다. 얼마 뒤 적벽(赤壁)에서 회(淮)를 정벌하고 곧 황제에 올랐다. 준(準)이 멸망하자 장안(長安)에 도읍하고 국호를 조(趙)라고 하였는데 이를 역사에서는 전조(前趙)라고 한다. 얼마 뒤 낙양(洛陽)에서 석륵(石勒)에게 항거하다 패배하여 잡혀 죽고 그의 나라도 멸망하였다.

696) 令一童子, 絜齋七日, 取麻油合臙脂, 躬自硏於掌中, 擧手示童子, 粲然有輝, 童子驚曰, 有軍馬甚衆, 見一人長大白皙, 以朱絲縛其肘, 澄曰, 此卽曜也.(『晉書, 卷九十五, 列傳, 第六十五, 藝術, 佛圖澄』) → 令一童子, 潔齋七日, 取麻油,合燕支, 躬自硏於掌中, 擧手示童子, 粲然有輝, 童子驚曰, 有軍馬甚衆, 見一人長大白皙, 以朱絲縛其肘, 澄曰, 此卽曜也.(『通志, 卷一百八十二, 藝術傳第二, 佛圖澄』) → 藝術傳, 佛圖澄取麻油合燕支, 硏掌中, 粲然有光, 童子見甲馬甚衆 劉曜被縛狀.(『松南雜識』)

는데, 주석에서 "변무(騈拇)는 엄지발가락과 둘째 발가락이 서로 붙은 것이고, 지지(枝指)는 손가락이 여섯 개인 것을 말한다"[698]라고 하였다.

대개 다섯 손가락은 모지(母指)・식지(食指)・장지(將指)・무명지(無名指)・소지(小指)이다. 발로 힘을 쓸 때는 엄지발가락이 힘을 가장 많이 쓰고, 손으로 물건을 잡을 때는 가운데 손가락이 주장이 되기 때문에 장지(將指)라고 한다.

## 여반장
### 如反掌

『맹자(孟子)』에서 "제(齊)나라로 왕도정치를 하는 것은 손바닥을 뒤집는 것[反手]과 같습니다"[699]라고 하였고, 『문중자(文中子)』[700]에서는 "손바닥을 뒤집는 것과 같을 뿐입니다"라고 하였다.

지금은 매우 쉬운 일에 이 말을 사용한다.

한(漢)나라 공손찬(公孫瓚)이 "손바닥에 침을 뱉고 천하[九州]를 결판낼 수 있습니다"[701]라고 하였다. 악비(岳飛)[702]는 손에 침을 뱉고 연운(燕

697) 『莊子, 騈拇』.

698) **騈拇**, **謂**足拇指連**第**二指**也**, 枝指, 手有六指也.(『莊子, 騈拇』) → 足拇指連二指, **爲騈拇**, 枝指, 手有六指也.(『松南雜識』)

699) 以齊王**由**反手也.(『孟子, 公孫丑 上』) → 以齊王**猶**反手也.(『松南雜識』)

700) 문중자(文中子) : 중설(中說)이라고도 함. 수나라 왕통(王通)이 편찬하였다고 하지만 분명하지 않다. 그러나 책의 제호(題號)는 왕통의 시호(諡號)인 문중자와 일치한다. 『사고전서총목제요(四庫全書總目提要)』에서는 유가류(儒家類)에 수록하였으며, 왕통의 아들 복교(福郊)・복시(福時)가 그 유언을 찬술(纂述)한 것이라고 되어 있다. 그러나 후세에 가탁(假託)된 위서(僞書)라는 설도 있다. 전10권. 이 책은 『논어(論語)』를 모방하여 대화의 형식으로 되어 있다.

701) 公孫瓚 **爲袁紹所圍**曰, **天下兵起**, **我謂**可唾掌而決.(『說郛, 卷五十九上, 九州春秋』) → **漢**公孫瓚曰 可唾掌而決**九州**.(『松南雜識』)

702) 악비(岳飛) : 남송의 무장(1103~1141). 자는 붕거(鵬擧). 금나라에 대하여 주전론(主戰論)를 펴다 재상 진회(秦檜)의 참소로 옥사하였다. 시호는 무목(岳武穆).

雲)[703]을 함락시키겠다라고 하였다[唾手燕雲]."[704]

지금의 '손에 침을 뱉고 얻을 수 있다[唾手可得]'라는 말이다.

### 도행장

桃杏腸

지금 '도행장(桃杏腸)'은 대체로 같고 한결같음을 칭하니, 복숭아씨[桃仁]와 살구씨[杏仁]는 따로 분간할 수 없기 때문이다.

### 본래면목

本來面目

『전등록(傳燈錄)』에서 말하였다.

도명(道明)이 육조대사(六祖大師)[705]에게 불법(佛法)을 구하자, 육조대사가 말하였다

"이것이 그대의 본래 면목이다."[706]

---

703) 연운(燕雲) : '연(燕)'은 유주(幽州), '운(雲)'은 곧 운주(雲州)로 지금 하북성(河北省)·산서성(山西省) 북부 및 찰합이성(察哈爾省) 남부 지역을 말한다. 또한 오대(五代) 진(晉)의 고조(高祖) 석경당(石敬瑭)이 거란(契丹)에 바친 16주를 의미하기도 한다.

704) 『宋史, 卷三百六十五, 列傳, 一百二十四, 岳飛』.

705) 육조대사(六祖大師) : 혜능대사(慧能大師).

706) 道明求法於六祖, 六祖曰, 那个是明**上**座本來面目. 傳燈.(『韻府羣玉, 本來面目』) → 道明求法於六祖 六祖曰 那个是明座本來面目.(『松南雜識』)

## 반
### 奤

『집운(集韻)』에는 “음은 ‘반’이며 얼굴이 큰 것을 ‘奤’이라고 한다”[707] 라고 하였다.

『숙원잡기(菽園雜記)』[708]에서 “남방 사람이 북방 사람을 욕할 때 ‘반자(奤子)’라고 한다[南人罵北人爲奤子]”[709]라고 하였다.

지금 뻔뻔하게 부끄러움을 모르거나 염치가 없는 사람을 욕할 때 “뻔뻔하다[坢坢]”라고 하는 말이 여기에서 나왔다.

## 낫 놓고 기역자 모름
### 目不識丁

당나라 장홍정(張弘靖)이 그의 군사를 꾸짖으며 말하였다.

“너희들은 무게 두 섬짜리 강궁(强弓)을 당기는 것보다 차라리 ‘정(丁)’자 하나를 아는 것이 낫다.”[710]

『정자통(正字通)』에서 “『속세설신어(續世說新語)』에서 ‘一丁(일정)’은 ‘一个(일개)’로 되어 있다. 전서(篆書)로는 ‘个’자와 ‘丁’자가 서로 비슷하기 때문에 베껴 쓸 때 ‘丁’으로 잘못 썼기 때문이다”[711]라고 하였다.

---

707) 面大.(『集韻, 奤』) → **集韻**, **音坢**, 面大**曰奤**.(『松南雜識』)

708) 숙원잡기(菽園雜記) : 명의 육용(陸容)이 편찬하였다. 총 15권.

709) 『菽園雜記, 卷十二』.

710) 弘靖 …… **謂**軍**士**曰. **今天下無事**. **汝**輩挽**得**兩石**力**弓. 不如識一丁字.(『舊唐書, 卷一百二十九, 列傳, 第七十九, 張延賞)』) → **唐張**弘靖, **責其**軍曰, **爾**輩挽兩石弓, 不如識一丁字.(『松南雜識』)

711) 五代史, 唐張弘靖曰, 天下無事, 汝輩挽兩石弓, 不如識一丁字. …… 按續世說, 一丁作一个, 因篆形相似傳寫, 譌爲丁.(『正字通, 一』) → **正字通**, 唐書張弘靖傳, **汝**輩挽兩石弓, 不如識一丁字. **按**續世說, 一下作一个, 因篆文个與丁相似, 傳寫譌作丁.(『康熙字典, 丁』) → **唐張**弘靖, **責其**軍曰, **爾**輩挽兩石弓, 不如識一丁字. **正字通曰**, 續世說, 一**丁**作一个, 因篆文个與丁相似, 傳寫譌作丁.(『松南雜識』)

또한 '몰자비(沒字碑)'[712]이다.

## 눈에가시
眼中釘

『속자치통감장편(續資治通鑑長編)』[713]에서 말하였다.

정위(丁謂)[714]가 구준(寇準)[715]을 조정에서 몰아내자 당시 사람들이 "천하를 편하게 하려면 눈 속의 못을 뽑아내야 한다"라고 말하였다.[716]

오대(五代)의 조재례(趙在禮)[717]가 송주(宋州)를 다스리다가 파직되어 떠

712) 몰자비(沒字碑) : 글자가 씌어 있지 않은 비(碑)라는 뜻으로, 겉모습은 그럴듯한데 글을 모르는 사람을 놀림조로 이르는 말.

713) 『松南雜識』에는 '宋史'로 되어 있음.

714) 정위(丁謂) : 송나라의 관료. 장주(長州) 출신. 자는 위지(謂之). 뒤에 공언(公言)으로 고쳤다. 순화(淳化) 연간에 진사(進士)가 되고 관직이 소문관 대학사(昭文官大學士)에 이르렀으며 진국공(晉國公)에 봉해졌다. 기민하고 교활하였으며 도참서(圖讖書)에 통달하고 장기와 바둑, 음률에 능하였다.

715) 구준(寇準) : 송나라의 재상. 하규(下邽) 출신. 자는 평중(平仲). 어려서부터 영리하고 뛰어났으며 춘추삼전(春秋三傳)에 능통하였다. 태종(太宗) 때, 진사(進士)에 합격하여 추밀원직학사(樞密院直學士)로 발탁되었다. 황제에게 상주하다가 황제가 화를 내며 일어서자 그 옷자락을 끌어 당겨 다시 앉게 하고 일이 끝난 뒤 물러났다. 거란(契丹)이 쳐들오자, 다른 신하들과 달리 혼자 황제의 친정(親征)을 주장하였다. 황제가 그의 말을 따라 군사의 전권을 그에게 맡겼는데, 병사들이 환호하며 그의 명령을 따르니, 거란이 감히 쳐들어오지 못하고 화친을 청하였다. 나중에 왕흠약(王欽若)에게 참소를 당해 재상직에서 물러났다. 천희(天喜) 초에 다시 재상이 되고 내국공(萊國公)에 봉해졌다. 그러나 정위(丁謂)의 모함으로 애주사호참군(崖州司戶參軍)으로 물러났다. 졸시(卒諡)는 충민(忠愍).

716) 謂**初逐**準, **京師爲之**語曰, 欲得天下寧, **當**拔眼中丁.(『續資治通鑑長編, 卷九十九, 眞宗』) → **丁**謂**貶寇**準**萊公**, **時人**語曰, 欲得天下寧, **須**拔眼中丁.(『松南雜識』)

717) 조재례(趙在禮) : 오대(五代)의 무신. 탁주(涿州) 출신. 자는 간신(幹臣). 당나라 장종(莊宗) 때 지휘사(指揮使)가 되어 위병(魏兵)을 거느리고 와교관(瓦橋關)을 지킬 때 부

나게 되자 송주 사람들이 기뻐하며 "눈 속의 못을 뽑았다[眼中拔釘]"[718]라고 하였다.

지금 통쾌한 일에 이 말을 쓴다.

## 망신
### 亡身

『전한서(前漢書)』에서 초연수(焦延壽)[719]가 경방(京房)[720]에 대해 "나의 도(道)를 배워 몸을 망칠 자는 반드시 경생(京生)일 것이다"[721]라고 하였다.

『이소(離騷)』[722]에서 "곤(鯀)[723]은 강퍅(强愎)하고 곧아서 몸을 망쳤다

---

하인 황보휘(皇甫暉)가 난을 일으키고 그를 추대하자 도리어 위(魏)를 공격하고 스스로를 병마유후(兵馬留後)라고 하였다. 명종(明宗) 때 횡해(橫海), 태령(泰寧) 등을 점령하였다. 그는 가는 곳마다 가게와 집을 두었고 수만금의 재물을 쌓았다. 진(晉)나라 출제(出帝) 때 북면행영도우후(北面行營都虞侯)가 되어 거란을 공격하였는데 전공이 없어서 송주(宋州) 사람들이 그것을 괴로워하였다. 얼마 뒤 그가 떠나자 송주사람들이 서로 기뻐하며 '눈속의 못이 뽑혔다[眼中拔釘]'라고 하였다. 진(晉)나라가 망하고 거란이 변방을 침입해오자 얼마 뒤 자살하였다.

718) 在禮**在**宋州, **人尤苦之**, **已而**罷去, 宋人喜**而相謂**曰, 眼中拔釘, **豈不樂哉**.(『五代史, 卷四十六, 雜傳, 第三十四』) → 趙在禮**爲**宋州, 罷去 宋人喜曰, 眼中拔釘.(『松南雜識』)

719) 초연수(焦延壽) : 한(漢)나라의 학자. 자는 공(贛). 소제(昭帝) 때 고을 관리들의 천거로 소황령(少黃令)이 되었고 원제(元帝) 때 삼로(三老)가 되었다. 맹희(孟喜)에게 『주역(周易)』을 배워 경방(京房)에게 전수하였다. 그가 일찍이 탄식하기를 "나의 도(道)를 배우고서 망신(亡身)할 자는 반드시 경방일 것이다"라고 하였는데 그의 말대로 경방은 화를 당해 죽었다. 저서로 『역림(易林)』이 있다.

720) 경방(京房) : 전한(前漢)의 학자(B.C. 77~B.C. 37). 자는 군명(君明). 한 원제(漢元帝) 때 사람으로 음률(音律)에 밝았다. 재변을 미리 잘 알았는데, 수차례의 예언이 모두 적중하였다. 그러나 귀족 석현(石顯) 등의 미움을 받아 결국 옥사하였다. 저서에 『경씨역전(京氏易傳)』이 있다.

721) **贛常**曰, **得我**道**以**亡身者, 京生也.(『前漢書, 卷七十五, 眭兩夏侯京翼李傳, 第四十五』) → **焦延壽謂京房**曰, **學吾**道**而**亡身者, **必**京生也.(『松南雜識』)

722) 이소(離騷) : 춘추 시대 초나라의 굴원이 지은 부(賦). 조정에서 쫓겨난 후의 시름을 노래한 것으로 초사(楚辭) 가운데에서 으뜸으로 꼽힌다.

723) 곤(鯀, 鮌) : 중국의 고대 신화에 나오는 인물. 요나라의 신하이며 하나라 우왕의 아버지로, 홍수와 가뭄을 다스리려 하였으나 종사한 지 9년이 되어도 그 보람이 나타나

네[鯀婞直以亡身兮]"라고 하였다.

## 만구일담
萬口一談

한유(韓愈)의 「평회서비(平淮西碑)」[724]에서 "여러 사람들이 한결같이 견고하여 깰 수 없다고 말한다"[725]라고 하였다.

지금은 대체로 같은 의견을 의미한다.

## 체주
掣肘

『설원(說苑)』에서 "자천(子賤)[726]이 단보(單父)의 읍재(邑宰)가 되었는데, 글자 잘 쓰는 두 사람을 빌려 데리고 가 그들이 글자를 쓸 때 옆에서 팔꿈치를 당기고 글씨를 잘 못쓰면 성을 냈다"[727]라고 하였다.

---

지 않아 목숨을 잃었다고 한다.

724) 평회서비(平淮西碑) : 당나라 원화(元和) 12년(817)에 배도(裵度)가 회(淮)와 채(蔡) 지방을 평정할 때, 한유(韓愈)가 칙령을 받아 쓴 글.

725) 萬口**和附**, **幷爲**一談, 牢不可破.(『東雅堂昌黎集註, 卷三十, 碑誌, 平淮西碑』) → 萬口一談, 牢不可破.(『松南雜識』)

726) 자천(子賤) : 춘추 시대 노(魯)나라 복부제(宓不濟)의 자. 공자의 제자로 성품이 어질고 재지(才智)가 있었다. 일찍이 단보(單父)의 읍재가 되었는데 거문고를 연주하며 당(堂)을 내려서지 않았지만 그곳이 잘 다스려졌다. 공자가 그를 칭찬하여 '군자(君子)'라고 하였다. 후세에 추존하여 단보후(單父侯)에 봉해졌다.

727) 자천이 단보(亶父)의 읍재가 되어 가면서 노(魯)나라 임금이 유세하는 사람의 말을 듣고 자기의 권고를 행하지 못할까 걱정하였다. 그래서 임금에게 글씨를 잘 쓰는 관리 두 사람을 빌려달라고 요청하여 함께 단보에 가서 그들에게 글씨를 쓰게 하고는 옆에서 팔꿈치를 당기고 글씨를 잘 못쓰면 화를 냈다. 관리들이 두려워 사직하고 돌아가 임금에게 그대로 보고하였다. 그러자 임금이 "자천이 이것으로 나의 어리석음을 간언하는구나"라고 하였다.

지금 모든 일에 서로 장애가 되는 것을 '철주(掣肘)'라고 하니, 여기에서 유래하였다.

## 괄시
### 恝視

『맹자(孟子)』에서 "이처럼 무관심할 수 없다"[728]라고 하였는데, 그 주석에서 '괄(恝)은 근심없는 모양'[729]이라고 하였다.

지금 경멸하고 업신여길 때 '괄시(恝視)'라고 하며, 또 '멸시(蔑視)'라고도 한다.

양웅(揚雄)이 "해와 달을 보고 뭇별들이 희미한 줄 안다[視日月而知衆星之蔑也]"[730]라고 하였는데, 주석에서 '멸(蔑)은 희미함[微]'이라고 하였으니, 바로 "대인(大人)에게 유세할 때는 하찮게 여기고"[731]라고 할 때의 '묘(藐)'이다.

## 적수
### 敵手

『진서(晉書)』에서 "사안(謝安)은 사현(謝玄)[732]보다 바둑 실력이 모자랐다. 그런데 산음(山陰)의 별서(別墅)를 내기로 걸자 적수(敵手)가 되었

728) 『孟子, 萬章上』.
729) 無愁**之**貌.(『孟子, 萬章上』) → 無愁貌.(『松南雜識』)
730) 『揚子雲集, 卷一, 法言, 學行篇』.
731) **說**大人則藐**之**.(『孟子, 盡心下』) → **視**大人則藐**焉**.(『松南雜識』)
732) 사현(謝玄) : 진(晉)나라의 관료. 양하(陽夏) 출신. 사안(謝安)의 조카. 자는 현도(玄度). 경국(經國)의 재주가 있었다. 부견(苻堅)이 쳐들어 왔을 때 사안(謝安)의 추천으로 건무장군(建武將軍)에 봉해져 정예병 팔천 명을 이끌고 부견의 백만 군사를 격파하였다. 졸시는 헌무(獻武).

다"[733]라고 하였다.

지금의 '서로 적수가 된다[相敵]'는 말이 여기에서 나왔으니, 바로 『춘추좌전(春秋左傳)』의 '필적(匹敵)'이라는 말이다.

## 목수
### 木手

『위서(魏書)』에서 "이표(李彪)[734]가 중위(中尉)가 되어 나무 손[木手][735]으로 죄인의 갈비뼈를 때렸다"[736]라고 하였다.

지금은 와전되어 나무 다루는 장인을 '목수(木手)'라고 한다.

## 복수
### 福手

수나라 말기에 "부역(賦役)이 과중하여 왕왕 스스로 손발을 부러뜨리니, 그것을 '복수복족(福手福足)'이라고 한다"[737]라고 하였다.

---

733) **方與玄圍棊賭別墅**, 安**常棊**劣於玄, **是日玄懼**, 便爲敵手.(『晉書, 卷七十九, 列傳, 第四十九, 謝安』) → **謝**安**碁**劣於**謝**玄 **賭山陰墅** 與敵手.(『松南雜識』)

734) 이표(李彪) : 후위(後魏)의 관료. 위국(衛國) 출신. 자는 도고(道固). 효렴(孝廉)으로 천거되었다. 효문제(孝文帝) 때, 비서승(秘書丞)이 되었다. 여섯 차례나 제(齊)나라에 사신을 갔는데 남방의 사람들이 그가 거리낌 없이 바른 말을 하는 것을 기이하게 여겼다. 어사중위(御史中尉)가 되었을 때 엄하고 가혹한 것으로 이름이 났다. 점차 권력을 독점하고 방자해져 이충(李沖)의 탄핵을 받고 물러나 고향으로 돌아갔다. 선무제(宣武帝) 때 다시 조정에 돌아와 통직산기상시(通直散騎常侍)가 되었다. 시호는 강헌(剛憲)이다.

* 『松南雜識』에는 '李彬'으로 오기되어 있음.

735) 나무 손[木手] : 나무로 손 모양을 만든 형구(刑具)의 일종.

736) **彪**爲中尉 …… **乃爲**木手, **擊其脇腋**.(『魏書, 卷六十二, 列傳第五十, 李彪』) → 李**彬**爲中尉, **以**木手擊**罪人脅**.(『松南雜識』)

737) 隋末, 賦役重**數**, 人往往自折支體, 謂之福手福足.(『資治通鑑, 卷一百九十六, 唐紀

지금은 와전되어 복이 많은 사람을 일컬어 '복수(福手)'라고 한다.

## 호각적
好脚跡

당나라 이봉길(李逢吉)[738]이 지공거(知貢擧)로서 합격자 명단을 발표하지도 않고 재상이 되었는데, 다른 급제자들이 모두 중서성(中書省)으로 나아가 좌주(座主)[739] 이봉길을 만나보니, 당시에 이들을 '호각적(好脚跡)의 문생'이라고 하였다.[740]

지금 우리나라에서 새 사람이 집에 들어와 경사가 있을 때 '각적호(脚跡好)'라고 하는데 이 말이 여기에서 나왔다.

## 연퇴
鍊腿

당나라 희종(僖宗)이 즉위하기 전에 격구(擊毬)를 좋아하여 '다리를 단

十二』) → 隋末, 賦役重, 人往往自折支體, 謂之福手福足.(『韻府羣玉, 福手福足』) → 賦役重往往, 自折支體, 謂之福手福足.(『松南雜識』)
*『松南雜識』에는 출전을 '隋史'로 오기하였다.

738) 이봉길(李逢吉) : 당나라의 간신. 농서(隴西) 출신. 자는 허주(虛舟). 남의 재능을 시기하여 각박하게 굴고 음흉하고 속임수를 잘 썼다. 배도(裵度)가 회서(淮西)를 평정하자 봉길이 그가 공을 세우는 것을 염려하여 몰래 저지하고자 하였다. 헌종이 그를 미워하여 검남 동천 절도사(劍南東川節度使)로 내보냈는데, 목종(穆宗) 때 다시 불러서 병부상서(兵部尙書)를 제수하였다. 경종(敬宗) 때 그의 무리인 장우신(張又新) 등 8명에게 다시 각각 8명의 아부하는 이들이 붙자 세상에서 '팔관십육자(八關十六子)'라고 하였다.

739) 좌주(座主) : 당송 시대에 시험을 주관하던 관리.

740) 李逢吉, 知貢擧榜未**放**而入相, 及第人, 就中書, 見座主, **時稱**好脚迹門生. **南郡新書**.(『韻府羣玉, 好脚迹』) → 李逢吉, 知貢擧榜未發而入相, 及第人, **皆**就中書**省**, 見座主, 謂好脚跡門生.(『松南雜識』)

련한다[鍊腿]'는 말이 있었다.[741] 바로 지금의 '다리를 단련하여 힘을 내는 것[鍊脚出力]'을 이른다.

### 타면
唾面

제(齊)나라 맹상군(孟嘗君)[742]이 자신을 떠났던 객이 다시 오자 화를 내며, "얼굴에 침을 뱉으리[唾其面]"라고 하였다.

당나라 누사덕(婁師德)[743]이 "남이 얼굴에 침을 뱉으면 닦지 말고 저절로 마르게 하라"[744]고 하였다.

지금의 '화난 사람이 얼굴에 침을 뱉는다[怒人唾面]'라는 말은 유래가 오래되었다.

---

741) 僖宗, 在藩邸, 好築毬, 有**煉**腿之語.(『類說, 卷四十九, 盧氏雜說, 煉腿』)→唐僖宗, 在藩邸, 好築毬, 有鍊腿之語. **類說**.(『韻府羣玉, 鍊腿』)→唐僖宗, 在藩邸, 好擊毬, 有鍊腿之語.(『松南雜識』)

742) 맹상군(孟嘗君) : 전국 시대 제나라의 재상(?~B.C. 278). 초나라의 춘신군(春申君), 조나라의 평원군(平原君), 위나라의 신릉군(信陵君)과 더불어 전국 시대 말기 사군(四君)의 한 사람으로 불린다. 본명은 전문(田文).

743) 누사덕(婁師德) : 당나라의 명신. 원무(原武) 출신. 자는 종인(宗仁). 덕이 있어 남을 포용할 줄 알았다. 토번(吐蕃)과 싸울 때 여덟 번 마주쳐 여덟 번을 이겼다. 측천무후(則天武侯) 때, 동평장사(同平章事)가 되었다. 변방 요새를 총괄하며 30년토록 공손·근면하고 소박하고 충직하였다. 졸시는 정(貞).

744) 누사덕(婁師德)이 일찍이 자기 아우가 외직으로 부임할 적에 그로 하여금 모든 일에 인내하라고 당부하자, 그 아우가 "남이 내 얼굴에 침을 뱉더라도 닦아버리고 그만 입니다"라고 하였다. 누사덕은 "그래서는 안 된다. 네가 닦아내면 그의 노염을 거스르게 되니, 저절로 마르도록 놔둬야 한다"라고 하였다.

## 십목소시
十目所視

『대학(大學)』에 "열 눈이 보는 바이고 열 손가락이 가리키는 바이니 무섭구나?"[745]라고 하였다.

지금은 보는 눈이 많은 것을 이른다.

## 수숙
手熟

기름 파는 노인이 동전으로 호로병 아가리를 덮어놓고 기름을 따랐는데, 동전이 젖지 않자 "나도 손이 숙련되었다[手熟]"라고 하였다.[746]

## 치골
癡骨

『진서(晉書)』에서 말하였다.

요흥(姚興)[747]이 모용초(慕容超)[748]를 불러 이야기를 나누었는데 모

---

745) **十目所視**, **十手所指**, 其嚴乎.(『大學』) → **十手所指**, **十目所視**, 其嚴乎.(『松南雜識』)

746) 賣油翁, 取錢覆葫蘆口, 酌油**入**而錢不濕, 曰我亦手熟爾.(『韻府羣玉, 手熟』) → 賣油翁, 取錢覆葫蘆口, 酌油**入**而錢不濕, 曰我亦手熟爾.(『松南雜識』)

747) 요흥(姚興) : 후진(後秦)의 임금. 요장(姚萇)의 맏아들. 자는 자략(子略). 처음에는 전진(前秦)을 섬겨 태자사인(太子舍人)이 되었다. 요장이 제위를 찬탈한 후에 태자가 되어 요장을 이어 즉위하였다. 전진(前秦)의 부등(符登)과 서진(西秦)의 걸복건귀(乞伏乾歸)를 공격하여 패배시키고 또 후량(後凉)을 멸망시켰다. 병력의 위세가 강성하여 하(夏)를 공격하였지만 패배하고 돌아왔다. 재위는 22년이다.

748) 모용초(慕容超) : 남연(南燕) 출신. 모용덕형(慕容德兄)의 아들. 자는 조명(祖明). 진(晉)나라 의희(義熙) 원년(405)에 즉위하여 연호를 태상(太上)으로 고쳤다. 재위 6년 만

용초가 깊이 자신을 숨겼기에, 요흥이 요소(姚紹)[749]와 말하면서 모용초를 매우 비루하게 여기고 다음과 같이 말하였다.

"세상에서 하는 말에 '아름다운 가죽으로 어리석은 뼈를 쌀 수 없다'라고 하였는데 망령된 말일 따름이다."[750]

지금 '치골(癡骨)'이라는 말은 여기에서 시작되었다.

## 구복지루
### 口腹之累

한(漢)나라의 민공(閔貢)[751]은 가난하였는데 돼지 간을 좋아하였기에, 안읍(安邑)의 수령이 시장에서 그가 언제나 돼지 간을 사먹을 수 있도록 명령을 내렸다. 그래서 간을 시면 바로 얻을 수 있었다. 이를 안 민공(閔貢)이 탄식하며 "나의 입과 배 때문에 안읍에 누를 끼치는구나!"라고 하였다.[752]

---

에 유유(劉裕)에게 잡혀 참형을 당하였다.

749) 요소(姚紹) : 후진(後秦) 출신. 요장(姚萇)의 서모(庶母)의 동생. 요장의 아들 요흥(姚興)이 낙양(洛陽)을 점령하고 그를 도독산동제군사(都督山東諸軍事)에 두었다. 요흥이 병이 들자 요소가 궁궐의 병숙위(兵宿衛)를 맡았다. 광평공(廣平公) 필(弼)이 모반을 일으키자 요소가 필의 우익이 되었다가 그를 죽이고 요흥의 아들 요홍(姚泓)을 임금으로 세우고 마음으로 그를 추종하였다. 유유(劉裕)가 쳐들어오자 요소가 좌장사(左長史) 요흡(姚洽)을 파견하여 하북(河北)에 주둔하게 하였지만 패배하여 요흡 등이 죽자 분개하다 병이 나서 피를 토하고 죽었다.

750) **與語**超深自晦匿, 興大鄙之, **謂紹**曰, 諺云, 妍皮不裹癡骨, 妄語**耳**.(『晉書, 卷一百二十八, 載記, 第二十八, 慕容超』) → **慕容**超, 深自晦匿, **姚**興**與語**, 大鄙之曰, 諺云妍皮不裹癡骨, 妄語**爾**.(『松南雜識』)

751) 민공(閔貢) : 후한의 절사(節士). 태원(太原) 출신. 자는 중숙(仲叔). 광무제(光武帝) 건무(建武) 연간에 사도후(司徒侯) 패(霸)의 부름에 응하였다. 그러나 패도(霸道)로 정사를 할 수 없다고 하며 사양하고 떠났다. 다시 박사(博士)로 그를 초빙했지만 가지 않았다.

752) **老病**家貧, **不能得肉**, **日買**猪肝**一片**, **屠者**, **或不肯與**, 安邑令**聞**, 勅**吏常給焉**, **仲叔**

지금 '구복(口腹)'이라는 말이 여기에서 나왔다.

또 불서(佛書)에 "법륜(法輪)이 구르기 전에 식륜(食輪)이 먼저 구른다[法輪未轉, 食輪先轉]"[753]라고 하니, 지금 "염불에는 마음이 없고 잿밥에만 마음이 있다[念佛無心, 齋食有心]"라는 말이 이것이다.

## 남을 욕하면 똥으로 입을 막는다
### 辱人口屎

『오대사(五代史)』에서 "모용언초(慕容彦超)[754]가 고행주(高行周)[755]를 업신여기자 고행주가 울면서 재상에게 하소연하여 똥으로 그의 입을 틀어 막았다"[756]라고 하였다.

지금 '남을 욕하면 똥으로 입을 막는다'라는 말은 여기에서 나왔다.

---

**怪而問之**, **知乃**歎曰, **閔仲叔**, **豈**以口腹,累安邑**邪**.(『後漢書, 卷八十三, 周黃徐姜申屠列傳, 第四十三』)→**漢閔仲叔**, 家貧, **嗜**猪肝, 安邑令勑**市**, **故買肝輒得**, 歎曰, 以口腹累安邑耶.(『松南雜識』)

753)『五燈會元, 卷十二, 南嶽下十世, 大愚芝禪師法嗣』.

754) 모용언초(慕容彦超) : 오대(五代)의 한인(漢人). 유호(劉暠)의 아우. 일찍이 성을 염씨(閻氏)로 바꾸고 수염이 흑색이어서 호가 염곤륜(閻崑崙)이다. 관직은 진령군절도사(鎭寧軍節度使)이다. 나중에 주태조(周太祖)에게 격파당하자 우물에 빠져 죽었다.

755) 고행주(高行周) : 후주(後周) 출신. 고사계(高思繼)의 아들. 자는 상질(尙質). 이극용(李克用)이 고사계 형제를 죽이고 당시 십여 세이던 고행주를 거두었다. 자라서 군대의 일을 맡아 양(梁)을 멸망시키고 그 공으로 영단주자사(領端州刺史)·진무군절도사(振武軍節度使)가 되었다. 고행주가 용감하면서도 의(義)를 알았고 공이 높아도 자랑하지 않으며 평소 빈객과 화목하게 지내 명성이 높았다.

756) 彦超**數以事**凌**辱**行周, 行周**不能忍**, **見**宰相**涕泣**, 以屎塞口.(『五代史, 卷五十三, 雜傳第四十一』)→**慕容**彦超凌**高**行周 行周**泣訴**宰相 以屎塞口.(『松南雜識』)

## 완협

緩頰

『한서(漢書)』에서 말하였다.

한왕(漢王)이 역이기(酈食其)[757]에게 말하였다.

"가서 느릿한 말로 비유를 해가며 위왕(魏王) 표(豹)를 설득하라."[758]

지금 "느릿느릿 조용히 이야기한다[緩頰]"라는 말은 여기에서 나왔다.

## 계륵

鷄肋

계륵(鷄肋)은 조조(曹操)가 이른바 "먹자니 먹을 게 없고 버리자니 아까운 것"이다.

지금은 끊어버리려 해도 끊어버릴 수 없는 일을 말한다.

『전국책(戰國策)』에서 "큰조개가 햇볕을 쬐고 있었는데, 도요새가 그 조개의 살을 쪼자 조개가 입을 닫아 부리가 끼였다"[759]라고 하였다.

임진왜란 때 명나라 장수 유정(劉綎)[760]의 시에서,

---

757) 역이기(酈食其) : 한나라 고조의 유세가.

758) **漢王如滎陽**, **謂**酈食其**曰**, 緩頰往說魏王豹.(『前漢書, 卷一上, 高帝紀, 第一上』) → 酈食其, 緩頰往說魏王豹.(『松南雜識』)

759) 蚌**方**出曝**而**鷸啄其肉, 蚌合而**拑**其喙.(『戰國策, 卷三十, 燕二』) → **川**蚌出曝, 鷸啄其肉, 蚌合而**箝**其喙.(『松南雜識』)

760) 유정(劉綎) : 명나라의 무장. 자는 성오(省吾). 강서성(江西省) 출신. 무공을 쌓아 사천부총병(四川副總兵)이 되었다. 임진왜란이 일어나자, 이듬 해 원병 5천을 이끌고 참전하였다. 정유재란 때 남원에서 패전하였다는 소식을 듣고 강화도를 거쳐 입국하여 전세를 확인한 뒤 돌아갔다가, 이듬해 제독한토관병어왜총병관(提督漢土官兵禦倭總兵官)이 되어 대군을 이끌고 와서 도와주었다. 예교(曳橋)에서 왜군에게 패전, 왜군이 철병한 뒤 귀국하였다. 광해군 11년(1619) 조선・명나라 연합군이후금(後金) 군사와 싸

늙은 조개 볕을 좋아하는 것은 추위가 두렵기 때문인데 老蚌親陽爲怕寒
들새는 무슨 일로 괴로이 간섭하나 野禽何事苦相干
조개는 굴혈을 벗어나니 진주가 부서지고 身離窟穴珠胎損
새는 모래사장에서 힘이 다해 푸른 털 상했네 力盡沙灘翠羽殘
조개는 입 닫고 '입 열면 해롭다' 생각하고 閉口却思開口害
새는 머리 드밀 땐 자신 있었는데 빼기는 어렵네 入頭方信出頭難
진작 모두 어부 손에 잡힐 줄 알았다면 早知俱落漁人手
구름사이를 날고 물에 잠겨 각각 편안히 살 것을 雲水飛潛各自安[761]

이라고 하였으니, 임진왜란의 계륵(鷄肋)과 같은 상황을 잘 형용하였다고 할 만하다.

## 식속 · 용슬
### 食粟容膝

『맹자(孟子)』에서 "곡식을 먹을 뿐이다[食粟而已]"[762]라고 하였다. 당나라에 "조밥이나 많이 먹는다"라는 말이 있다. 『유자(劉子)』[763]에서 "공연히 기장과 조를 먹어 치운다"[764]라고 하였다. 식속(食粟)은 지금은 시골 부자가 조를 먹는 것을 칭하는 말이니, 여기에서 나왔다.

「귀거래사(歸去來辭)」[765]에서 "겨우 무릎이 들어갈 만한 곳이 편안함

---

운 부차(富車) 싸움에서 전사하였다.

761) 이 시는 조경남(趙慶男)의 『난중잡록(亂中雜錄)』과 『지봉유설(芝峯類說)』에도 실려 있는데, 『난중잡록(亂中雜錄)』의 내용은 『松南雜識』와 다소 출입이 있다.
老蚌親陽爲怕寒, 野禽何事苦相干, 身離窟穴朱胎碎, 力盡沙灘翠羽殘, 閉口豈知開口禍, 入頭那解出頭難, 早知俱落漁人手, 雲水飛潛各自安.(『亂中雜錄』)

762) 『孟子, 告子下』.

763) 유자(劉子) : 북제(北齊)의 유주(劉晝)가 편찬한 책.
*『松南雜識』에는 '弇州集'으로 되어 있음.

764) 空蝗粱黍.(『劉子, 卷十, 惜時, 第五十三』)

765) 귀거래사(歸去來辭) : 진(晉)나라의 도연명(陶淵明)이 지은 사부(辭賦). 벼슬을 버리고 고향으로 돌아갈 때 지은 것으로, 자연과 더불어 사는 전원생활의 즐거움을 동경하

을 알겠네[審容膝之易安]"라고 하였으니, 용슬(容膝)은 지금은 방에서 거처하는 것을 이른다.

## 아침 · 점심
衙站點心

우리나라에서 아침[朝]를 '아침[衙站]'이라고 하는 것은 대개 아침에 관가의 역참을 열기 때문이다. 혹은 '아침(俄寢)'이라고도 하는데, '지금 깼다'는 말이다.

우리나라에서 저녁[夕]을 '저녁[除曆]'이라고 하는데, 오늘의 달력을 제(除)한다는 말이다.

중화(中火)는 '점심참(點心站)'이라고 한다. 『전등신화(剪燈新話)』에서 '맛난 점심 한 끼[好頓點心]'766)라고 한 말이 이것이다.

불서(佛書)에서 "대추로 굶주림을 달랜다[棗鎭]"라고 하였으니, '화(火)'는 '위장[心]'이라는 뜻이다.

사람들은 반드시 자고 일어나면 기침을 하는 까닭에 잠자리에서 일어나는 것을 '해수(咳嗽)'라고 한다.

## 슬갑적
膝甲賊

지봉(芝峰) 이수광(李睟光)이 말하였다.

어떤 사람이 슬갑(膝甲)767)을 훔쳤지만 어디에 사용하는 물건인지

---

는 내용이다.

766) 『剪燈新話, 太虛法司傳』.

몰랐다. 그래서 이마에 붙이고 나오자 사람들이 그를 비웃었다. 지금은 남의 글을 훔쳐서 잘못 쓰는 것을 '슬갑적(膝甲賊)'이라고 한다.[768]

## 무안

無顏

『진서(晉書), 오행지(五行志)』에서 말하였다.

위(魏)나라에서 흰 모자를 만들고 그 앞을 가로로 꿰매고 '안갑(顏帢)'이라고 하였다. 나중에 꿰맨 곳을 없애고 '무안갑(無顏帢)'이라고 하였다. 무안(無顏)은 부끄럽다는 말이다. 진 회제(晉懷帝)와 진 민제(晉愍帝)가 돌아오지 못하니,[769] 천하 사람들이 그것을 부끄러워하였다.[770]

지금 '무안(無顏)'이라는 말은 여기에서 나왔다.

---

767) 슬갑(膝甲) : 겨울에 추위를 막기 위하여 무릎까지 바지 위에다 껴입는 옷.

768) 有偸人膝甲**而**不知所用, 乃貼額上**而**出, 人笑之, **故**今**謂**竊取**他人**文字而誤用者, **爲**膝甲賊**云**.(『芝峯類說, 卷十六, 語言部, 諧謔』)→有人偸膝甲, 不知所用, 乃貼額上出, 人笑之, 今竊取文字而誤用者, **謂**膝甲賊.(『松南雜識』)

769) 진 회제(晉懷帝)가 영가(永嘉) 7년(313)에 유총(劉聰)에게 죽었고 진 민제(晉愍帝) 역시 뒤를 이어 즉위하여 건흥(建興) 4년(316) 유총에게 시해당하였다.(『晉書, 懷帝・愍帝紀』)

770) 魏造白帢, 橫縫其前, **以別後**, 名之曰顏**帢**, **傳行之**, **至永嘉之間**, **稍**去其縫, 名無顏**帢**, …… 無顏者愧之言也. **覆額者**, **慙之貌也**. …… **永嘉之後**, **二帝**不反, 天下**媿**焉.(『晉書, 卷二十七, 志第十七, 五行上』)→魏造白帢, 橫縫其前, 名之曰顏, **後**去其縫, 名**曰**無顏**帢**, 無顏者, 愧之言也, **懷愍**不反, 天下**愧**焉.(『松南雜識』)

## 안후

顔厚

『서경(書經)』에서 "낯가죽이 두꺼워 부끄러운 마음이 있노라"[771]라고 하였다.

『개원천보유사(開元天寶遺事)』[772]에서 "양광원(楊光遠)의 부끄러운 낯짝은 두껍기가 열 겹의 철갑(鐵甲)과 같다"라고 한 말이 이것이다.

## 소심

小心

『시경(詩經)』에서 "조심하고 공경하고 공경하사[小心翼翼]"[773]라고 하였으니, 소심(小心)은 대개 근신함을 일컫는다.

우리나라에서는 '소(小)'가 조로 와음되었다.

## 안심

安心

불서(佛書)에서 말하였다.

이조(二祖) 혜가선사(慧可禪師)가 달마(達磨)에게 말하였다.

"제 마음이 안정되지 않으니, 스승께서 제 마음을 안정되게 해주

771) 顔厚**有**忸怩.(『書經, 夏書』) → 顔厚忸怩.(『松南雜識』)

772) 개원천보유사(開元天寶遺事) : 오대(五代)의 왕인유(王仁裕)가 편찬하였다. 총 4권. 또 '개원유사(開元遺事)'라고도 한다. 왕인유는 촉(蜀)나라에서 벼슬하다가 촉나라가 망하자 장안(長安)에 살면서 민간에 전하는 당나라 현종(玄宗)의 일들을 모아 이 책을 만들었다.

773) 『詩經, 大雅, 大明』.

소서."[774]

소식(蘇軾)의 시에서,

몸이 있어 근심이 되는데　　只有身爲患
마음이 없다면 편안할 것을　　已無心可安[775]

라고 하였다.

지금 '안심(安心)'과 '미안(未安)'이라는 말이 여기에서 나왔다.

## 안불
眼佛

형암(炯菴) 이덕무(李德懋)[776]가 말하였다.

우리나라 세간에서 눈동자를 '불(佛)'이라고 한다.[777] 그래서 시에서,

부처가 눈동자 속에서 소겁(小劫)을 보니　　有佛瞳中觀小劫
미래와 현재는 삽시간의 향기 속에 있네　　方來現在霎時香[778]

774) 我心未安, 請師安心.(『韻府羣玉, 請師安心』)
775) **尙**有身爲患, 已無心可安.(『東坡全集, 卷十二, 詩八十九首, 爲韻作小詩十四首送之』) →**只**有身爲患, 已無心可安.(『韻府羣玉, 將心來安』)→**只**有身爲患, 已無心可安.(『松南雜識』)
776) 이덕무(李德懋) : 조선 후기의 학자(1741~1793). 자는 무관(懋官). 호는 형암(炯庵)·아정(雅亭)·청장관(靑莊館). 박학다식하였으며 개성이 뚜렷한 문장으로 이름을 떨쳤으나, 서출(庶出)이라 크게 등용되지 못하였다. 청나라에 건너가 학문을 닦고 돌아와 북학 발전의 기초를 마련하였다. 박제가(朴齊家)·이서구(李書九)·유득공(柳得恭)과 함께 사가(四家)라 이른다. 저서에 『청장관전서(靑莊館全書)』가 있다.
777) 『靑莊館全書』에 보이지 않는 문장임.

라고 하였다.

## 정한수

淨寒手

범어(梵語)에서 '군지(軍持)'[779]라고 한 것이 이 물건이니, 병에 항상 물을 담아서 손을 깨끗이 씻는다.[780]

지금의 '정한수(淨寒手)'가 이것이다.

## 각지

脚指

『북제서(北齊書)』에서 말하였다.

이유렴(李幼廉)이 영주장사(瀛州長史)가 되었다. 신무제(神武帝)가 순시를 하면서 문서와 장부를 요구하면 임기응변하여 곧바로 장부를 만드니, 신무제(神武帝)가 여러 사람을 나무라면서 말하였다.

"경(卿)들이 이장사(李長史)의 한 발가락만 하겠는가?"[781]

---

778) 有佛曈中觀小劫, 方來現在霎時香.(『青莊館全書, 卷之十, 雅亭遺稿二, 馳筆次袁小修集中韻』)

779) 군지(軍持) : 범어 Kundika의 음역. 승려가 지니고 다니는 물병.

780) **軍持淨瓶**. 梵**語**云, 軍持此云, 瓶常貯水**隨身**, **用以**淨手**也**.(『錦繡萬花谷前集, 卷二十九, 浮圖名議』) → 梵云, 軍持此云, 瓶常貯水淨手.(『松南雜識』)

781) **遷**瀛州長史, **齊**神武行**經異**部, **總合河北六州文籍商権戶口增損**, **親自部分**, **多在馬上**, 徵責文簿, **指影取備事非一緖**, **幼廉**應機立成, **恒先期會爲諸州準的**, 神武**深加慰勉**, **仍**責諸人曰, **碎**卿等**諸人**, **作**得李長史一脚指**不**.(『北史, 卷三十三, 列傳, 第二十一, 李義深 弟幼廉』) → **爲**瀛州長史, 神武行部, 徵責文簿, 應機立成, 神武責諸人曰, 卿等得李長史一脚指**否**.(『松南雜識』)

지금 사람을 나무라면서 "한 발가락을 당해내랴?"라고 하는 말이 이것이다.

## 취모멱자
### 吹毛覓疵

『한서(漢書)』에서 "무제(武帝)가 제후 왕(諸侯王)을 제압할 방도를 의논하자, 죄악을 아뢸 때 터럭을 일일이 불어 허물을 찾아내듯하였다"782) 라고 하였다.

지금 "상처를 씻어 흉터을 찾는다"라는 말이다.

## 옹종
### 擁腫

『장자(莊子)』에서 "가죽나무가 있는데, 울퉁불퉁하여[擁腫], 먹줄을 튕길 수 없어, 목수가 거들떠보지도 않는다"783)라고 하였으니, 대개 재목으로 쓸 수 없는 것을 칭한다. 와전되어 협소한 것을 말한다.

782) 武帝**初卽位, 大臣懲吳楚七國行事,** 議**者多寃鼂錯之策, 皆以**諸侯**連城數十, 泰彊, 欲稍侵削, 數**奏**暴**其過惡, **諸侯王自以骨肉至親, 先帝所以廣封連城, 犬牙相錯者, 爲盤石宗也, 今或無罪, 爲臣下所侵辱, 有司**吹毛求疵, **笞服其臣, 使證其君, 多自以侵寃.**(『前漢書, 卷五十三, 景十三王傳, 第二十三』)→武帝議摧折諸侯王, 奏其過惡, 吹毛求疵.(『松南雜識』)

783) **吾有大樹, 人謂之**樗, **其大, 本**擁腫, **而**不中繩墨, **其小, 枝卷曲, 而不中規矩, 立之塗,** 匠者不顧.(『莊子, 逍遙遊』)→樗木擁腫, 不中繩墨, 匠者不顧.(『松南雜識』)

## 풍골
### 風骨

『운부군옥(韻府群玉)』에서 "문장은 모름지기 일가의 '풍골(風骨)'을 이루어야 한다"784)라고 하였다.

지금은 사람됨이 호걸스러운 것을 말하는데, '풍채(風采)'와 같은 뜻이다. 『한서(漢書), 곽광전(霍光傳)』에서 "천하 사람들이 곽광(霍光)785)의 풍채(風采)를 한 번 보고 싶어 한다"786)라고 하였다. 또 고개지(顧愷之)787)가 초상화의 뺨 위에 세 가닥 털을 그리니, 구경하는 사람들은 "신묘한 풍채가 대단히 뛰어나다"788)라고 한 말이 모두 이것이다.

## 어두귀면
### 魚頭鬼面

『전등신화(剪燈新話)』에 여선문(余善文)이 용궁에 들어간 일에서 '어두귀면(魚頭鬼面)'이라는 말이 있는데,789) 지금은 육지(陸地)와 통용된다. 또 '봉두돌빈(蓬頭突鬢)'이라는 말은 『장자(莊子), 설검(說劍)』편의 협객(俠客)에 관한 일에서 나왔는데, 지금은 '천한(賤漢 : 천한 사나이)'과 통용되니 모

---

784) 文章須成一家風骨.(『韻府羣玉, 風骨』)

785) 곽광(霍光) : 전한(前漢)의 장군(?~B.C. 68). 무제를 섬기다가 무제가 죽자 실권을 장악하였다. 어린 소제를 보좌하여 대사마 대장군(大司馬大將軍)이 되었으며, 소제가 죽은 뒤 선제를 즉위시켜 20여 년 동안 권력을 누렸다.

786) 天下想**聞其**風采.(『前漢書, 卷六十八, 霍光金日磾傳, 第三十八』) → 天下想望風采.(『松南雜識』)

787) 고개지(顧愷之) : 동진(東晉)의 문인・화가. 자는 장강(長康). 육조(六朝)의 삼대가(三大家) 가운데 한 사람으로, 초상화와 옛 인물을 잘 그렸으며, 대상이 지니고 있는 생명 또는 정신의 표현을 중시하였다. 작품에 「여사잠도(女史箴圖)」, 화론(畫論)에 「화운대산기(畫雲臺山記)」 등이 있다.

788) **嘗圖裴楷象**頰上加三毛, **觀者**, **覺**神**明**殊勝 (『晉書, 卷九十二, 列傳, 第六十二, 顧愷之』) → 頰上加毛, 神彩殊勝.(『松南雜識』)

789) 『剪燈新話, 守宮慶會錄』.

두 가차(假借)한 말이다.

## 대체
### 大體

「병길전(丙吉傳)」에서 "병길(丙吉[790])은 대체(大體)를 안다고 여겼다"[791] 라고 하였는데, 지금 '대체(大體)'라는 말이 이것이다.

## 무장공자
### 無腸公子

『포박자(抱朴子)』에서 "산중의 '무장공자(無腸公子)'라 불리는 것은 '게[蟹]'이다"[792]라고 하였는데, 지금은 '몰지각(沒知覺)'한 것을 칭한다.

## 철석간장
### 鐵石肝腸

피일휴(皮日休[793])가 "송경(宋璟[794])의 강건한 모습은 무쇠와 같은 심장

---

790) 병길(丙吉) : 전한(前漢) 선제(宣帝) 때의 재상. 무제(武帝) 때 옥리(獄吏)로 있으면서, 선제가 위 태자(衛太子)의 일로 옥에 갇힌 것을 동정하여 보양(保養)한 공으로 선제가 즉위한 후 박양후(博陽侯)에 봉해졌다가 승상으로 승진되었다.

791) **吉**知大體.(『前漢書, 卷七十四, 魏相丙吉傳, 第四十四』)

792) **山中** …… **稱**無腸公子者蟹也.(『抱朴子內篇, 卷四, 登涉, 第十七』) → 山中無腸公子者蟹也.(『松南雜識』)

793) 피일휴(皮日休) : 당나라 말기의 문학자. 자는 일소(逸少)・습미(襲美). 호는 취음선생(醉吟先生)・간기포의(間氣布衣). 진사시험에 합격하고 소주자사(蘇州刺使)의 막료가 되었으며, 뒤에 저작랑(著作郎)・태상박사(太常博士) 등을 역임한 뒤, 황소(黃巢)의 난에 참가하여 난리 속에서 죽었다.

과 바위와 같은 창자를 가지고 있는 듯하더니 그의 「매화부(梅花賦)」[795]를 보니 청신하고 화려하다"라고 하였다. 지금의 '철석(鐵石)같은 간장(肝腸)'이라는 말은 여기에서 유래하였다.

## 규각

### 圭角[796]

「유행(儒行)」에서 "자기의 방정함을 굽히고, 깨진 기와를 모아 놓는 것 같이 하여 자기의 크게 모남을 제거하고 뭇 사람들과 소소하게 부합한다"[797]라고 하였다. 또 주석에서 "도공이 기와를 만들 때 반드시 둥글게 만들어서 나누기 때문에 기와를 합하면 둥글게 되어 그 기와의 본질을 잃지 않는다"[798]라고 하였다.

---

794) 송경(宋璟) : 당나라의 명재상(663~737). 봉호는 광평군공(廣平郡公). 시호는 문정(文貞). 요숭(姚崇)과 함께 '요송(姚宋)'이라 하여 명재상의 대명사로 일컬어진다. 측천무후 때에 어사중승(御史中丞)으로서 총신(寵臣) 장씨 형제의 주벌(誅伐)을 주청(奏請)하여 강직한 인품이 널리 알려졌다. 이부상서(吏部尙書)로부터 우승상으로 올라가 광평군공(廣平郡公)에 봉해졌다.

795) 매화부(梅花賦) : 송경이 3년 동안 골몰하여 25세에 완성한 작품이다. 서릉(徐陵)과 유신(庾信)의 체제를 얻었다고 일컬어진다.

796) 규각(圭角) : 홀의 뾰족한 모서리. 언행에 모가 나서 원만하지 못함을 이르는 말.

797) 毁方而瓦合…… 毁方而瓦合, 去己之大圭角, **下**與衆人小合也.(『禮記, 儒行』) → 毁方而瓦合**之**, 去己之大圭角, **而**與衆人小合也.(『松南雜識』)

798) 陶者爲瓦, 必圓而割分之, **則**瓦合之則**圓**, **而**不失其瓦之質.(『康熙字典, 瓦』) → 陶者, 爲瓦必圓而割分之, **故**瓦合之, 則不失其瓦之質.(『松南雜識』)

## 백공천창

### 百孔千瘡[799]

한유(韓愈)의 글에서 "백 개의 구멍과 천 개의 상처가 나서 혼란할 때마다 잘못되었습니다"[800]라고 하였다.

## 족속음발

### 足俗音潑

『계림유사(鷄林類事)』[801]에서 "'족(足)'은 고려의 방언(方言)으로 '발'이라고 한다"[802]라고 하였다.

조선의 정승 이은(李溵)[803]이 자기 여종인 매화(梅花)에게 욕정을 품고 있었지만 아내가 두려워 어떻게 해보지 못하였다. 마침 병이 들어 안방에 누워있는데, 매화가 다락에 올라갔다가 내려오려고 하였다. 이은은 아내가 방에 없는 것을 보고 일어나서 매화의 발을 잡았다. 그때 아내가 바로 들어와서 이 광경을 보았다. 이은은 부끄러워 얼굴을 붉히며 매화의 발을 놓고 돌아보며 말하였다.

"나는 당신의 발인 줄 알았네!"

훗날 의정부의 회합 석상에서 남노성(南老星)이 이은에게 "나는 당나라 시를 잘못 읽었습니다"라고 하였다. 이은이 어떤 구절이냐고 묻자,

---

799) 백공천창(百孔千瘡) : '백 개의 구멍과 천 개의 상처'라는 뜻으로 파괴되고 빠진 것이 매우 많음을 이름.

800) 百孔千瘡, 隨亂隨失.(『五百家注昌黎文集, 卷十八, 書, 與孟簡尙書書』)

801) 계림유사(鷄林類事) : 고려 시대의 풍습, 제도, 언어 등을 소개한 책. 사신으로 왔던 중국 송나라의 손목(孫穆)이 지은 것으로, 당시의 고려어 356단어를 한자로 적어 놓아 국어사 연구에 귀중한 자료이다.

802) 足曰潑.(『說郛, 卷五十五, 雞林類事』) → **高麗方言**, **謂**足曰潑.(『松南雜識』)

803) 이은(李溵) : 조선 후기의 재상(1722~1781). 자는 치호(稚浩). 본관은 덕수(德水). 문과급제하여 벼슬이 우의정에 거쳐 좌의정에 이렀다.

한밤에 매화가 피었나 생각했더니 相思一夜梅花發
갑자기 창 앞에 선 사람이 당신인가[804] 忽到窓前疑是君[805]

라고 하였다. 대개 '발(發)'자와 '발(潑)'자는 음이 같기 때문이다.

## 비는 코, 구는 입
### 鼻高口入

우리나라에서는 '비(鼻)'를 '코[高]'라 하고, '구(口)'를 '입(入)'이라 하고, '이(耳)'를 '귀(歸)'라 하고, '권(顴 : 광대뼈)'을 '권(權)'이라고 한다.

「낙신부(洛神賦)」[806]에서 '툭 불거진 광대뼈와 긴 목'이라고 한 말이 이것이다. 그 주석에 '보골(輔骨)'[807]이라고 하였다.

또 '빈(臏)'은 운서(韻書)에서 "경개골(脛蓋骨)이니, 손자(孫子)의 빈형(臏刑) 당한 다리가 이것이나"[808]라고 하였다. 우리나라에서는 '종자 뼈'라고 하니, 뼈 중에서 걸어가게 하는 것이다.

'腨'의 음은 '천'인데, 지금은 '단'으로 와음되었다. 바로 사람의 종아리 뼈 뒷부분의 근육으로 '상딴지[長端只]'라고 한다.

'고(尻)'는 주석에서 "척추 끝나는 곳의 엉치이다"라고 하였다. 동방삭(東方朔)[809]이 "엉치뼈를 더욱 높이 치며드는 것이 학이 머리를 숙이고

---

804) "한 밤에 매화발인 줄 알았더니, 갑자기 창 앞에 당신이 와 있더군"과 중의적으로 쓰임.

805) 이하(李賀)의 「유소사(有所思)」.

806) 낙신부(洛神賦) : 위(魏)나라 조식(曹植)의 작품으로, 낙천(洛川)의 여신은 복비(宓妃)의 아름다움을 노래하였다.

807) 輔骨, **通作權**, 洛神賦, 高權長頸.(『韻府羣玉, 顴』) → 洛神賦, 高權長頸, **是也**. **註**, 輔骨.(『松南雜識』)

808) 손자병법으로 유명한 전국 시대에 손빈(孫臏)이 동문수학했던 위(魏)나라의 장수 방연(龐涓)에게 무릎 뼈를 잘리는 형벌을 받았다.

809) 동방삭(東方朔) : 전한(前漢)의 문인. 자는 만청(曼倩). 해학 · 변설(辯舌) · 직간(直諫)으로 이름이 났다. 속설에 서왕모의 복숭아를 훔쳐 먹어 장수하였으므로 '삼천갑자 동

모이를 쪼는 모양이다"라고 한 말이 이것이다. 지금은 '궁둥이[高登里]'를 말한다.

## 방두
方頭

지봉 이수광이 말하였다.

지금은 졸렬한 사람을 말하지만, 고시(古詩)에서는 "융통성이 없어 궁중의 일을 할 줄도 모른다[方頭不會王門事]"[810]라고 하였다.

『패사(稗史)』에서는 "시의적절하지 못한 것을 말한다"라고 하였다.[811]

## 노안비슬
奴顏婢膝

『포박자(抱朴子)』에서 "노예처럼 굽실거리면서 훤하게 아는 것처럼 한다"[812]라고 하였는데, 어깨를 으쓱거리며 아첨해 웃는 짓을 놀린 것이다. 육구몽(陸龜蒙)[813]의 시가(詩歌)에서 "사내종의 얼굴에 계집종의 무릎걸음은 진짜 거지의 모습일세[奴顏婢膝眞乞丐]"[814]라고 하였다.

---

방삭'이라고 이른다.

810) 당나라 육구몽(陸龜蒙)의 작품.

811) **陸魯望詩云**, 方頭不會王門事, **塵土空緇白苧衣**, **按趙令時侯鯖錄曰**, 今人謂拙者**爲方頭**, 稗史**曰**, **方頭言**不通時**宜**, **而無顧忌者也**.(『芝峯類說, 卷十二, 文章部五, 唐詩』)→今人謂拙者 而**古詩**方頭不會王門事, 稗史**言**不通時.(『松南雜識』)

812) 以**奴顏婢膝者**爲曉解.(『抱朴子外篇, 卷二, 交際, 第十六』)→以爲曉解.(『松南雜識』)

813) 육구몽(陸龜蒙): 당나라의 시인(?~881). 자는 노망(魯望). 호는 보리선생(甫里先生). 화려하고 기교적인 작풍을 보였으며, 시부(詩賦)에 능하였다. 저서에 『보리선생문집』이 있다.

814) 「산인가(散人歌)」.

『송사(宋史)』에서 한탁주(韓侂胄)가 시골 별장에서 닭과 개 소리를 들었는데, 바로 부윤(府尹) 조사택(趙師𢍰)이 내는 소리였다.[815)]

어떤 사람의 시에,

| | |
|---|---|
| 조정에 늘어선 백관들에게 비웃음을 당하고 | 堪笑明廷鵷鷺 |
| 달갑게 시골 별장의 개와 닭이 되었네 | 甘作村莊犬鷄 |
| 하루아침에 빙산 같은 큰 세도도 | 一日氷山大勢 |
| 삶겨지고 태워지고 칼날에 목이 날아가네 | 湯燖鑊煮刀封[816)] |

라고 하였다.

또 정송(程松)이 한탁주에게 첩을 바쳤는데, 그 이름이 송수(松壽)[817)]였다. 한탁주가 물었다.

"어째서 대간(大諫 = 정송)과 이름이 같소?"

정송이 대답하였다.

"천한 제 이름을 언제나 대인께서 들으시게 하려 함입니다."[818)]

심하도다! 노비도 오히려 사람이건만 닭과 개 흉내를 내게 하였고, 게다가 대신의 이름과 첩의 이름이 같게 만들었으니, 이는 더욱 비루한 짓이다.

---

815) 한탁주가 시골에 별장을 짓고 매우 흡족하였는데, 다만 닭과 개소리가 나지 않는 것을 흠으로 여겼다. 그런데 얼마 뒤에 닭과 개소리가 나기에 내다보게 하였더니 바로 조사택이 아첨하려고 한 짓이었다. 이 모습을 본 한탁주가 그를 매우 아꼈다고 한다.

816) 堪笑**明**廷鵷鷺, 甘作村莊犬雞, 一**旦**冰山**失**勢, 湯燖鑊煮刀封. 〈**古杭雜記詩集**, 韓侂胄**作南園于吳山**, **有所謂**村莊**者**, **竹籬茅舍宛然田家氣象**, **侂胄游其間甚喜曰**, **狀得絶似**, **但欠雞鳴犬吠耳**. **旣出忽聞莊中**雞犬聲, **令人視之**, **則**府尹趙師𢍰 也. **時有詩云云**.〉(『宋詩紀事, 卷九十六, 閩淸野人, 嘲趙師𢍰 詩』) → 韓侂胄**於**村莊, **聞**雞犬聲, **乃**府尹趙師𢍰 也. **有人詩云**, 堪笑**朝**廷鵷鷺, 甘作村莊犬鷄, 一**日**冰山**大**勢, 湯燖鑊煮刀封.(『松南雜識』)

817) 『松南雜識』에는 '松壽'로 되어 있음.

818) 宋程松諂事韓侂胄 …… 乃市一妾獻之, 名曰松壽, 侂胄曰, 奈何與大諫同名, 答曰欲使賤名常達鈞聽耳.(『山堂肆考, 卷四十六, 程松獻妾』) → 程松獻妾於韓而名壽松, 韓曰, 何與大諫同名, 對曰, 欲使賤名常達鈞聽.(『松南雜識』)

## 고황
### 膏肓

『춘추좌전』에서 "진(晉) 경공(景公)이 병이 들었는데, 꿈에 병마(病魔)가 두 아이[二豎]가 되어 고(膏 : 명치 끝)의 위, 황(肓)의 아래에 숨었다"[819]라고 한 말이 이것이다.

근래 어떤 사람의 시에,

> 현경(玄經)[820]을 이미 다 썼지만 누가 주를 달 것이며　玄經已訖人誰註
> 단결(丹訣)[821]을 겨우 마쳤지만 병이 벌써 고황에 들었네　丹訣纔成病亦膏

라고 하였다.

## 효빈
### 效顰

『장자(莊子)』에서 말하였다.

> 사금(師金)[822]이 "서시(西施)는 심장병을 앓아 얼굴을 찡그렸는데, 마을의 못생긴 여자가 따라 하였다"라고 하였다.[823]

『후주사(後周史)』에서 말하였다.

---

819) **公夢**疾**爲**二豎**子曰**, …… **其一曰**, 居**肓**之上膏之下.(『春秋左傳, 成公十年』) → 晉侯**有**疾, 二豎, 居**膏**之上 居**肓**之下.(『松南雜識』)
820) 현경(玄經) : 한(漢)나라 양웅(揚雄)의 『태현경(太玄經)』.
821) 단결(丹訣) : 연단술.
822) 사금(師金) : 노(魯)나라의 태사(太師) 이름은 금(金).
823) 師金 …… 西施病心而矉**其里**, **其**里之醜人, **見而美之**, **歸亦捧心而矉其里**.(『莊子, 天運』) → 師金曰, 西施病心而矉里之醜人**效之**.(『松南雜識』)

정위(鄭偉)[824]는 날 때부터 말을 더듬거렸다. 사슴을 쫓다가 놓쳐서 목동에게 물어보니 목동도 말을 더듬었다. 정위는 자기의 말더듬는 것을 흉내 낸다고 여기고 화가 나서 활로 쏘아 죽였다.[825]

### 훼장삼척
喙長三尺

본래는 『장자(莊子), 도척(盜跖)』편에 나오는 말인데, 『조야첨재(朝野僉載)』에서 "육여경(陸餘慶)이 판결을 잘못하니 사람들이 그를 조롱하여 '일을 말할 때는 부리의 길이는 석 자, 일을 판결할 때는 손의 무게가 다섯 근'이라고 하였다"[826]라고 하였다.

점필재(佔畢齋) 김종직(金宗直[827])의 시에,

| | |
|---|---|
| 눈 속의 찬 매화와 비 온 뒤의 산은 | 雪裡寒梅雨後山 |
| 보기엔 쉬워도 그리기는 어렵다네 | 看時容易長時難 |
| 진작에 당시 사람들이 보지 않은 줄 알았더라면 | 早知不入時人眼 |
| 차라리 연지 가져다가 목단이나 그릴 것을 | 寧把臙脂寫牧丹[828] |

---

824) 정위(鄭偉) : 후주의 무장. 자는 자직(子直). 영영(滎陽) 개봉(開封) 출신. 소명(小名)은 도제(闍提).

825) 偉性吃, **少時嘗**逐鹿**於野**, 失之, **遇牧豎而**問**焉**, 牧豎**答之**, **其言**亦吃, 偉怒**謂其**效己, **遂**射殺之.(『周書, 卷三十六, 列傳第二十八, 鄭偉』)→**鄭**偉性吃, 逐鹿失之, 問牧豎, 豎亦吃, 偉怒效己**吃**, 射殺之.(『松南雜識』)

826) 陸餘慶**爲洛州長史**, **善論事**, **而繆**於**決判**, **時**嘲**之曰**, 說事**卽**喙長三尺, 判事則手重五斤. **朝野**簽載 (『說郛, 卷一百十九下, 雲仙雜記四, 喙長三尺手重五斤』)→陸餘慶, **謬**於**判決**, 嘲**云**, 說事**則**喙長三尺, 判事則手重五斤.(『松南雜識』)

827) 김종직(金宗直) : 조선 전기의 성리학자 · 문신(1431~1492). 자는 계온(季昷). 호는 점필재(佔畢齋). 세조 5년(1459)에 문과에 급제하고, 형조 판서 · 지중추부사 등을 지냈다. 문장과 경술이 뛰어나 영남학파의 종조(宗祖)가 되었다. 그의 「조의제문(弔義帝文)」은 뒷날 무오사화의 원인이 되었다. 저서에 『점필재집』 · 『청구풍아(靑丘風雅)』 등이 있다.

828) 雪**裏寒**梅雨後山, 看時容易畫時難, 早知不入時人眼, 寧把**臙脂寫**牧丹.(『佔畢齋集, 附錄, 佔畢齋先生年譜』)→雪**裡**梅**花**雨後山, 看時容易畫時難, 早知不入時人眼, 寧

이라고 하였다.

## 식언
食言

『춘추좌전(春秋左傳)』에서 "많이도 말을 먹어치웠으니[食言], 살찌지 않겠는가?"[829]라고 하였다.

지금은 승낙한 일을 묵혀 두고 실천하지 않는 것을 말한다.

## 발섭
跋涉

『시경(詩經)』에서,

| | |
|---|---|
| 대부께서 숲을 지나고 물을 건너가니 | 大夫跋涉 |
| 내 마음에 근심하노라 | 我心則憂[830] |

라고 하였다.

그 주석에서 "숲을 지나가는 것을 '발(跋)'이라 하고, 물을 건너가는 것을 '섭(涉)'이라고 한다"[831]라고 하였다.

---

把**丹靑盡**牧丹.(『松南雜識』)

* 한강(漢江)의 제천정(濟川亭)에 걸려 있던 시라고 한다.

829) **是**食言多矣, 能無肥乎.(『春秋左傳, 哀公, 二十五年』)→食言多矣, 能無肥乎.(『松南雜識』)

830) 『詩經, 鄘, 載馳』.

831) 草行曰跋, 水行曰涉.(『詩經, 鄘, 載馳』)

## 맹세를 저버리면 눈이 먼다
### 背盟目盲

『강감(綱鑑)』[832]에서 말하였다.

금나라가 송나라 고종(高宗)[833]의 모친인 위태후(韋太后)를 돌려보내니, 흠종(欽宗)[834]이 울면서 부탁하였다.

"저는 감히 황제가 되는 것은 바라지도 않습니다. 살아서 고향으로 돌아가기를 원할 뿐입니다."

태후가 맹세하였다.

"만약에 약속을 지키지 못한다면 두 눈이 멀게 될 것입니다."

태후가 강남(江南)으로 돌아와서 황제를 만났지만, 진회(秦檜)[835]에게 막혀서 감히 말하지 못하니, 갑자기 눈이 멀었다. 천금을 주고 의

---

832) 강감(綱鑑) : 명청 시기의 사람들이 주희(朱熹)의 『통감강목(通鑑綱目)』에서 내용을 뽑아서 『강감(綱鑑)』이라고 하였다.

833) 고종(高宗) : 남송의 제1대 황제(1107~1187). 재위 기간은 1127~1162. 이름은 조구(趙構). 휘종의 9번째 아들. 흠종(欽宗)의 동생. 1127년 금나라 군사가 중국 북부를 침략하여 휘종·흠종을 포로로 잡아가자, 즉위하였다. 그 후 금군을 피하여 강남(江南)으로 건너가서 1138년 항주(杭州)를 임시수도로 정하고 임안부(臨安府)라 하였다. 진회(秦檜)를 등용하고 악비(岳飛) 등 주전론자(主戰論者)를 물리쳤다. 1142년 금나라에 대해서 스스로를 신(臣)이라 부르고 은과 비단을 보내는 등 굴욕적인 화약을 맺어 20년간 평화를 얻었다.

834) 흠종(欽宗) : 북송의 제 9대 황제(1100~1161). 재위 기간은 1125~1127. 성명은 조환(趙桓). 휘종(徽宗)의 맏아들. 1127년 아버지 휘종 등과 함께 금군에 잡혀서 동북 지방의 오국성(五國城 : 黑龍江省 依蘭縣)에 압송되었다.(靖康의 變) 1142년 두 나라 사이에 화의가 성립되었으나, 귀국하지 못한 채 유배지에서 죽었다.

835) 진회(秦檜) : 송나라의 정치인. 강녕(江寧) 출신. 자는 회지(會之). 정강(靖康) 연간에 어사중승(御史中丞)이 되었다. 휘종(徽宗)과 흠종(欽宗) 두 황제가 북쪽으로 잡혀갔을 때, 따라가 금(金)나라에 이르렀다가 고종(高宗) 때 돌아왔다. 나중에 재상이 되어 금(金)과의 화친을 주장하며 악비(岳飛) 등을 무고하여 죽였다. 재상 자리에 있은 19년 동안에 충신과 훌륭한 장수를 대략 다 죽였다. 성품이 음험하였는데 만년에는 더욱 잔혹하였다. 신왕(申王)에 봉해지고 시호는 충헌(忠獻)이다. 그러나 개희(改禧) 연간에 왕의 작호를 빼앗고 시호도 무추(繆醜)로 고쳤다.

원을 구하였지만 효험이 없었다. 어떤 도사가 고쳐보겠다고 말하고는 침으로 한 쪽 눈을 긁어서 사물을 환하게 볼 수 있게 해 준 후에 인사하고 떠나려 하였다. 태후가 다른 한 쪽 눈도 마저 보이게 해 달라고 청하자, 도사가 말하였다.

"한 쪽 눈은 남겨 두어야 오국(五國)의 맹약을 실천할 것입니다."

태후가 놀라서 말하였다.

"도사는 천인(天人)이구려!"

지금 '맹세를 저버리면 눈이 먼다'라는 말은 여기에서 유래되었다고 한다.

## 당감투

唐甌頭

지금은 매우 높은 것을 말한다. 당나라 사람은 대싸리와 양털을 얽어 삼 층으로 만들었는데, 제일 위 층은 감투를 만들고 중간층은 삼승(三升)을 만들고 가장 아래층은 보로(氆氌[836])를 만들었다고 한다.

## 영수

領袖

『진사(晉史)』에서 "위서(魏舒[837])는 당당하게 다른 사람들의 영수(領袖)

836) 보로(氆氌) : 티벳 지방에서 나는 수공업에 의한 모직물.

837) 위서(魏舒) : 진 무제(晉武帝) 때의 재상. 자는 양원(陽元). 천성이 침중하여 자신의 재주를 드러내지 않고 남의 단점을 잘 덮어줬으며 욕심이 없어 나라에서 받은 녹을 친족에게 모조리 나눠주는가 하면 무슨 일을 할 때는 행동을 앞세우고 말을 나중에 하였으므로 벼슬을 그만둘 때에도 그것을 눈치 챈 사람이 없었다고 한다.

이다"[838]라고 하였고, "후진들의 영수로 배수(裴秀)[839]가 있다"[840]라고 하였다.

지금 어느 한 방면의 우두머리를 '영수(領袖)'라 하는 말이 이것이다.

## 보취
步趣

『장자(莊子)』에서 "공자가 천천히 걸어가면 안연(顔淵)[841]도 천천히 걸어가고, 공자가 뛰어가면 안연도 뛰어갔다"[842]라고 하였다.

지금은 지취(志趣)가 서로 부합된다는 말이다.

## 절목
節目

『예기(禮記)』에서 "그 '절목(節目)'은 나중에 한다[後其節目]"[843]라고 하였는데, 그 주석에서 "'절(節)'은 나뭇결이 단단한 것을 말하고, '목(目)'은 나뭇결이 정치(精緻)한 것을 말한다"[844]라고 하였다.

지금의 '절목(節目)'이라는 말이 여기에서 유래하였다.

838) 魏舒堂堂人之領袖.(『晉書, 卷四十一, 列傳第十一, 魏舒』)
839) 배수(裴秀) : 진(晉)나라의 관료. 자는 계언(季彦). 하동(河東) 문희(聞喜) 출신.
840) 後進領袖有裴秀.(『晉書, 卷三十五, 列傳第五, 裴秀』)
841) 안연(顔淵) : 춘추 시대의 유학자인 안회(顔回)의 성인 '안(顔)'과 자인 '자연(子淵)'을 함께 이르는 이름. 안회는 공자의 수제자로 학덕이 뛰어났다.
842) **顔淵問於仲尼曰**, **夫**子步亦步, **夫**子趨亦趨.(『莊子, 田子方』) → **孔**子步**顔淵**亦步, **孔**子趨, **顔淵**亦趨.(『松南雜識』)
843) 『禮記, 學記』.
844) **後其節目**. **記**, 節則木理之剛, 目則木理之精.(『韻府羣玉, 節目』) → **註**, 節則木理之剛, 目則木理之精.(『松南雜識』)

## 조목
### 條目

『논어(論語)』에서 "그 조목에 대해 묻습니다"[845]라고 하였고, 「유향전(劉向傳)」에서 "유향에게 교중오경비서(校中五經秘書)를 영솔케 하니 각각 그 조목이 있었다"[846]라고 하였다.

## 제목
### 題目

「산도전(山濤傳)」에서 "인물을 뽑을 때 각각 그 '제목(題目)'이 있었다"[847]라고 하였다. 두보의 시에서 "천로(天老)[848]가 시험문제를 쓰네[天老書題目]"[849]라고 한 말이 이것이다.

## 행부득
### 行不得

백거이(白居易)가 작소화상(鵲巢和尙)[850]에게 불법(佛法)의 대의(大意)를

---

845) 請問其目.(『論語, 顔淵』)

846) **詔向領**校中**五經**秘書 …… 各有條目 (『前漢書, 卷三十六, 楚元王傳, 第六, 劉向』) →校中秘書, 各有條目.(『松南雜識』)

847) 甄拔人物各**爲**題目.(『晉書, 卷四十三, 列傳第十三, 山濤』)→甄拔人物, 各**有**題目.(『松南雜識』)

848) 천로(天老) : 원래 황제(黃帝)의 보신(輔臣)을 이르는 말인데, 재상(宰相) 중신(重臣)을 의미하는 말로 쓰인다.

849) 天老**書**題目.(『補注杜詩, 卷十九, 奉留贈集院崔于二學士』)→天老**看**題目.(『古今韻會擧要』)→天老**看**題目.(『松南雜識』)

850) 작소화상(鵲巢和尙) : 당나라의 고승. 항주(杭州)의 도림선사(道林禪師)가 진망산(秦望山) 위 높은 소나무 위에 깃들여 사니, 사람들이 그를 '새둥주리 선사[鳥窠禪師]'라고 불렀다. 다시 까치가 그 옆에 깃들이니, 사람들이 '까치집 화상[鵲巢和尙]'이라고

물으니 작소화상이 말하였다.

"여러 악한 것을 행하지 않으며 여러 선한 것을 행하는 것입니다"

백거이가 말하였다.

"세 살짜리 어린애도 이런 도를 이해할 수 있습니까?"

화상이 말하였다.

"어린아이라도 말할 수는 있지만, 육십 세 노인이라도 행할 수는 없습니다."[851]

자고(鷓鴣)가 우는 소리가 '행부득야가가(行不得也哥哥)'[852]인데, 지금은 하기 어려운 일을 말한다.

## 무족가관
### 無足可觀

윤지완(尹趾完)[853]이 사주록(四柱錄)을 가지고 중국에 가서 관상을 보았는데, 중국 사람이 '무족가관(無足可觀)'이라고 써 주니, 모두 '볼 만한 것이 없는 사람[不足以可觀]'이라고 여겼다. 그런데 갑자기 어느 날 밤에 한쪽 다리가 절로 떨어지고서 바로 재상에 임명되어 업적을 남기니, 바로 발이 없어진 뒤에야 볼만한 일이 있다는 말이었다. 그러나 지금 민간에서 여전히 볼만한 것이 없다는 말로 쓰이니, '애막조(愛莫助)'[854]라

---

불렀다고 한다.

851) 白居易, …… **又**問佛法大意 師曰 諸惡莫作, 衆善奉行, **白曰**, 三歲孩兒**也**解恁麽道, 師曰, **三歲**孩兒**雖**道得, 八十老人行不得.(『類說, 卷二十, 傳燈錄, 鵲巢和尙布毛侍者』) → 白居易問**鵲巢和尙**佛法大意, 師曰, 諸惡莫作, 衆善奉行, **白曰**, 三歲孩兒解恁麽道, 師曰, 孩兒道得, **六**十老人行不得.(『松南雜識』)

852) 행부득야가가(行不得也哥哥) : 자고새가 우는 소리의 형용. 길이 험난해서 갈 수 없다는 의미.

853) 윤지완(尹趾完) : 조선 숙종 때의 문신(1635~1718). 자는 숙린(叔麟). 호는 동산(東山). 현종 3년(1662) 증광 문과에 급제하고, 예조 판서와 병조 판서를 거친 다음 우의정을 지냈다. 청백리로 뽑혀 기록되고 숙종의 묘에 배향되었다.

는 말이 글자 그대로 의미를 취한 것과 같다.

## 신수
身手

『법지어록(法智語錄)』에서 "가는 곳 마다 만나고 가는 곳 마다 즐겁네. 온몸이 눈이고 온몸이 손이네"[855]라고 하였다. 두보의 시에서 "북쪽 변방의 건아(健兒)들 신수(身手)도 좋네[朔方健兒好身手]"[856]라고 하였는데, 지금 '신수(身手)'라는 말이 여기에서 나왔다.

## 계란유골
鷄卵有骨

세상에 이런 말이 전해진다.

방촌(尨村) 황희(黃喜)[857]는 비록 지위가 높은 정승이었지만, 양식이 자주 부족하여 오랫동안 굶주려 부황이 들었다. 그래서 임금이 하루 동안 남대문으로 들어오는 물화(物貨)는 모두 황희에게 보내 주도록 명하였는데, 그날 마침 큰 비가 내려서 들어오는 것이 없었다. 그러

854) 애막조(愛莫助) : 원래는 남의 도움이 필요 없을 정도로 훌륭한 친구라는 말이다. 『시경(詩經), 대아(大雅), 증민(烝民)』에서 중산보(仲山甫)의 덕을 기리면서 "사랑해도 도와줄 수가 없도다[愛莫助之]"라고 하였다.

855) 到處相逢, 到處樂, 通身是眼, 通身手. **法智語錄**.(『韻府羣玉, 通身手』)→**法智語錄曰**, 到處相逢, 到處樂, 通身是眼, 通身手.(『松南雜識』)

856) **朔方**健兒好身手.(『補注杜詩, 卷二, 哀王孫』)→**塞上**健兒好身手.(『松南雜識』)

857) 황희(黃喜) : 조선 초기의 명신(1363~1452). 초명은 수로(壽老). 자는 구부(懼夫). 호는 방촌(厖村). 세종 때에 18년간 영의정을 지내면서 농사법을 개량하고 예법(禮法)을 개정하는 등 문물제도의 정비에 힘썼으며, 어질고 깨끗한 관리의 표본이 되었다. 저서에 『방촌집』이 있다.

던 차에 해질녘이 되어서 계란 한 꾸러미가 들어왔는데 삶아서 먹으려고 하니 모두 골아 있었다.

'골(骨)'은 우리말로 '썩었다[壞]'라는 뜻으로 바로 '곯다[䫻]'이다.

## 거벽 · 사수
### 巨擘寫手

『맹자(孟子)』에서 "오릉(於陵) 땅의 중자(仲子)는 제나라의 거벽(巨擘 : 엄지손가락)이다"[858]라고 하였는데, 지금 '거벽(巨擘)'은 글 파는 사람을 지칭한다. 또 '사수(寫手)'는 책 파는 사람을 이른다.

## 앙장
### 鞅掌

『시경(詩經)』에서 "나랏일에 바빠서 의용(儀容)도 못 갖추도다[王事鞅掌]"[859]라고 하였는데, 주석에서 '의용(儀容)을 잃고 번거롭게 고생하는 모양'[860]이라고 하였다. 당시의 방언인 듯하니, 독한 약을 '명현(瞑眩)'[861]이라고 하는 것과 같다. 지금 길가의 초목이 시달려 자라지 못하는 것을 '앙장(鞅掌)'이라고 하는데, 여기에서 나온 듯하다.

---

858) **於齊國之士, 吾必以**仲子**爲**巨擘**焉**.(『孟子, 滕文公』) → **於陵**仲子, **齊之**巨擘.(『松南雜識』)

859) 『詩經, 小雅, 北山』.

860) **以鞅掌爲**煩勞之狀, **故云**失容.(『毛詩注疏, 小雅, 北山』) → **或**王事鞅掌, **詩**, 失容煩勞之狀.(『韻府羣玉, 鞅掌』) → 王事鞅掌. **註**, 失容煩勞之狀.(『松南雜識』)

861) 명현(瞑眩) : 눈이 아찔한 현기증.

## 담열
膽熱

우리나라에서 '담(膽)'의 훈을 '쓸개'라고 하는 것은 맛이 쓰기 때문이다. 황해도 사람들은 '열(熱)'이라고 하니, 대개 사람이 급하게 달리면 입맛이 쓴 것은 쓸개의 기가 뜨거워지기 때문이다. 말이 잘 달릴 수 있는 것은 쓸개가 없기 때문이다. 지금 용기가 없는 사람을 욕할 때 '무열(無熱)'이라고 하는데, '열(熱)'은 '쓸개'이다.

정(鄭)나라에서는 가공하지 않은 옥(玉)을 '박(璞)'이라고 하고, 주(周)나라에서는 육포로 만들지 않은 쥐고기를 '박(璞)'이라고 말하는 것과 같다. 또한 지금 '우(雨)'의 훈을 '비'라고, '혈(血)'의 훈을 '피'라고 하는 것은 사람의 기혈을 하늘의 빗물에 비유했기 때문인데, 그 음독(音讀)을 조금 바꾼 듯하다.

## 발호
跋扈

『한서(漢書)』에서 질제(質帝)가 양기(梁冀)[862]를 '발호장군(跋扈將軍)'이라고 하니,[863] 물고기가 통발[扈]에 있다가 뛰쳐나오려는 모양을 비유한 것이다. 지금 뻣뻣한 것을 '발호(跋扈)'라고 하는 말이 이것이다.

『집운(集韻)』에서 "'발호'는 제멋대로 날뛰면서 거리낌이 없는 것을

---

862) 양기(梁冀) : 후한 순제(順帝) 때 양황후(梁皇后)의 오라비로 자는 백거(伯車). 아버지 양상(梁商)을 대신하여 대장군이 되고 권력을 남용하여 축재(蓄財)를 하였다. 순제와 충제(沖帝)가 죽자 질제(質帝)를 세워 정권을 멋대로 하다가 질제로부터 발호장군(跋扈將軍)이라는 말을 듣고는 질제를 독살하고 다시 환제(桓帝)를 세워 20여 년을 온갖 사치와 참람된 일을 자행하였다. 그 후 중상시(中常侍) 단초(單超)에 의하여 실각, 구속되자, 자결하였다.

863) **冀立**質帝, **帝少而聰慧**, **知冀驕橫**, **嘗朝羣臣目**冀**曰**, **此**跋扈將軍.(『後漢書, 卷六十四, 梁統列傳, 第二十四, 梁統傳』) → 質帝**謂梁冀爲**跋扈將軍.(『松南雜識』)

말한다[抪摳]"[864]라고 하였다. 『회남자(淮南子)』에서 "헤엄치는 사람은 발로 차고 손으로 친다[游者, 以足蹶, 以手抪]"[865]라고 하였는데, '抪'의 음은 '발'이다. 또 '노호(虜扈)'는 『한서(漢書)』의 주석에서 '제멋대로 설쳐대고 스스로 잘난 체하는 것'[866]이라고 하니, 또한 '강량치장(强梁鴟張)'이다.

## 탑삭부리
### 狧食喙

『자휘(字彙)』에서 "嗒의 음은 '탑'이니, 개가 먹는 모양"[867]이라고 하였다.

운서(韻書)에서 "'狧'은 '개가 혀로 음식을 취함'이라고 하였고, 또 음은 '탑'이라고 하였으며, 그 주석에서 '납탑(狧狧)'은 탐욕스럽다는 의미이다"[868]라고 하였다.

지금 수염이 많은 사람을 '탑삭부리[狧食喙]'라고 하는 말이 이것이다. 혹은 택사(澤瀉)[869]의 뿌리처럼 생겼기 때문인데 와전되어 수염이 많이 난 것을 의미하게 되었다고도 한다. 그러나 실제로 욕할 때 '탑삭부리'라고 한다.

---

864) 抪摳, 自任無憚.(『集韻, 抪』)
865) 『淮南子, 說林訓』.
866) **虜扈**, 縱橫**行皃**, **韻會**, **漢書音義云**, 自大也.(『韻府羣玉, 虜扈』) → 縱橫, 自大也.(『松南雜識』)
867) 嗒音塔, 狗食貌.(『康熙字典, 嗒』)
868) **又**狧狧貪欲意 …… **犬以**舌取物.(『康熙字典, 狧』) → 舌取物, 又音塔, 註貪欲意, 狧狧也.(『松南雜識』)
869) 택사(澤瀉) : '택사'과에 속하는 다년생 초본식물. 쇠태나물이라고도 한다. 정수성 수생식물로 원줄기가 없고 뿌리줄기가 짧아 덩이뿌리를 형성하며, 수염뿌리가 많다. 잎은 뿌리에서 총생(叢生)하며 밑 부분이 넓어져서 서로 감싼다. 잎은 자루가 있고 피침형 또는 넓은 피침형으로 양끝이 점점 좁아진다.

## 약코
### 藥鼻

지금은 몹시 괴롭다는 말이다. 세상에 다음과 같은 말이 전한다.

영남의 포리(逋吏)[870]가 '약비(藥鼻)'라는 두 자를 가득 쓴 큰 종이를 가지고 본관 수령에게 청하였다.

"여기에 도장을 찍어주시면 거포(巨逋)[871]를 갚을 수 있습니다"

수령이 그 말을 따랐다.

그 아전이 먼 고을의 큰 부자 집에 들어가 주인을 찾았다. 주인 늙은이가 나오자 이 종이를 내 보이며 "지금 임금의 약에 쓸 늙은이의 코를 구한다"라고 말을 하고 바로 칼을 빼어 코를 베려고 하니, 늙은이의 자제들이 애걸복걸하며 수만금으로 코에 대한 속전(贖錢)을 바쳤다고 한다.

## 고린내
### 高麗臭

연암 박지원이 "중국 사람은 몹시 더러운 냄새를 '고리취[高麗臭]'라고 한다. '麗'의 음은 '리'이다. 고려 사람의 닦지 않은 발 냄새이다"[872] 라고 하였다.

산곡(山谷) 황정견(黃庭堅)의 시에서,

---

870) 포리(逋吏) : 관아의 물건을 사사로이 써 버린 구실아치나 그 무리.

871) 거포(巨逋) : 벼슬아치가 큰 액수의 공금을 사사로이 쓰던 일. 또는 그 돈.

872) 臭之甚穢曰高麗臭, 謂高麗人不沐浴, 足臭可惡也. …… 麗音離.(『燕巖集, 卷十四, 別集, 熱河日記, 口外異聞, 麗音離・東頭登切』) → 華人, 以臭之甚穢者, 謂高麗臭, 麗音離也, 高麗人足不洗臭.(『松南雜識』)

하필 더러움을 참으며 발을 씻지 않는가 何須忍垢不濯足
괴로이 양주의 음자춘(陰子春)[873]을 배우네 苦學梁州陰子春[874]

라는 구절을 본다면, 중국사람 중에도 발을 씻지 않는 자가 있었나보다.

## 방귀
放氣

『산중일석화(山中一夕話)』에서 말하였다.

진(陳)나라에서 사람을 보내 수나라에 빙문케 하였는데 수나라에서 후백(侯白)[875]으로 하여금 빈객(賓客)을 응접(應接)하게 하였다. 빈객은 후백을 미친한 사람이라 여기고 매우 경시하여 곁에 누워 방귀를 뀌었다.[876]

지금의 똥 냄새 나는 기체를 내뿜는 것을 '방귀[放氣]'라 하는 말은 여기서 유래하였다.

---

873) 음자춘(陰子春): 양(梁)나라의 무장. 고장(姑臧) 출신. 자는 유문(幼文). 음자춘(陰子春)은 언제나 때에 찐 옷을 입고 발도 몇 년에 한 번 닦았다. 그는 몸을 씻으면 재물을 잃고 낭패를 당한다고 늘 말하였다. 음자춘이 양주에 있을 때 발을 닦았다가 양주에서 패전한 일이 있다.

874) 「희답형주왕충도팽다 사수(戲答荊州王充道烹茶四首)」.

875) 후백(侯白): 수(隋)나라 임장(臨漳) 출신. 자는 군소(君素). 우스개 소리를 잘하고 변론에 능하였다. 문제(文帝) 때에 비서성(秘書省)에서 국사(國史)를 편수하였다.

876) 陳**嘗令人聘隋, 不知其使機辨深淺, 乃密**令侯白**變形貌著故敝衣爲賤人**供承, 客謂是微賤, 甚輕之, 乃傍臥放氣.(『山中一夕話, 侯白潛探使情』) → **山中一夕話曰** 陳令侯白, 供承隋客, **客**謂是微賤, 甚輕之, 乃傍臥放氣.(『松南雜識』)
* 진(晉)나라에 수(隋)나라로 사람을 보내 빙문케 하였는데, 수나라에서 사신의 기변(機辯) 능력을 시험해 보기 위하여 후백에게 다 떨어진 용모로 바꾸게 하고 다 헤진 옷을 입혀 천한 사람으로 꾸몄다. 사신은 그가 미천하다고 생각하고 경시하여 그의 옆 자리에 누워 방귀를 꾸었다.

## 설사
### 泄瀉

양웅(揚雄)의 『방언(方言)』에서 "'설사(泄瀉)'는 물 흐르듯 똥을 싸는 병이다"877)라고 하였다.

또 『석명(釋名)』에서 "양주(揚州)와 예주(豫州) 동쪽에서는 '구토'를 '사(瀉)'라고 한다"878)라고 하였다.879)

## 축이내
### 鱁鮧臭

운서(韻書)에서 "소금에 절인 물고기 창자를 '축이(鱁鮧)'라고 한다"880)라고 하였다. 지금 시체 냄새를 '축이(鱁鮧)'이라고 하니, 진(秦)나라의 '포거(鮑車)'881)가 이것이다.

또 냄새는 '후(朽)'라고 하는데, 운서(韻書)의 주석에서 "'庮'는 썩는 냄새이고 음은 '휴'이다"라고 하였다. 오줌 냄새를 '시(屎)'라고 하는 것은 모두 발음이 조금 와전된 것이다.

---

877) **方書**, 泄瀉爲注下之症.(『集韻, 瀉』) → **揚子**方**言**, 泄瀉爲注下之症.(『康熙字典, 瀉』) → **揚子**方**言**, 泄瀉爲注下之症.(『松南雜識』).
*『방언』에 없는 내용으로 '方書'의 오기로 보임.

878) 揚豫以東, **謂瀉爲吐**.(『釋名疏證, 釋疾病, 第二十六』) → 釋名, 揚豫以東, **以吐爲瀉**.(『康熙字典, 瀉』) → 釋名, 揚豫以東, **以吐爲瀉**.(『松南雜識』)

879) 釋名, 揚豫以東, 以吐爲瀉, 又泄也, 揚子方言, 泄瀉爲注下之症.(『康熙字典, 瀉』) → 揚子方言, 泄瀉爲注下之症, 又釋名, 揚豫以東, 以吐爲瀉.(『松南雜識』)

880) **鱁鮧**, 鹽**藏**魚腸**也**.(『佩文韻府, 鱁鮧』) → 塩魚腸**曰鱁鮧**.(『松南雜識』)

881) 포거(鮑車) : 진시황(秦始皇)이 순행 중 사구평대(沙丘平臺)에서 죽자, 조고(趙高)와 이사(李斯) 등이 변란의 발생을 우려하여, 진시황의 사망을 극비에 붙이고 그대로 되돌아왔는데, 한 여름이라 시체 냄새가 심하게 나기에 수레에 절인 생선을 가득 실었다. 절인 생선 냄새로 시체의 냄새와 혼동하게 하려는 것이었다.

### 축생
#### 畜生

범어(梵語)의 '흘속다(吃粟多)'는 중국말로 '천한 사람'이라는 뜻이고 '저속다(底粟多)'는 중국말로 '축생(畜生)'이라는 의미이니, 지금 우리나라 말로 '짐승[昚生]'이다.

### 남을 업신여길 때 '사'라고 한다
#### 侮人曰崽

양웅의 『방언(方言)』에서 "'崽'의 음은 '사'이니, 강(江)와 상(湘) 사이의 지역에서 '이 새끼'라고 말할 때 '사(崽)'라고 한다"라고 하였다. 『광운(廣韻)』에는 "스스로를 높이고 남을 업신여기는 말이다"[882]라고 하였다.[883] 한편으로 상대방을 부르는 호칭이기도 하다.

지금 사람과 짐승의 새끼를 '사(崽)'라고 통칭하는 말은 여기에서 나왔다.

### 새끼 없는 것을 '도'라고 한다
#### 無子曰犗

『옥편(玉篇)』에서 "새끼 없는 소나 양을 '犗'라고 하는데, '犗'의 음은 '도'이다"[884]라고 하였다.

지금 '도빈우(犗牝牛)'[885] · '도빈견(犗牝犬)'[886]이란 말은 여기서 시작

---

882) 自高而侮人也.(『廣韻, 崽』)

883) **崽者, 子也, 湘沅之會, 凡言是子者, 謂之崽, 若東齊言子矣. 玉篇 引方言江湘之間 凡言是子曰崽, 廣韻引方**言江湘間, 凡言是子謂之崽. **又云**自高而侮人也.(『方言, 卷十』) → 江湘間, 凡言是子謂之崽, **廣韻**, 自高而侮人也.(『松南雜識』)

884) 牛羊無子.(『玉篇, 犗』) → 牛羊無子曰犗 (『松南雜識』)

885) 도빈우(犗牝牛) : 새끼 없는 암소..

되었는데, 우리나라에서는 '둘(乧)'로 와음되었다.

## 첩경
### 捷徑

「이소경(離騷經)」[887]에서 "급한 걸음으로 지름길을 갔기 때문이네[夫唯捷徑以窘步]"라고 하였다.

당나라 노장용(盧藏用)이 처음에는 종남산(終南山)에 은거하였다가 만년(晩年)에 권세와 이익을 따르니, 사마승정(司馬承禎)이 "종남산은 벼슬의 지름길[捷徑]이오"라고 하였다.[888]

대개 황보희지(皇甫希之)를 '충은(充隱)'이라 기롱한 말인데,[889] 지금은 매우 쉬운 일을 말한다.

## 창피
### 昌披

「이소경(離騷經)」에서,

---

886) 도빈견(犆牝犬) : 새끼 없는 암캐.

887) 이소경(離騷經) : 초나라의 굴원이 지은 부(賦). 조정에서 쫓겨난 후의 시름을 노래한 것으로 『초사(楚辭)』 가운데에서 으뜸으로 꼽힌다.

888) 盧藏用, 始隱終南**山**, 晩**乃**狥權利, 司馬承禎**嘗召至闕下**, **藏用指終南山曰**, **此中大有佳處**, **禎徐曰**, **以僕視之**, 仕宦之捷徑**耳**.(『古今事文類聚前集, 卷十四, 地理部, 衆山, 終南捷徑』) → **唐**盧藏用, 始隱**終南**, 晩**循**權利, 司馬承禎曰, **終南**, 乃仕宦之捷徑**也**.(『松南雜識』)

889) 진(晉)의 환현(桓玄)이 왕위(王位)에 오르게 되자 숨은 선비가 없는 것을 부끄럽게 여기고 황보희지(皇甫希之)에게 자금과 식량을 주어 산림(山林)에 살도록 하다가 불러들여 저작랑(著作郎)으로 삼았다. 또 굳이 사양하도록 한 다음에 조서(詔書)를 내려서 예우(禮遇)를 표하고 호(號)를 '고사(高士)'라 하니. 당시 사람들은 '충은(充隱)'이라고 비웃었다.

폭군 걸(桀)·주(紂)의 행적은 어찌 그리 창피한가　　何桀紂之昌披兮
급한 걸음으로 지름길 갔기 때문이네　　夫唯捷徑以窘步

라고 하였는데, 그 주석에서 "옷을 입고 띠를 매지 않은 것을 '창피(昌披)'라고 한다"[890]라고 하였다.

『박아(博雅)』에서 "'창(昌)'은 '창(裮)'과 같다. '창(裮)'은 옷을 풀어 헤치고 띠를 매지 않은 것이다"[891]라고 하였다.

## 섭렵
涉獵

『한서(漢書)』에서 "가산(賈山)[892]이 서적을 섭렵(涉獵)만 하였다"라고 하였는데, 그 주석에 "물을 건너고 짐승을 사냥하는 것이니, 전일(專一)하고 정통하지 못하다는 뜻이다"[893]라고 하였다.

## 돌변
突弁

『시경(詩經)』에서,

젊고 예쁜　　婉兮孌兮

---

890) 何桀紂之昌被兮. 〈昌被, 衣不帶貌. 夫唯捷徑以窘步.〉(『楚辭章句, 卷一, 離騷經章句, 第一』) → 何桀紂之昌被兮, 夫唯捷徑以窘步. 註, 衣而不帶曰昌被.(『松南雜識』)
891) 博雅, 披裮, 不帶也.(『集韻, 裮』) → 博雅, 昌與帽裮, 同也, 裮披不帶.(『松南雜識』)
892) 가산(賈山) : 한나라 문제(文帝) 때 인물.
893) **山受學祛所言**涉獵書記, **不能爲醇儒. 師古曰 涉若**涉**水**, **獵若**獵獸, **言歷覽之不專**精也.(『前漢書, 卷五十一, 賈鄒枚路傳, 第二十一, 賈山』) → 賈山涉獵書記. **註**, 涉水獵獸, 不專精也.(『松南雜識』)

쌍 상투 튼 총각을 總角丱兮
얼마 되지 않아 만나보면 未幾見兮
우뚝히 관을 쓰고 있도다 突而弁兮[894]

라고 하였다.

지금 갑자기 변한 것을 '돌변(突弁)'이라 하는데, 이 말은 여기에서 유래하였다.

## 악착
### 齷齪

『역이기전(酈食其傳)』에서 "악착스레 자질구레한 예를 좋아하였다"[895]라고 하였는데, 그 주석에서 "'악착'은 급박하다는 뜻이다"[896]라고 하였다. 사마상여(司馬相如)의 부(賦)에서 "자잘하고 악착스럽다"[897]라고 하였다.

지금은 인정(人情)에 가깝지 않은 것을 '악착'이라고 칭한다.

## 저어
### 齟齬

한유(韓愈)의 시에서 "명성을 다투느라 어근버근 모순된다네[爭名齟齬

894) 『詩經, 齊風, 甫田』.
895) 握齱, 好荷禮.(『史記, 卷九十七, 酈生陸賈列傳, 第三十七, 酈生食其』)→齷齪好奇.(『松南雜識』)
896) 握齱, 急促之貌.(『史記, 卷九十七, 酈生陸賈列傳, 第三十七, 酈生食其』)→迫也.(『松南雜識』)
897) **豈特**委瑣齷齪.(『雲南通志, 卷二十九之十, 開西南夷難蜀父老』)→委瑣齷齪.(『松南雜識』)

持矛楯]"[898]라고 하였는데, 그 주석에서 "'저어(齟齬)'는 이빨이 맞지 않는 모양이다"라고 하였다.

'모순(矛盾)'은 『한비자(韓非子)』[899]에 보인다.

## 괴물
### 怪物

『진서(晉書)』에서 "우저기(牛渚磯[900])에 괴물이 많았는데, 온교(溫嶠[901])가 무소뿔을 태워 비추어 보았다"[902]라고 하였다. 한유(韓愈)의 글에서 "천지의 끝, 큰 강가에는 괴물이 있다"[903]라고 하였다.

지금 '괴물(怪物)'이라는 말은 여기에서 유래하였다.

---

898) 「증최립지평사(贈崔立之評事)」.

899) 『松南雜識』에는 '說苑'으로 오기되어 있음.

900) 우저기(牛渚磯) : 진(晉)나라 온교(溫嶠)가 무소뿔[犀角]을 태워서 우저기(牛渚磯)라는 깊은 웅덩이를 비추어 보았는데, 수중(水中)의 기괴한 물건이 모두 환히 보였다. 그날 밤 수중의 괴물(怪物)이 꿈에 나타나서 "우리가 모습을 감출 곳이 없다"라고 하는데 마치 애걸하는 모습 같았다. 그래서 온교는 곧 그 서각(犀角)을 태워버리고 "사람이 만약 밝게 물건을 비추면 물건은 반드시 꺼릴 것이다"라고 말하였다는 고사가 있다.

901) 온교(溫嶠) : 동진(東晉)의 인물. 자는 태진(太眞). 명제(明帝) 때 강주자사(江州刺史)가 되었는데 소준(蘇峻)이 반란하여 서울을 함락시키자 도간(陶侃)에게 청하여 왕을 근위하고 석두(石頭)를 격파한 공으로 태안군공(泰安郡公)에 봉하였다. 시호는 충무(忠武).

902) **至**牛渚磯, **水深不可測, 世云, 其下**多怪物, 嶠**遂燬**犀**角而**照之.(『晉書, 卷六十七, 列傳, 第三十七, 溫嶠』) → 牛渚磯, 多怪物, **溫**嶠**燃**犀照之.(『松南雜識』)

903) 天地之濱, 大江之濆, 曰有怪物**焉**.(『古今事文類聚別集, 卷二十八, 古今文集, 雜著, 與韋舍人書』)

## 망상
罔象

『박물지(博物志)』[904]에서 "괴이한 나무나 돌을 '망상(罔象)'이라고 한다"[905]라고 하였다. 「유행(儒行)」에서 "여러 사람을 유생(儒生)으로 명명(命名)하는 것은 '망상(妄常)'이다[衆人之命儒也, 妄常]"[906]라고 하였다.

지금은 사람을 이상하다고 꾸짖는 말로 사용된다. 혹 와전되어 '방정맞다'라고 하는데 바로 이것이다.

## 곡절
曲折

「이광전(李廣傳)」[907]에서 "상서(上書)하여 천자에게 자세한 사정을 보고하려 한다"[908]라고 하였다.

『운옥활투(韻玉活套)』에서 '위절(委折)'[909]이라고 하였다.

---

904) 박물지(博物誌) : 진(晉)나라 때 장화(張華)가 편찬한 책. 지리략(地理略) · 지(地) · 산(山) · 수(水) · 산수총론(山水總論) · 오방인민(五方人民) · 물산(物産) · 외국(外國) · 이인(異人) 등의 38항목으로 나누어 세계의 사물에 대하여 적었다. 원본 10권은 진나라 때 장화가 편찬하고, 속권 10권은 송나라 때 이석(李石)이 편찬하였다고 전한다. 20권.

905) **水之怪爲龍**罔象, 木石之怪**爲䕫魍魎**, **土之怪爲墳羊**, **火之怪爲宋無忌**.(『博物志, 卷九, 雜說上』) → 木石之怪, **謂**罔象.(『松南雜識』)

906) 『禮記, 儒行』.

907) 이광(李廣) : 한(漢)나라 장군으로 몸집이 크고 원숭이 같은 팔을 가져 말타기와 활쏘기에 능하여 흉노족을 막는데 큰 공이 있었음. 팔 힘이 세어 숲속의 돌을 보고 범인줄 알고 쏘았더니 화살촉이 돌에 박혔다는 고사가 있다.

908) 欲上書報天子**軍**曲折.(『史記, 卷一百九, 李將軍列傳, 第四十九』) → 欲上書報天子曲折.(『松南雜識』)

909) 위절(委折) : 일의 상세한 정황.

## 초월
楚越

『장자(莊子)』에서 '간담초월(肝膽楚越)'[910]이라고 하니, 또한 월(越)나라 사람이 진(秦)나라의 수척해 진 모습을 보듯이 한다는 의미이다.

지금은 인정(人情)에 배치되는 것을 이른다.

## 삼상
參商[911]

『춘추좌씨전(春秋左氏傳)』에 나오며, 소무(蘇武)[912]의 시(詩)에,

| | |
|---|---|
| 옛날에는 원앙(鴛鴦)이더니 | 昔爲鴛與鴦 |
| 지금은 삼상(參商)이 되었네 | 今爲參與辰[913] |

라고 하니, 바로 '초월지간(楚越之間)'의 의미이다.

---

910) 간과 쓸개같이 서로 가까운 사물도 초(楚)나라와 월(越)나라처럼 서로 거리가 먼 것을 말한다.(『莊子, 德充符』)

911) 삼상(參商) : 삼성(參星)과 상성(商星). 삼성은 서쪽에, 상성은 동쪽에 있어 동시에 두 별을 볼 수 없으므로, 친한 사람과 이별하여 만나지 못하는 비유로 쓰인다.

912) 소무(蘇武) : 한(漢)나라의 장군. 두릉(杜陵) 출신. 자는 자경(子卿). 무제(武帝) 때 중랑장(中郎將)으로서 흉노(匈奴)에 사신 가서 19년 동안 잡혀 있었다. 소무는 토굴에 갇히고 북해(北海)에서 양을 치는 등 갖은 고난을 겪었으나 끝까지 흉노에게 굴복하지 않고 한나라의 부절(符節)을 지녀 굳은 절의를 보였다. 소제(昭帝) 때 화친이 되어 돌아왔으며 선제(宣帝)가 즉위해서는 기린각(麒麟閣)을 세우고 그의 초상을 그려 봉안하게 하였다.

913) 『松南雜識』에는 '今爲參與商'으로 되어 있음.

## 경위
### 涇渭

『수경(水經)』에서 “경수(涇水)는 탁하고 위수(渭水)는 맑은데, 두 물이 삼백 리를 흘러가서 합류해도 청탁(淸濁)이 섞이지 않는다”라고 하니, 마치 흐린 하수(河水) · 맑은 제수(濟水)와 같다.

『시경(詩經)』에서,

| | |
|---|---|
| 경수가 위수 때문에 흐려 보이지만 | 涇以渭濁 |
| 그 물가는 맑고 맑도다 | 湜湜其沚[914] |

라고 한 말이 이것이다.

지금은 흑백(黑白) · 옥석(玉石) · 염량(淡凉) · 음양(陰陽) · 동서(東西)처럼 확연히 구분되는 것을 말한다.

## 주장
### 主張

『장자(莊子)』에서 “누가 이것을 주장하고 누가 이것을 유지되게 하는가?[孰主張是, 孰維綱是]”[915]라고 하였다.

안숙원(晏叔原)[916]의 시(詩)에서,

| | |
|---|---|
| 봄바람은 본래 세상의 나그네인데 | 春風自是人間客 |
| 몇 번이나 번화함을 주장했던가 | 主張繁華得幾時[917] |

914) 『詩經, 邶風, 谷風』.
915) 『莊子, 天運』.
916) 안숙원(晏叔原) : 송나라의 시인. 호는 소산(小山). 악부(樂府)로 유명하다.
  *『松南雜識』에는 ‘晏叔厚’으로 오기되어 있음.
917) 「만춘(晩春)」.

라고 하였다.

## 가차
假借

『후한서(後漢書)』에서 말하였다.

반표(班彪)[918]가 "성제(成帝)는 외가(外家)에서 사랑[假借]받았습니다[成帝假借外家]"[919]라고 말하였다.

지금 사랑을 '가차(假借)'라고 하는 말은 여기에서 나왔다.

## 당래
儻來

『장자(莊子)』에서 "벼슬은 몸에 속한 것이지만, 외물(外物)이 우연히 와서 잠깐 붙은 것이다"[920]라고 하였으니, 바로 '혹여 오는 것'을 뜻한다. 지금은 '당연히 오는 물건'으로 와전되었다.

---

918) 반표(班彪) : 한나라의 역사가. 자는 숙피(叔皮). 문재가 있고 저술을 좋아하여 전대의 유사(遺事) 이문(異聞)을 채록하여 『한서』를 지어 사마천(司馬遷)의 『사기』를 계승하려 하였다. 그러나 완성하지 못하고 죽자, 그 아들 반고(班固)가 이어서 완성하였다.
919) 『後漢書, 卷七十上, 班彪列傳, 第三十上, 班彪傳』.
920) 軒冕在身, **非性命也**, 物之儻來寄也.(『莊子注, 繕性』)→軒冕在身, 物之儻來寄也.(『松南雜識』)

## 아잔
### 阿殘

『위지(魏志)』에서 "진한(辰韓)에서는 낙랑인(樂浪人)을 '아잔(阿殘)'이라고 부른다. 동방 사람들은 '나'를 '아(阿)'라고 이름 하니, 낙랑인(樂浪人)은 본래 그들의 '잔존한 사람'이라는 의미이다"[921]라고 하였다.

지금은 '애잔(哀殘)'으로 와전되었다.

## 잔약
### 孱弱

『설문해자(說文解字)』에서 "잔(孱)은 고아(孤兒)가 시체 아래에 있는 것이다"[922]라고 하였다. 나약(懦弱)하다는 뜻이다. 관고(貫高)[923]가 장오(張敖)를 일러 '잔왕(孱王)'이라고 하였다.[924]

산곡(山谷) 황정견(黃庭堅)의 시에서,

| | |
|---|---|
| 일개 선비도 나라를 빛낼 수 있는데 | 匹士能光國[925] |
| 세 명의 나약한 사람들 모퉁이도 채우지 못하네 | 三孱不滿隅[926] |

---

921) 辰韓**在馬韓之東** …… 名樂浪人爲阿殘, 東方人名我爲阿, 謂樂浪人本其殘餘人.(『三國志, 魏志, 卷三十』) → 辰韓, 名樂浪人爲阿殘, 東方人, 名我爲阿, 謂樂浪人本其殘餘**之**人**也**.(『松南雜識』)

922) 從孨在尸下.(『說文解字, 孱』)

923) 관고(貫高) : 한 고조(漢高祖) 때 조왕(趙王) 장오(張敖)의 정승. 한 고조가 조왕 장오에게 무례하게 대하자, 격분하여 고조를 살해하려 하였다. 그 뒤에 이 일이 발각되어 조왕이 갇히고 관고도 옥에 갇혔는데, 갖은 고문에도 굽히지 않고 조왕의 무죄를 밝혔다. 고조가 그의 의리를 훌륭하게 여겨 용서해 주었으나, 그는 "신하로서 임금을 시해하려라고 하였다는 불명예를 얻고 무슨 면목으로 주상을 섬길 수 있겠는가" 하고 자결하였다.

924) 貫高, 乃怒曰, 吾王孱王也.(『史記, 卷八十九, 張耳陳餘列傳, 第二十九, 陳餘』) → 貫高謂張敖爲孱王.(『松南雜識』)

925) 『松南雜識』에는 '四士能光國'로 오기되어 있음.

라고 하였다. 또,

다섯 사람도 모퉁이를 채울 수 없지만　　五子不滿隅
한 사람이 조정을 채운다네　　一子滿朝[927]

라고 하였다.

## 야차
### 蕼蒫

중국에서 촉인(蜀人)으로 법도에 따르지 않는 자를 '천야저[川蕼苴]'라 부른다. 『산곡집(山谷集)』의 주석에서 '막혀서 익숙하지 못함'[928]이라고 하였다.

『강희자전(康熙字典)』에서는 '蕼蒫'의 음을 '야차'라고 하였다.

지금 성격이 괴팍하고 사나운 사람을 '야차'라 부르는 것은 여기서 유래하였다.

## 지리
### 支離

『장자(莊子)』에서 "그 덕을 지리하게 하다[支離其德]"[929]라고 하였는데,

---

926) 「차운양명숙 사수(次韻楊明叔四首)」.
927) 『晏子春秋, 卷七, 外篇上』.
 *『松南雜識』에는 '一子滿朝廷'으로 되어 있음.
 *『山谷內集詩注, 卷十二, 次韻楊明叔四首』의 주석으로 부기되어 있음.
928) 中州人謂蜀人不遵軌轍者, 曰川蕼苴. 山谷集注 蕼郎假反, 蕼苴泥不熟也.(『韻府羣玉, 蕼苴』) → 山谷集注, 中州謂蜀人不遵軌轍者, 曰川蕼苴, 註, 泥不熟也.(『松南雜識』)
929) 『莊子, 人間世』.

그 주석에서 "'지리(支離)'는 수습하지 않은 모습"[930]이라고 하였다. 지금은 '더디게 오래 간다'라는 말을 이르는데, 연암(燕巖) 박지원(朴趾源)의 "원앙이 발로 차서 지리소(支離疏[931])를 넘어뜨렸다"[932]라는 말은 본래 『장자』의 여기에 나오는 것을 윤색(潤色)한 것이다.

『유마경(維摩經)』에서 "억센 코끼리가 발로 차고 밟으면 노새도 감당하지 못한다[龍象蹴踏非驢所堪]"[933]라고 하였다.

## 불가사리
### 不可殺

세상에 다음과 같은 이야기가 전한다.

고려 말에 쇠를 모조리 먹어치우는 괴물이 있었는데, 죽이려 해도 할 수 없었기 때문에 '불가사리[不可殺]'라고 불렀다. 이 놈을 불에 던지니 온몸이 불덩이가 되어 인가(人家)로 날아가 집도 모두 태워 버렸다고 한다.

지금 '죽일 수도 있고 살릴 수도 있다[可殺不可殺]'라는 말은 여기서

---

930) **支離**, 無收拾**貌**.(『韻府羣玉, 支離其德』) → 無收拾**也**.(『松南雜識』)

931) 지리소(支離疏) : 『장자(莊子), 인간세(人間世)』에 나오는 가상의 인물. '支離'는 육체가 불완전하고 '疏'는 지혜가 없는 상태를 비유한다. 즉 심신이 온전치 못한 상태의 사람을 가설한 것이다.

932) **使個**鴛鴦脚**踢**倒支離疏.(『燕巖集, 卷十四, 別集, 熱河日記, 鵠汀筆談』) → **以**鴛鴦脚**蹴**倒支離疏.(『松南雜識』)
*『연암집(燕巖集)』의 주석에서 "우리나라 속담에, 약한 놈을 업신여겨 무슨 물건을 빼앗는 것을 '어린아이 눈물 묻은 떡'이라 하고, 또 '난장이 턱 차기'라고도 한다. 내가 오는 길에 통관(通官) 쌍림(雙林)의 무리가, 사람이 남과 싸우는 것을 보고 꾸짖을 적에, 원앙각(鴛鴦脚)이 어쩌고저쩌고 하는 것을 들었는데, 우리나라의 '난장이 턱 차기'라는 말과 같고 글귀가 묘하기에, 이때에 중국 발음으로 이 말을 써 보았다"라고 하였다.

933) '용상축(龍象蹴)'은 본래 보살(菩薩)의 힘을 비유하는 말이다.

나왔다. 그러나 『맹자(孟子)』의 "나라 사람들이 '모두 죽일 만하다'라고 한다[國人皆曰可殺]"[934]라는 말에서 근본한 듯하지만, '불가사리'라는 말은 그 괴물의 이름이다.

## 이야기
### 利藥

『지림(志林)』에서 "소식(蘇軾)이 귀양 갔을 때 무료(無聊)함이 병이 되어 치료할 수가 없었는데, 지림(志林)이라는 중이 문병을 와서 이야기만 하고 사오일 밤을 함께 자니 약을 쓰지 않고도 병이 나았다"라고 한다.

지금은 '옛날이야기[古談]'를 '이야기[利藥]'라 하니, 그대로 우리말로 음차한 것이다.

## 온자
### 醞藉

『당서(唐書)』에서 "권덕여(權德輿[935])의 너그러운[醞藉] 풍류는 절로 사모할 만하다[醞藉風流, 自然可慕]"[936]라고 하였는데, 그 주석에서 "잘 빚어진 술[醞釀] 및 거적자리[薦藉]와 같은 말이다"[937]라고 하였다.

지금은 원만하고 복되다는 의미로 사용된다.

934) 『孟子, 梁惠王下』.
935) 권덕여(權德輿) : 당나라의 문신. 자는 재지(載之).
936) 『唐書, 卷一百六十五, 列傳第九十, 二鄭高權崔, 權德輿』.
937) 醞**藉謂**如醞釀及薦藉.(『洪武正韻, 藉』) → 如醞釀及薦藉.(『松南雜識』)

## 주신
### 主臣

『한서(漢書), 왕릉전(王陵傳)』에서 "'진평(陳平)'[938]이 주신(主臣)입니다' 라고 사죄하였다"라고 하였는데, 그 주석에서 "'황공하다'는 말이다. '주(主)'는 '치다'의 의미이고 '신(臣)'은 '복종하다'의 의미이니, '쳐서 복종시킴에 황공하다'라는 의미이다"[939]라고 하였다. 한유(韓愈)의 글[940]에서 '실주실신(悉主悉臣)'[941]이라고 한 말이 이것이다.

## 준비
### 準備

장종윤(張宗尹)[942]의 시에서 "전원을 넉넉히 사서 한가할 때를 준비하네[剩買田園準備閒]"[943]라고 하였는데, 지금 매사에 미리 대비함을 '준비'라고 하는 말이 이것이다.

---

938) 진평(陳平) : 한나라의 정치가. 양무(陽武) 출신. 진(秦)나라 말기에 진섭(陳涉)이 난을 일으키자 진평이 항우(項羽)를 섬겨 신무군(信武君)이 되었다가 한나라 고조(高祖)에게 돌아가 여러 차례 기책(奇策)을 내서 그의 천하통일에 기여하였다. 혜제(惠帝) 때에 좌승상이 되었다. 여후(呂后)가 죽자 주발(周勃)과 함께 모의해서 여러 여씨(呂氏)를 제거하여 한나라 종실이 이에 힘입어 건재하게 되었다. 문제(文帝) 때에는 홀로 승상이 되었다. 시호는 헌후(獻侯)이다.

939) 平謝曰, 主臣. 〈**文穎曰**, 惶恐**之辭也**, **猶今言死罪也**. …… **晋灼曰**, **主**擊也臣服也, 言**其**擊服惶恐**之辭**.〉(『前漢書, 卷四十, 張陳王周傳, 第十, 王陵』) → 陳平謝曰, 主臣. 註, 惶恐也, 主擊也臣服也, 言擊服惶恐.(『松南雜識』)

940) 「평회서비(平淮西碑)」를 이름. 「평회서비(平淮西碑)」는 당나라 덕종(德宗) 때 채주(蔡州)의 오원제(吳元濟)가 반란을 일으키자, 덕종이 배도(裴度) 등을 보내어 평정하고서, 이를 기념하기 위하여 세웠다.

941) 悉主悉臣. 〈**補注謂悉以爲主而臣之也**.〉(『五百家注昌黎文集, 卷三十, 誌銘碑, 平淮西碑』)

942) 장종윤(張宗尹) : 송나라의 관료. 장안령(長安令)을 지냈다.
*『松南雜識』에는 '張宗永'으로 오기되어 있음.

943) **初宗尹嘗有詩云** …… 剩買田園准備閒. **倦游錄** (『詩話總龜, 卷十五, 留題門』)

또 『서경(書經), 이훈(伊訓)』[944]에서 "사람을 허여하되 완비(完備)하기를 요구하지 않는다[與人不求備]"라고 하였으니, 지금의 '책비(責備)'가 이것이다.

## 준절
### 撙節

『예기(禮記)』에서 "공경하고 준절(撙節)하다"[945]라고 하였는데, 그 주석에서 "재억(裁抑)이다"[946]라고 하였다.

지금은 와전되어 '존절(尊節)'이라 하니, 대개 절약한다는 뜻이다.

## 진선진미
### 盡善盡美

『논어(論語)』에서 말하였다.

> 공자께서 순(舜) 임금의 음악인 소(韶)에 대해서 "지극히 아름답다" 하시고, 주무왕(周武王)의 음악인 무(武)에 대해서는 "지극히 선하지는 못하다"라고 하셨다.[947]

지금 매사의 아름답고 좋은 것을 '진선진미(盡善盡美)'라고 하는 말은

---

944) 『松南雜識』에는 '說命'으로 오기되어 있음.

945) 恭敬撙節.(『禮記, 曲禮上』)

946) 裁抑.(『康熙字典, 撙』)
* 재억(裁抑) : 제재(制裁)하여 억누른다는 의미.

947) **子謂**韶, 盡美矣, **又盡善也**, **謂**武, **盡美矣**, 未盡善**也**.(『論語, 八佾』) → 韶, 盡美矣, 武, 未盡善**矣**.(『松南雜識』)

여기서 나왔다.

## 무단
武斷

『한서(漢書)』에 "향곡(鄕曲)을 무단(武斷)한다"[948]라는 말이 있다. 두보의 시에,

> 사나운 호랑이가 그 위세를 믿다가 　猛虎憑其威
> 왕왕 느닷없이 사로잡힌다 　往往遭急縛[949]

라고 하였으니, 충분히 무단에 대한 경계로 삼을 만하다.

## 진겁
塵劫

정약(丁約)이 위자위(韋子威)에게 "낭군(郎君)[950]이 도(道)를 얻어 오히려 두 속세[兩塵]를 떠났다"[951]라고 하였는데, 그 주석에서 "유가에서는 '세(世)'라 하고 불가에서는 '겁(劫)'이라 하고 도가에서는 '진(塵)'이라 한다"라고 하였다.

948) **以**武斷**於**鄕曲.(『前漢書, 卷二十四上, 食貨志, 第四』) → 武斷鄕曲.(『松南雜識』)
949) 「견흥 오수(遣興五首)」.
950) 낭군(郎君) : 귀가(貴家)의 자제를 이르는 말이다.
951) **韋子威師事**丁約, **一日辭去**, 謂子威曰, 郎君得道, 尙隔兩塵, **儒謂之世**, 釋謂**之**劫, 道謂**之**塵**也**.(『古今事文類聚, 前集, 卷三十四, 仙佛部, 仙, 隔兩塵』) → 丁約謂**韋**子威曰, 郎君得道, 尙隔兩塵. **註**, 釋謂劫, 道謂塵.(『松南雜識』)

## 해미
### 蟹尾

게[蟹]에게는 꼬리가 있지만 매우 짧기 때문에 짧은 물건을 '해미(蟹尾)'라고 부른다.

소식(蘇軾)의 시에서,

| | |
|---|---|
| 거북의 등의 털을 깎아 | 刮毛龜背上 |
| 어느 때 양탄자를 만들까 | 何時得成氈[952] |

라고 하는 것과 같은 뜻이다.

## 헐후
### 歇後

『당서(唐書)』에서 "정계(鄭綮)[953]의 시(詩)는 해학이 많아서 '헐후정오(歇後鄭五)'라 불렀다"[954]라고 하였다.

지금 '속헐후(屬歇後)'[955]라는 말이 있으니 여기에서 유래하였다.

---

952) 「동파팔수(東坡八首)」.

953) 정계(鄭綮) : 당나라의 문신. 자는 온무(蘊武).

954) 綮**本善**詩, **其**語多俳諧, **故使落調**, **世共**號鄭五歇後**體**.(『唐書, 卷一百八十三, 列傳, 第一百八, 鄭綮』) → **鄭**綮詩語多俳諧, 號歇後鄭五.(『松南雜識』)

955) 속헐후(屬歇後) : 유속헐후(猶屬歇后). 다른 것보다는 오히려 쉽다는 뜻으로, 앞으로 더욱 어려운 일이 있음을 이르는 말.

## 진지
進支

중국 발음으로 '食'을 '지'라고 한다. 그렇기 때문에 지금의 '지공(支供)'·'지응(支應)'이란 말은 본래 '식(食)'자의 발음이 변한 것이다. '役只'는 곧 이두(吏讀)식 우리나라 말이니 '격기'라고 발음한다.

## 동냥
動鈴

세상에 다음과 같은 말이 전한다.

고려 때 승려들은 모두 나귀를 타고 쌀자루를 메고는 마을을 향해 방울을 울렸다. 그러면 주인이 바리때에 쌀을 담고 맞아들여 주었다.

지금 식량 구걸하는 것을 '동냥[動鈴]'[956]이라 한다.

## 사식
師食

조선의 정조때 경상도 관찰사의 장계에서 "크게 풍년이 들 조짐이 있으니 하교하신 말씀에 '사식(師食)'이라는 말이 있습니다"라고 하였는데, 본래는 속언(俗諺)이다.

한 선사(禪師)가 두 제자와 함께 죽을 끓이면서 말하였다.

---

956) 동령(動鈴) : 동량(動糧)과 같은 말이다. 동냥, 구걸을 뜻한다. 지방 고을의 아전들이 백성들로부터 거두어들여 착취하던 세금을 빗대어 이르는 말로도 쓰인다.

"내가 마땅히 먹어야겠다."

한 제자가 말하였다.

"선생님께서 드시고 나서야 내가 먹겠군![師食乃食]"

과연 죽이 다 끓은 후에 한 제자가 콧물을 빠뜨렸다. 그러므로 '다 된 죽에 코 빠뜨린다'라는 말도 '사식(師食)'이란 말이다.

### 주전부리
酒前喙

지금 술 마시는 사람이 술 마시기 전에 먼저 안주를 먹으면 술이 잘 받고 또한 크게 취하지도 않는다. 그러나 지금은 세끼 식사 외에 시도 때도 없이 쉬지 않고 입을 놀려 먹어대는 것을 '주전부리[酒前喙]'라고 통칭한다.

### 다반사
恒茶飯957)

중국 사람들은 항상 밥을 먹은 후에 차를 마시니, 우리나라 사람들이 숭늉[熟令]을 마시는 격이다. 또한, 제사에 '차를 올리는 예[茶禮]'가 있으니 중국어를 본뜬 것이다.

지금 매사에 의례적인 일을 말한다.

---

957) 항다반(恒茶飯) : 늘 있어 이상할 것이 없는 예사로운 일.

## 소문
### 所聞

위(魏)나라 종회(鍾會)[958]가 혜강(嵇康)[959]을 만났는데, 혜강이 말하였다.

"무슨 말을 듣고 왔으며, 무엇을 보고 가는가?"

종회가 대답하였다.

"들을 말을 듣고 왔으며, 볼 것을 보고 갑니다."[960]

후위(後魏)의 유원(柳遠)[961]은 성질이 거칠었기에, 사람들이 '유전(柳癲)'이라고 불렀다. 나갔다 돌아올 때마다 집안사람들이 소식을 물으면 "들은 것도 없지만, 비록 들었어도 이해하지 못한다"라고 대답하였다.[962]

지금 '소문(所聞)'이란 말은 여기에서 유래하였다.

958) 종회(鍾會) : 삼국 시대 위(魏)나라 장수. 자는 사계(士季). 위말(魏末)에 진서장군(鎭西將軍)이 되어 등애(鄧艾)와 함께 촉(蜀)나라를 멸하는 데 공이 커서 사도(司徒)가 되었으나, 등애를 모함하여 가두고 촉나라에서 반란을 일으켰다가 부하의 손에 죽었다.

959) 혜강(嵇康) : 진(晉)나라 죽림칠현(竹林七賢)의 한 사람. 자는 숙야(叔夜). 중산대부(中散大夫)를 지냈으므로 '혜중산(嵇中散)'이라고도 한다.

960) 何所聞而來, 何所見而去, 會曰, 聞所聞而來, 見所見而去.(『晉書, 卷四十九, 列傳, 第十九, 嵇康』)
* 혜강이 가난하게 살면서 상수(向秀)와 대장간 일을 하고 있을 때 종회(鍾會)가 명성을 듣고 찾아왔으나 예우를 하지 않자 종회가 유감을 품었다가 뒤에 참소하여 사형을 당하게 하였다.

961) 유원(柳遠) : 후위(後魏) 사람, 자는 계운(季雲).

962) 綝**弟**遠**字季雲**, 性**麤疎**, **無拘檢**, **時**人**或**謂**之**柳癲, …… 每出返, 家人**或**問**有何**消息, **答云**, 無所聞, **縱**聞亦不解.(『魏書, 卷七十一, 列傳, 第五十九, 裴叔業』) → **後魏柳**綝遠性麤, 人謂柳**癲**, 每出**行**返, 家人問消息, **曰**無所聞, 聞亦不解.(『松南雜識』)

## 풍성학려

風聲鶴唳[963]

『진서(晉書)』에서 "부견(符堅)[964]이 팔공산(八公山) 초목에서 나는 바람 소리와 학 울음소리를 모두 강적으로 여겼다"[965]라고 하였다.

지금의 '소동(騷動)'이라는 말이 이것이다.

## 왜장

倭張

남수문(南秀文)[966]의 기(記)에서 "고려 말 군대의 기강이 해이해져서 왜구가 창궐하였다[高麗之季, 武弛倭張]"[967]라고 하였는데, 지금은 소문이 매우 대단한 것을 이르는 말이다.

---

963) 풍성학려(風聲鶴唳) : 겁을 먹은 사람은 하찮은 일에도 크게 놀라는 것을 비유한 말. 진(晉)의 부견(符堅)이 비수전(淝水戰)에서 대패한 후, 그의 군사들이 바람 소리와 학의 울음 소리만 듣고도 추격병이 오는 것으로 생각하고 두려워하였다는 고사에서 유래하였다.

964) 부견(苻堅) : 오호 십육국 시대 전진(前秦)의 제3대 왕(338~385). 자는 영고(永固). 이름은 문옥(文玉). 묘호는 세조(世祖). 전연(前燕)과 전량(前凉)을 멸하고 강북 지방을 통일하였으나 동진(東晉)과의 비수(淝水) 싸움에서 크게 패하였다. 고구려에 순도를 보내 불교를 전파하기도 하였다. 재위 기간은 357~385년.

965) 『晉書, 卷一百十四, 載記第十四, 苻堅下』.

966) 남수문(南秀文) : 조선 전기의 문인(1408~1442). 본관은 고성(固城). 자는 경질(景質)·경소(景素), 호는 경재(敬齋). 줄곧 집현전과 예문관 등의 문원(文苑)을 떠나지 않고 당대의 이름난 문장가 윤회·권채·신석조 등과 시문을 겨루었는데, 당시 사람들은 그의 문장이 제일이라고 추앙하였다. 술을 즐겨 도가 지나칠 때가 많았는데, 세종은 재주를 아껴 술을 석잔 이상 마시지 못하도록 경계하였다는 일화가 있다. 저서로는 『경재유고』가 있다.

967) 「태안군객사신창기(泰安郡客舍新創記)」.

魏鍾會見嵇康、曰何所聞而來何所見而去會曰聞所聞而來見所見而去後魏柳遠性麁人謂柳癲每出行反家人問消息曰無所聞、亦不觧今所聞之語是也

風聲鶴唳

晉史苻堅以八公山草木風聲鶴唳皆以爲勍敵今騷動是也

倭張

南秀文記云高麗之季武弛倭張今所聞甚大之謂也

膾炙

周顗啖王羲之由是知名故今名聞播多之謂也唐詩一出韓碑傳膾炙不知世有段文昌

消息

師食

、動鈴 諺傳麗代時僧皆騎馬自公而行聞動鈴則主人盛米香鉢迎與之故今乞粮謂動鈴

我正廟世嶺伯狀啓大豐之徵下教有師食之語本俗諺有一禪師與二弟子煎粥曰吾當食之一弟子曰師食乃食果粥熟後一弟子鼻涕落之故旣成粥鼻涕流之語亦師食之說也

、酒前喙

今飮者酒前先食按酒則酒善受又不沉醉云然今常食外無時喙不休通謂酒前喙

、恒茶飯

中朝人恒飯後啜茶即我國人飮熟冷也且祭有獻茶之禮故中朝語也今每事依例之謂也

所聞

漢史曰武斷鄉曲杜詩猛虎憑其威往〃遭急縛足爲武斷戒

、塵劫

丁約謂韋子威曰郎君得道尚隔兩塵註儒謂世釋謂劫道謂塵

、蟹尾

蟹有尾甚短故凡物之短謂蟹尾若坡詩亂毛龜背上何時得成氈之意也

、歇後

唐史鄭綮詩語多俳諧號歇後鄭五今有屬歇後之語出此

、進支

華音食爲支故今支供支應之說本食字音轉也役只者即吏讀之方言也呼音擊其

主臣

漢王陵傳陳平謝曰主臣註皇恐也主擊也臣服也言擊服皇恐韓文悉主悉臣是也

、準備

張宗永詩云剩買田園準備閒今每事豫備謂準備是也又說命云與人不求備今責備是也

、撙節

禮記曰恭敬撙節註裁抑也今訛謂尊節盖節用也

盡善盡美

論語曰韶盡美矣武未盡善矣今每事美好盡善盡美出此

、武斷

鴦脚蹴倒文龍跣之語本出此而閻飾之維摩經云龍象蹴踏非驢所堪

、不可殺

諺傳松都之末有物食鐵殆盡欲殺不可故名不可殺投之火全身成火塊飛、人家、亦盡焚云今可殺不可殺之語出此然似本孟子國人皆曰可殺不可殺之語名其物也

、利藥

志林曰東坡在謫無聊成病不能治有僧志林問疾惟談論是事四五宿勿藥有喜今以古談爲利藥因爲諺之釋音云

、醞藉

唐史權輿醞藉風流自然可慕註如醞釀及薦藉今圓福用之

阿殘

魏志辰韓名樂浪人爲阿殘東方人名我爲阿謂樂浪人本其殘餘之人也今訛爲哀殘

、孱弱

說文曰孱從孨在尸下懦弱貫高謂張敖爲孱王山谷詩云四士能光國三孱不滿隅亦五子不滿隅一子滿朝廷

、虀薤

山谷集註中州謂蜀人不遵軌轍者謂川虀首註泥不熟也字典曰虀薤音也且今人性詩戾者謂虀磋出此

、支離

莊子曰支離其德註無收拾也今謂遲久之語而燕岩有以爲

左傳有之蘇武詩昔爲鴛與鴦今爲參與商即楚越之意

、涇渭

水經曰涇濁渭清合三百里不混若濁河清濟也詩之涇以渭濁湜〻其沚是也若今皂白玉石炎涼陰陽東西也分曉言之

、主張

莊子曰孰主張是孰維綱是晏叔厚詩春風自是人間客主張繁華得幾時

假借

漢史班彪言成帝假借外家今受辛謂假借出此

、儻来

莊子曰軒冕在身物之儻来寄也即或来今誤爲當来之物

恠物

晉史牛渚磯多恠物溫嶠燃犀照之韓文天地之濱大江之濆曰有恠物今恠物之說出此

、罔象

愽物志曰木石之恠謂罔象儒行云衆人之命儒也妄常今責人異常之稱而或訛爲方情者即此也

、曲折

李廣傳欲上書報天子曲折韻玉活会曰委折

楚越

莊子曰肝膽楚越亦越視秦瘠之意今背馳人情之謂也

参商

、昌披

離騷曰何桀紂之昌披兮惟捷徑以窘步註衣而不帶曰昌披

愽雅昌與帽裼同也裼披不帶

、涉獵

漢史賈山涉獵書記註涉水獵獸不專精也

、突弁

詩云總角丱兮未幾見兮突而弁兮今卒變謂突弁出此

、齷齪

酈食其傳齷齪好奇註迫也相如賦委瑣握齪令不近人情稱

、齟齬

韓詩爭名齟齬持矛盾註齟齬齒不合貌矛盾見說苑

梵語吃粟多華言賤人底粟多華言畜生今俗言俴生

、侮人謂崽

揚子方言曰崽也音蓰江湘間凡言是子謂之崽屑韻自高而侮人也一曰呼彼之稱今人數之子統稱崽者出此

、無子曰犗

玉篇曰牛羊無子曰犗〻音陶今犗牝牛犗牝犬始此而俗音訛也

、捷徑

離騷經曰夫唯捷徑以窘步唐盧藏用始隱終南晚徇權利司馬承禎曰終南乃仕宦之捷徑也蓋皇甫希之充隱之譏而今至易事言之

洗臭按山谷詩何須忌垢不濯足若學梁州陰子春則中國人亦有足不洗者矣

、放氣

山中一夕話曰陳令侯白供承隋客、謂是微賤甚輕之乃傍臥放氣今放糞氣謂放氣出此

泄瀉

揚子方言泄瀉爲注下之症又釋名揚豫以東以吐爲瀉

、鱁鮧臭

韻書曰鹽魚腸曰鱁鮧今屍臭謂鱁鮧者秦之鮑車是也糞臭謂朽而韻書腐註腐臭也音休溺臭謂尿者皆語音之小訛也

、畜生

張

一括食喙 字彙曰㗳音塔註食貌

韻書曰括舌取物又音塔註貪欲意括括也今多髭者謂括食喙是也或曰如澤瀉根故訛爲多方髭也然實辱以括食喙也

一藥㚖

今甚苦之語也諺傳嶺南適吏持大紙滿書藥㚖二字請本倅曰印此則巨適可免倅從之吏入遠鄉大富民家訪主翁出示此紙曰今御藥求翁㚖即拔刀將劓之翁之子弟懇乞以累巨萬錢贖㚖云

一高麗㚖

燕岩曰華人以㚖之甚穢者謂高麗㚖麗音離也高麗人足不

詩云王事鞅掌註失容煩勞之狀似當時方語若毒藥謂瞑眩也今草木爲道傍所苦不長者謂鞅掌者似出此

膳熱

俗釋膳音苦者言味苦也海西人謂熱蓋人急走口味苦者膳氣熱故也馬能善走者以無膳也今詈人無勇者曰無熱、者膳也猶鄭玉周腊之謂璞也亦今釋雨音霏血音皮者以人之氣血譬天之雨水而少變其音讀耶

跋扈

漢史質帝謂梁冀爲跋扈將軍譬魚在扈而欲跋出之象今俗強者謂跋扈是也集韻曰抪掩自任無憚也淮南子曰游者以足蹶以手抪、音潑又虜扈漢書註縱橫自大也亦猶強梁鴟

有可觀也然今俗言尚以無所可觀稱之猶受莫助之取義也

、身手

法智語錄曰到處相逢到處樂通身是眼通身手杜詩云塞上健兒好身手今身手之說出此

鷄卵有骨

諺傳黃喜村雖位尊宰相然食數不足長顑頷故御批一日南門所入物貨盡賜矣適大雨無所入及暮有鷄卵一包來烹將食之皆有骨、方言壞也即㗇

巨擘寫手

孟子於陵仲子齊之巨擘今賣文之稱又寫手亦賣書之謂也

鞅掌

、條目
論語請問其目劉向傳校中秘書各有條目

題目
山濤傳甄拔人物各有題目杜詩天老着題目是也

、行不得
白居易問鵲巢和尚佛法大意師曰諸惡莫作衆善奉行白曰三歲孩兒解恁麽道師曰孩兒道得六十歲老人行不得也鷓鴣聲云行不得也哥、今難行事言之

無足可觀
尹東山以四柱錄入中原相之中原人題曰無足可觀皆以為不足以可觀矣忽一夜一脚自落即拜相有事業乃無足然後

践五國之盟后驚曰道士天人今背盟目盲之說出此云

、唐甌頭

今極上之謂也唐人作三層架篩羊毛最上層爲甌頭中層爲三升最下層爲㲪氌云

、領袖

晉史魏舒堂〻人之領袖後進領袖有斐秀今偏長謂領袖是

、步趣

莊子云孔子步顏淵亦步孔子趍顏淵亦趍今忘趍相合之語

、節目

禮記後其節目註節則木理之剛目則木理之精今節目之說出此

三尺判事則手重五斤 佔畢齋詩雪裡梅花雨後山看時容易
畫時難早知不入時人眼寧把丹青畫牧丹

食言

左傳云食言多矣能無肥乎今宿諾不踐約之謂也

、跋涉

詩云大夫跋涉我心則憂註草行曰跋水行曰涉

背盟目盲

綱鑑曰金之還宋高宗母韋太后也欽宗泣托曰吾不敢望爲
帝也願生還故土后盟曰若不如約當兩目俱盲及江南見帝
爲秦檜所蔽不敢言之忽盲以千金求醫不效有一道士自言
治之針刲一眼即明視物乃辭去后復請一眼道士曰留一眼

云堪笑朝廷鵷鷺甘作村莊犬鷄一日氷山大勢陽爆鑊煮刀刲又程松獻妾於韓而名壽松韓曰何與大諫同名對曰欲使賤名常達鈞聽甚矣奴婢尚人而爲鷄犬又同妾名尤鄙矣

〻膏肓

左傳晋侯有疾二竪居膏之上居肓之下是也近有人詩曰玄經已訖人誰詿丹訣終成病亦膏

〻效顰

莊子云師金曰西施病心而矉里之醜人效之後周史鄭偉性吃逐鹿失之問牧竪〻亦吃偉怒效已吃射殺之

〻喙長三尺

本出莊子盗跖篇而僉載云陸餘慶謬判決嘲云說事則喙長

梅花發忽到窓前疑是君盖發潑同音故也

叟高口入

俗釋叟音高口音入耳音歸顴音權洛神賦高權長頸是也註輔骨又臏韻書曰脛盖骨孫子臏脚是也俗謂鐘子骨也即髑就而行者腨音端今訛為端即人脛後肉長端只也尻註脊梁盡尻雕也東方朔所謂尻益高者鶴俛啄也今謂尻登里

方頭

芝峯曰今人謂拙者而古詩方頭不會王門事稗史言不通時

奴顔婢膝

抱朴子以為曉解若脅肩諂笑之譏也陸龜蒙歌奴顔婢膝真乞丐宋史韓侂胄於村莊聞鷄犬聲乃府尹趙師睪也有人詩

高麗今鐵石肝腸之說出此

、圭角

儒行曰毁方而瓦合之去己之大圭角而與衆人小合也註陶
者爲瓦必圓而剖分之故瓦合之則不失其瓦之質

百孔千瘡

韓文云百孔千瘡隨亂隨失

、足俗釋潑

鷄林類事曰高麗方言謂足曰潑我國政丞李澂欲眄家婢梅
花畏妻不敢適病卧內室而梅花上樓欲下澂瞰妻不在起持
其足妻卽入視之澂赧捨其足而顧曰我疑是君也後政院會
座南老星問澂曰我誤讀唐詩也澂問何句老星曰相思一夜

韻玉曰文章須成一家風骨今爲人豪俊之謂若風采也漢霍光傳天下想望風采又顧愷之頰上加毛神彩殊勝皆是也

、魚頭鬼面

剪燈新話余善文入水府事而今通用陸地又蓬頭突鬢莊子說劍篇俠客事而今通用賤漢蓋皆借言也

大體

丙吉傳云知大體今大體之說是也

、無腸公子

抱朴子曰山中無腸公子者蟹也今人沒知覺之謂也

、鐵石肝腸

皮日休曰宋廣平剛毅態狀疑其鐵心石腸及覩梅花賦清新

刼方来現在霎時香

、淨寒手

梵云軍持此云瓶常貯水淨手今淨寒手是也

脚指

北齊史李幼廉爲瀛州長史神武行部徵責文簿應機立成神武責諸人曰卿等得李長史一脚指否今責人當其一脚指是

吹毛覓疵

漢史武帝議推折諸侯王奏其過惡吹毛求疵今洗瘢索痕

擁腫

莊子云樗木擁腫不中繩墨匠者不顧盖不材之稱訛爲狹少

風骨

晉五行志曰魏造白帢橫縫其前名之曰顔後去其縫名曰無顔帢無顔者愧之言也懷慙不反天下愧焉今無顔之說出此

顔厚

書云顔厚忸怩開元遺事云王光遠慙顔厚如十重鐵甲是也

・小心

詩云小心翼翼蓋謹愼之稱也俗訛小音遭

安心

佛書二祖謂達磨曰我心未安請師安心坡詩只有身爲患已無心可安今安心與未安之說出此

、眼佛

炯菴李德懋曰東國俗謂瞳人曰佛故其詩云有佛瞳中觀小

一食粟容膝

孟子曰食粟而已唐有吃粟多之語弇州集有空蝗梁黍之語今鄉冨食粟之稱出此歸去来辭審容膝之易安今居室之謂

一衙站點心

俗謂朝曰衙站蓋朝閒衙之站也或曰俄寢言今覺也夕曰除暦言除今日之暦也中伙曰點心站剪燈新話好頓點心是也佛書以棗鎮飢火丶心也人必睡起警咳故謂起寢為咳嗽

一滕甲賊

芝峯曰有人偷滕甲不知所用乃帖額上出人笑之今竊取文字而誤用者謂滕甲賊

了無顔

辱人口屎

五代史慕容彥超凌高行周、、洹許宰相以屎塞口今辱人屎塞口之說出此

‥緩頰

漢史酈食其緩頰往說魏王豹今緩頰之說出此

、鷄肋

曹操所謂食之不可食棄之則惜今欲絶未絶之事言之戰國策曰川蚌出曝鷸啄其肉蚌合而箝其喙壬辰倭寇時天將劉綎詩云老蚌親陽爲怕寒野禽何事若相干身離窟穴珠胎損力盡沙灘翠羽殘開口却思開口害入頭方信出頭難早知俱落漁人手雲水飛潛各自安可謂善形容壬倭之鷄肋矣

十目所視

大學曰十手所指十目所視其嚴乎今衆目所觀之謂也

、手熟

賣油翁取錢覆葫蘆口酌油而錢不濕曰我亦手熟爾

、癡骨

晉史慕容超深自晦匿姚興與語大鄙之曰諺云妍皮不裹癡骨妄語爾今癡骨之語始此

、口腹之累

漢閔仲叔家貧嗜猪肝安邑令勅市吏買肝輒得歎曰以口腹累安邑耶今口腹之說出此又佛書曰法輪未轉食輪先轉今念佛無心齋食有心之語是也

後魏史李彬為中尉以木手擊罪人今誤以治木匠謂木手

丶福手

隋史賦役重徭丶自折支體謂之福手福足今誤謂多福者稱

丶好脚跡

唐李逢吉知貢擧榜未發而入相及第人皆就中書省見座主謂好脚跡門生令俗新人入門有慶事謂脚跡好之說始此

鍊腿

唐僖宗在藩邸好擊毬有鍊腿之語即今鍊脚出力之謂也

唾面

齊孟嘗君怒客復來曰唾其面唐婁師德曰人有唾面不拭自乾爾今怒人唾面之說古矣

平淮西碑曰萬口一談牢不可破今大同之論

、掣肘

說苑曰子賤為單父令借善書二人從旁掣其肘而書醜則怒之今凡事相碍謂之掣肘出此

恝視

孟子曰不若是恝註無愁貌今輕侮言之亦曰蔑視揚子云視日月而知衆星之蔑也註蔑微也即視大人則藐焉之藐

敵手

晉史曰謝安碁劣於謝玄賭山陰墅便與敵手今相敵之說出此即左傳匹敵之語也

、木手

、目不識丁

唐張弘靖責其軍曰爾輩挽兩石弓不如識一丁字正字通曰續世說一丁作一个因篆文个與丁相似傳寫譌作丁亦沒字碑

眼中釘

宋史丁謂貶寇萊公時人語曰欲得天下寧須拔眼中釘五代趙在禮為宋州罷去宋人喜曰眼中拔釘今快事用之

亡身

漢書焦延壽謂京房曰學吾道而亡身者必京生也離騷曰鮌婞直以亡身兮

萬口一談

足之用力大指最多手之取物中指為長故將指

、如反掌

孟子曰以齊王猶反手也文中子曰如反掌耳今至易事用之漢公孫瓚曰可唾掌而決九州岳武穆唾手燕雲今唾手可得

、桃杏膓

今大同一例之稱也言桃仁杏仁別無分揀

本来面目

傳燈錄曰道明求法於六祖、曰那个是明座本来面目

、奋

集韻音垪面大曰奋雜記南人詈北人為奋子今詈人靦然無愧沒廉恥者謂垪、之語出此

其祖答以閔子騫之後乃笑曰遥遥華胄我朝宗室有妓産者入侍上問其外家對曰臣本宗則金枝玉葉外家則路柳墻花按剪燈新話云路柳墻花人皆可折山鷄野鶩家莫能馴

、皮裡春秋

晉褚季野內有褒貶之謂也今心有分別之稱也

、研掌

藝術傳佛圖澄取麻油合燕支研掌中粲然有光童子見甲馬甚衆劉曜被縛狀俗語凡事分明指見謂掌上燃火之說出此

、駢拇

今詈人沒緊着之語也莊子駢拇枝指註足拇指連二指爲駢拇枝指手有六指也盖手指五母指食指將指無名指小指也

、權停禮
今記別每事臨時酌定之謂也若宋時權依閣之語而非也
、依例
左傳曰發凡以起例今凡例之說始也北齊楊愔曰才高不依
常例今依例前例之說出此
、貴骨
唐書東夷傳新羅其族名第一骨第二骨以自別東史羅俗以
王之貴族號為真骨用人只用骨品即葛文王骨正王太祖、
聖骨是也今貴骨之說出此
、遥〻華胄
今遠代有顯祖之謂也梁史何昌寓為吏部有閣遊求官者問

是也又根否德之說亦出於此朱子語類曰漢書引繩排根不附己者今人誤讀根爲根根猶云抵拒擯闔也引繩排根如以繩扞拒然吳楚俗謂牽引前卻爲根挌

、戚里

石奮傳云於上有姻親者居之故名戚里後因爲外戚之稱

、朝報 似出佛家語山谷與禪師書曰承教記莂是也

宋史王安石詆春秋謂斷爛朝報則宋時已有之今謂記別

問安

禮記文王世子問寢安否是也今安否之說本於此

、筮仕

今初入仕謂筮仕本出左傳畢萬筮仕于晉註初官也

見眞贗今眞贗之說始此

丶德色

治安策曰秦俗借父鉏耰慮有德色今要功謂德色出此

丶履歷

韻會曰經歷今為老南行官名而俗以多閱歷世故及根朔爵級謂履歷

丶啓事

今臺官論罪𥳑人謂啓事與山濤選才之啓異而名同與臧訖斬闕之誓同而名異又去挺去族本出春秋在宋書進準是也

丶根却

唐李紳屢為怨仇所根却李逢吉畏裴度根却之今罪人根却

孟子曰市廛而不征 又古井田開市故今謂廛市井

〻〻供養

佛書曰供養十方諸佛不如供養一心今齋食謂供養出此

〻〻軍市邊語

今軍門盲聽及市肆皆用邊語其類不一即矢不大仁不人王不枉罷不非吾不口衮不衣皂不白兌不允旭不日之語除字畫邊故謂邊語蓋謎語如閑館蹔屈為板戶公堂斫脚露离與荅人招以斑犬良賊趑竈空肚為敬當赴飲之語相似而不似

〻真贋

說文曰真仙人變形而登天也贋譌僞物也說林曰齊伐魯索讒鼎魯以贋往劉宋史法興為真天子官為贋天子韓詩居然

、騰踊

左傳晏子曰踊貴屨賤唐書云物價騰踊今翔貴謂騰踊出此

作俑

論語曰始作俑者其無後乎今始作謂作俑若權輿之語出此

本泉

今殖利者以本錢謂本泉卽貨泉之本也貨殖傳云子貸金錢韓文云男女質錢約不時贖子本相侔韻玉曰稱貸於隣家以治具山谷詩更當力貧開酒碗走謁隣家稱子本是也

、三顚

俗訛爲單骨卽酒單顚巫單顚是也乃小說所謂三顚

、廛市井

沒今誤以失錢爲乾沒然似陸沉之語同又失本息謂無利

、浮贅

皇明王錫爵疏有浮贅之説即漢書經贅亦浪贅冗贅之語也

、、所利所欲

易云不言所利又戰國策秦宣太后謂趙使曰妾侍先王、以一足加於妾身妾重不能支全以身委之不知重何也所利存焉孟子曰魚我所欲也熊掌我所欲也又固所願也不敢請

、年利

漢書富商大賈無所牟利註言如牟虫食禾

、榷儈

漢、史趙王彭祖傳註平會兩家之謂也貨殖傳節駔儈是也

一善事

後漢史帝謂任延曰善事上官無失名譽今爲賂遺權門者語

一喫棒

傳燈錄云洛浦在夾山做典座三年喫百頓棒後來大悟云斬新日月特地乾坤令俗被棒謂喫出此

一無麪

今吏道謂無麪者即無麪不乇之稱也

一乾沒

漢史張湯爲小吏乾沒與富賈田甲通錢註得利爲乾失利爲

孔恂爲別駕〻〻車舊有屛星如刺史車刺史怒欲去之恂曰別駕可去屛星不可去本屛星蔽簷也今訛爲別星

〻星火

李密陳情表曰催臣上道州司臨門急於星火今星火督促之說出此（又山中一叟詞曰公是戴畏內欲之訓誤假於細君〻〻滴水於地指曰[illegible]須爲歸若去遠則燃香卽招之此所以爲還家之驗今滴淚得還之說）

〻急〻律令

資暇錄曰律令是雷邊捷鬼善走與雷相疾速故符呪云急〻如律令宜讀令作平聲又漢行文書皆云如律令猶今星火后山詩云寧書下〻考不奉急〻符

〻歲抄

王制冢宰制國用必於歲之抄今歲抄是也猶歲末

凡事無所拘礙曰有何啓關乎或啓字乎關字乎

、曹司

鄭虔傳玄宗愛其才以不可曹司特設廣文館令居末謂曹司

我朝尹仁涵詩云登科三載後猶未免曹司每受無端責難堪

有口飢

、幫子

韻書註事物旁取之謂也演繁露曰衛士扈駕者名等子者誤

也謂其力舉千勻鼎當為鼎子今各邑京幫子似鼎子之訛

、草料

麗史忠烈王時遣諸道使督軍馬草料今列路草料始此

、別星

漢宣紀未燭厥理揚子雲旁燭無疆今洞燭即洞見之謂也

〻處分

韻玉活套曰處分晉史謝安却桓沖兵曰朝廷處分已定唐翰苑志云大問何大除拜大處分

〻分付

傳燈錄曰凌行婆問浮杯和尚盡力道不得底句還分付阿誰

〻號令

書曰發號施令班彪史曰號令溫雅唐李光弼爲朔方節度使一號令之

〻啓關

今官文書上牒下曰關下牒上曰啓皆墨打報狀行官也今人

漢淸河王傳孝之屛營揚雄註屛音平旁皇不安貌今疏章末皆書屛營之至本出於此卽莽傳怔營之意也

、施行

漢史章帝授曹褒以叔孫通漢儀十二篇曰今依禮條正使可施行令官帖照驗施行出此按居家必用照驗謂証明其事也

、行下

本出唐史及陸宣公奏議而朱子大全中公移文字皆用此語宋周密雜誌朝儀遊士無檢束風俗寢壞遂行下各州試于學

移文

漢薛宣勅屬縣文移孔穉圭有北山移文

、洞燭

、甘結

居家必用曰所願曰甘合從曰結謂心肯也今傳令私通

、令甲 蕭望之傳金布令甲

漢宣帝紀曰令有先後故有令甲令乙令丙學林曰甲主仁先後皆寬令亦庚主義先後皆嚴令亦故曆中甲庚性中仁義

、磨勘

今官事了畢之語而本范仲淹磨勘法也

、磨鍊

今朝旨每事磨鍊爲之即琢磨鍛鍊之意亦蘇氏演義云幹辦集事之謂樓羅也當時方語而今爲無經紀謂磨鍊

、屛營

古今詩話曰客謂張子野爲張三中即心中事眼中淚意中人

・易與爾

龍且曰韓信易與爾今輕人之語

、稠人廣座

三國志關張於稠人廣座中侍立終日又人海即陸海人多也

、守令謂遠

俗謂外任爲遠言遠地或曰願也人所願者內輕外重之謂也

・東軒

蘇子由謫高安創東軒號東軒長老坡寄詩云贈君一籠牢收
取盛取東軒長老來今官長政堂之稱雖出此而漢公孫弘之
開東閣唐詩之東閣官中梅則古矣

漢高紀大人常以臣無賴註狡詐也張釋之傳窘無聊賴江湖間謂小兒無利入於家曰云賴五代時高從誨爲高賴子

、破落户

水滸志浮浪破落户子弟聚梁山泊且盜藪俗謂梁山泊

、大方家

莊子云河伯曰吾長見笑於大方之家註猶曰大道朱詩曰剖破藩籬卽大家

大巫之前

吳張紘與陳琳論文曰小巫見大巫神氣殫矣杜詩不謂矜余力還來謁大巫俗謂大巫之前出此

意中人

如湯消氷無別有水知氷消者在我覺我亦復如是〻也

一窮措大

宋太祖謂趙普曰桑維翰措大眼孔小誰能措擧大事也佛書
李渤問歸宗禪師云大藏教明得箇甚麼宗擧拳示之李不會
宗云措大空讀萬卷書拳頭也不識又資暇錄曰窮措大

一老學究

宋太宗謂陳貽慶學究及第又王安石作字說悔曰欲変學究
爲秀才乃変秀才爲學究

一惡少年

漢史武帝伐西域七科謫發兵惡少年其一也

一無賴輩

、魚池間

忠州池重罭有魚鱗故賜姓魚氏今凡物不相遠之稱

、唐窮相

權石洲韠少時容貌美秀和吉唐人大賞歎之謂貴相後遊北漢僧寺、有附君堂神像醉打碎之唐人復相大憾以為天下窮相竟以詩案死謂唐人所謂窮相坡詩云天公戱人亦薄相

遼東豕

漢書朱浮責彭寵自伐己功之譬也

、水原旅

諺傳人有見一措大於水原店別無道德學識甚鄙之後聞有山林徵入聲望隆赫更見之乃水原店所逢旅也亦佛書所謂

蘇五

事類有蘇五奴者以貼婦取錢爲生計有輕薄子来即避座曰

但多與錢故今鬻妻者爲五奴自蘇始也即慈嶺女肆之類也

今人妻爲寄假者謂五匠里似五奴之訛也

一徐池床

壬亂倭奴来者徐姓池姓人始立並作法以無王稅故分半而

去作農者厚待謂其食床曰徐池從只

丶打作官

我京只有賭祖法倭奴始爲打作故今着役事者謂打作官

丶蠑川場

壬申賊洪景来蠑打蠑川場而起故今凡物壓破之稱

、高子

俗謂宦者謂趙高之子也百家名書云帶子之人性多毒忽戚之恐掐悔吝帶子如瞎子缺子跛子之類也今謂火者性急云羅俗以宦者謂火者盖以腎囊之囊謂火亦方語久矣

、王八

芝峯曰今中朝號娼女爲養漢的賭隨其美醜上下其價亦有本夫牙儈而取利者俗謂王八盖賤之也諺傳有人其妻每夜有來同宿者晝則不見本夫怪之乘夜伺察有人偃然與妻同卧問之曰汝誰答云我鼈點王八也夫曰我娶此妻所入不少王八曰我當備給卽與妻偕去其娶時所入居時所用具在房内故今王八債載在官文書

新豐府院君張谿谷爲 孝廟國舅規模儉約閫內飲食應供甚不豐厚內人輩笑而謂之新豐故今凡物不滿眼之稱

〻郭走

晉史曰石勒將麻秋胡性險有兒啼母輒恐之曰麻胡來即止今止兒啼曰郭走即驚惧之語也郭走者郭再祐父越兄弟與羣從以文章氣槩爲世大鳴以爲郭氏走字行謂當世畏服也非鼠名也

〻生八

墨客揮麈曰北都有妓女擧止生硬士人謂生張八魏野詩云君爲北道生張八我是西州熟魏三莫恠尊前無笑語半生半熟未相諳今謂冷淡不情熟者爲生八出此

長為巨濟府使時嶺伯特同時延命投刺而入妓笑之譬天地
分謂巨善歸猶國語禿者御禿跛者御跛眇者御眇皆不敬甚

、一葉清

明史成祖世宗新授浙江貪吏昇息惟錢塘知縣葉宗人以廉
明見重時號為錢塘一葉清今衆叢中特出謂一葉清

諺傳我朝　兄弟相繼為江原監司有善政至今
稱　而或以為是非之說

、成歡

今成歡驛呼為西漫者成歡為此驛察訪故驛人變音諱之

、新豊

項羽本記所謂沛公左司馬也今居間謗惡者謂曹無傷

、金德諴中衣底

醒翁金德諴清白為兵判尚服敝衣、底屢補故今衣補之稱

、貴達馬

我朝洪相貴達清儉位議政而馬不肥澤故今馬玄黃者謂貴達馬又鄉驛馬即鄉所乘馬長繫而不善秣故羸瘦馬亦云

、孝寧大君鼓皮

孝寧嘗至山寺以兩手打一鼓終日鼓皮盡鬆俗稱物之柔而無力者謂孝寧大君鼓皮今訛鼓為囊

、巨善牌

骨譜曰單白純六為天地分李魯在甚短為善山府使許秉甚

白文善爲書吏以虛文書欺人者甚衆故虛文書謂白文善
〻許璽許瑛
今虛事之稱也即壬戌獄事而又許璽別號宮東故或常瀆盟
辭謂許〻璽宮東者是也
〻竹所虛文
金竹所光煜文章華贍而不得爲文衡故今爲文虛工夫之稱
〻遲川堅
崔遲川屢當國大事若癸亥反正元宗追崇丙子講和等事〻
成後局外清議多咎遲川故今每事稱咎謂遲川堅〻者衆水
所歸俗釋堅音屈言地屈也猶說文土聚謂山〻釋音聚山也
曹無傷

許磁李芑搆殺士林今齟齬不近情之稱也
、袞貞監
南袞沈貞爲時賢所惡作甘同監之名
王將軍之庫子
剪燈新話元自實事而今守錢虜之稱
、斗德神
安瑭家婢名也寃死爲神
、曼石衆
松都高僧也松妓真娘初欲押之如夫鐵脚後仍合不顧人笑
啞故今始道終亂之謂曼石衆
、白文善虛文書

乃先隱身少選生與婢携酒至生欲犯婢丶固請先食相持久
之士呼曰國幹君何固執不聽乎俗謂固滯者謂國幹出此

丶張都監
水滸志張都監者與茂大妻潘金蓮宴樓上茂私擊碎故今打
破器皿謂張都監

丶雍齒
漢史楚將雍齒數窘辱帝丶所生憎故今有佗僕謂雍齒亦越
絶書所云鼠忘壁丶不忘鼠今越不忘吳之語也

丶潑洁
李潑李洁兄弟入法立獄凶死故刑人之稱也

丶磁芑

茂大
水滸志茂松兄今庸孱短小之謂也
諸葛亮初不入
野史兵判宋鉄妻妒將朝入內房盡鎖之公事急欲出不得
其婿洪暹穿窓紙問何入此鉄曰雖諸葛奈何還曰諸葛亮初
不入今初不入之說出此
〻耻〻瀆川
宗室漢川都正性貪鄙市肆賣買每多退還至以生鮮賣不合
於性即還索價故今詈人為耻〻瀆川而訛謂至〻下賤云
〻國幹
芝峯曰金生字國幹者與女僕私焉一日約于密地隣士知之

丶孫郎
江東方言也郎孫策今擾亂之稱也
丶王孫滿
左傳楚子問鼎周王孫却之今却之之語謂王孫滿
丶盜跖
賈誼賦跖蹻廉註跖秦大盜蹻楚大盜也跖本黃帝時盜名而
春秋時柳下惠弟亦謂也今爲凶悍之稱也
范彊張達
三國志殺張飛者今凶暴勇健之稱也
許褚
曹操將所謂癡虎者今身手豪健之稱也

扁鵲

史曰姓秦名緩字越人自鄭寓於齊之盧村號盧醫黃帝時名醫有扁鵲故今統稱神醫謂扁鵲哉 英廟晩年服人蔘湯謂建功或下教曰建功何功扁鵲何鵲

一張蒼

本傳云侍妾百餘人飮其乳故老而力不衰今賢氣剛者云

一巨正

俗謂心慮之稱也巨俗音居慮哉 明廟朝楊州民林巨正爲劇賊於西關先輩多以巨正爲憂言遣使者致勤斬之

一周處

其人患周處故今甚苦之辭謂周處

開卷一笑曰金陵市語云舉動則者字爲尚今衆人齊力呼者謂鵶圍聲

、擧木呼邪

淮南子曰擧大木者必呼於邪以相應齊力詩云伐木許〻今擧重者呼於邪是也

、瑀璠

栗谷二兄也每與栗谷並坐而栗谷門弟拜栗谷每瑀璠同受其禮門弟私相語曰非爲己拜而受之故今瑀璠之說出此

、弄參軍

樂府雜錄曰弄參軍始有贓濫漢和帝惜其才免罪每宴樂命優戱弄辱之故名爲今弄判之說似出於此

、苟且

漢宣帝紀云莫有苟且今呰窳謂苟且出此而晉史乞活之說也貨殖傳呰窳偷生註呰音紫弱疾也窳即懶人不能自起如瓜瓠在地不自立也亦今振起之語揚子方言呰矲短也

、孤生

漢張霸傳起自孤生致位郡守今孤露餘生是也

、達苦

芝峯曰小說舉重用力者先倡為號頭衆皆和之曰打號今築土者呼為達苦盖打號之訛也按秦築長城有魚遊河人多苦之歌故築土者呼魚遊河多苦盖多音訛達也俗謂打夯

、衆力呼者

、勤渠

漢書馬卿重賜文君侍者過殷勤史遷書御盃酒接慇懃而宋諱國祖名弘殷故改為勤渠又辛勤云

、架疊

續畫品云毛棱惠遠子便遠有餘真巧不足若比其父則牀上疊牀方之厥兄則屋下架屋今事上有事若雪上加霜謂架疊

打疊

韻玉曰俗用打疊亦凡事妥帖之意也

、出入

樂府云枯魚過河泣何時還復入作書與魴鱮相教慎出入今出入之說是也

異與中庸執兩端語異而同也蓋亦踐治之語也

第一、等

漢論功蕭何第一公孫弘對策第一左傳魯葵臧僖伯加一等

、皐比

左傳註曰虎皮也張橫渠贊勇撤皐比蓋尊者所座今教人物

第一屈指謂之皐比者疑此

、神奇

莊子曰萬物一也臭腐化為神奇、、復化為臭腐今神奇

、未經飾

傳燈錄曰五祖問六祖米熟未答曰未經飾今未經事少年之

說亦未熟也而事飾音同

、黖昧
玉篇曰深黑也韓愈曰黖就滅是也今曰暧昧
、沙汰
詩云沙之汰之莊子泠汰於物唐史沙汰僧尼
、不忿
韻書曰忿即噴字言甚怒不吐噴也杜詩不分桃花紅勝錦分
忿同亦用俗下文字今吏文供詞多有不忿語亦忿々之意
、赤憎
杜詠將前荷花詩赤憎輕薄遮人懷註猶生憎今訛為切憎之
、両袒間
事類曰齊女東家食西家宿而両袒之也與首鼠両端語同而

類似人語曰三郎〻當三郎〻當故名其驛爲琅璫驛

難當

唐李世勣爲亡賴賊爲難當賊今莫能當謂難當出此

、醫緩巫堂

左傳晉侯疾秦使醫緩爲之伊訓歌舞于宮巫風言巫鼓而舞

韻書曰巫祭謂之堂俗謂神堂是也

、典當

正字通曰凡出物質錢俗謂之當漢劉虞傳虞所賚賞典當胡

夷攢復抄奪之

、汨没

避暑錄曰今人言汨没當是浮沉之意杜詩汨没一朝伸是也

商皓歌燁〻紫芝可以療飢宋詩葱養丹田麥療飢

、療飢色

隋煬帝每視絳仙顧內侍曰古人謂秀色可餐若絳仙者可以療飢矣今色療飢之說與古賦初既與汝兮目成語相似

、歲饌進奉

風土記曰蜀俗歲晚餽問謂餽歲唐韋綬始進奉今歲饌進奉

、板蕩

唐太宗詩板蕩識誠臣本詩板蕩章也今板蕩末世之說是也

、郎當

五行志作琅當以鐵瑣琅當其頭也六書故其爲物連牽而重故俗以困重不舉爲鋃鐺唐玄宗小字三郎及幸蜀車上鈴聲

箕裘

本禮記語而今為世業之稱青氊本王獻之事而為舊物之稱

一高末

北齊史武成帝時游童唱曰高末丶丶蓋高氏之宗也今訛為高滿即止之語也

、么麽

王命論曰么麽不及數子註小也琵琶錄云綠腰即錄要樂工進曲錄出要者以為名誤為綠腰六么與么麽異矣

調度

趙充國傳謂度甚廣今日用謂調度出此

一療飢

初學記曰孤陋寡聞今獨學孤陋之說出此

〻鹵莽

莊子曰鹵莽而耕之鹵莽報予滅裂而耘之滅裂報予

〻山外

文酒清話曰孫山有周生者托山探得失山曰解名盡處是孫山餘人更在孫山外今漏榜謂山外之歎出此

〻無當

金樓子曰桂華無實玉巵無當註當底也今大無當之說出此韻玉活套曰亭當即十亭八當之語且的當勾當幹當皆方語

〻封不動

今金銀庫有封而不動者若富家留庫物謂封不動

春申君傳有毋望福毋望禍之說今不虞之事謂毋望此是也
、儱侗
北史謂宇文泰為儱侗壯士卽隷也不力之語也揚子倥侗註倥無知也侗未成器之人云則儱侗似倥侗之訛也
、糊塗
宋呂端大事不糊塗註鶻突也似當將方言今糊塗不分曉也
、塗乙
韻書曰改竄謂塗乙今寫字誤處刀刷亦塗乙之訛也
、抱負
儒林傳曰抱負墳典今才華抱負之說始此
、孤陋

、青景

俗語觀光之謂即光海京語青景遷徙是也

、父執

曲禮見父之執註父同志者

、、君臣佐使

俗謂凡事排定之謂也盖製藥以溫凉補瀉而首藥爲君次藥爲臣唐詩訪醫仍問藥君臣是也

、、客氣

天官書曰雲風天之客氣左傳冉猛客氣今客氣之說出此華嚴經斷除一切煩惱習氣今習氣之說出此

、、毋望

我之言吳人曰儂楚俗曰傀及吾子們俺田汝成曰南蠻稱人曰歹自稱亦曰歹猶晉之言咱楚之言儂也歹音多改切墨客揮犀曰賈魏公爲相有方士姓許對人未嘗稱名每言我時謂許我云古人稱名而今對大人稱小人對上官稱下官

、爾汝莫逆

莊子云子桑戶孟子反琴張相視而笑莫逆於心今莫逆交是也漢孔融與禰衡作爾汝交晉武帝謂孫皓南人好爾汝歌皓曰昔與爾爲隣今與爾爲臣上汝一盃酒令汝壽萬春

、膠漆

漢雷義陳重有管鮑之情舉茂才讓於重語曰膠漆自謂堅不如雷與陳今膠漆之說出此

空談而去謂說闊寡門

、行色 雷同 禮記曰毋雷同史記曰百里曰同言雷聲百里天同也

莊子曰車馬有行色註物景亦曰色

、行李

左傳行李之往来無不利焉註李理古通用即黃帝李法是也

今誤謂行裝

按筆

漢史班超事而今儒家武科之謂也

、指斥謂渠

韻書曰謂他人為渠儂焦仲卿詩雖與府吏會要渠永無緣杜

詩吟詩正憶渠字典曰俗謂他人為渠今謂汝為渠古矣蓋稱

韓愈詩妥帖力排奡今方言工穩成就皆曰妥帖又西北方言以墮爲妥杜詩花妥鸎捎蝶是也陸機賦或妥帖而易施註安

、健忘

莊子云氣下而不上則使人善忘列子引華子之忘明無心之極是也亦魯有大忘者徙宅而忘其妻又桀紂忘其身

、烏精神

燕岩曰烏望雲而埋肉表之出他來覓則雲已移去不知肉處故今無精神善忘謂烏精神

好風 風聞 漢書尉佗曰風聞老夫父母墓已壞以削註文曰風聞而去傳風聽 總言於市詐風采也宋孫奕示兒編之言

宋詩淸風来故人明史康海謂崆峒曰有何好風今客不速自來之語也金陵市語云嘲人不請自來謂吹木屑是也又笑彼

、時御所

倭國王殿源氏在天皇宮西不敢稱王只稱御所我國時御所

無謂也

、玉體

桓榮傳太子報書願君愼疾加餐重愛玉體盖本用尊體而今

惟用於聖躬耳又行幸謂擧動即親擧玉趾動作之謂也

、除拜

筆談曰除拜官職之除盖乘除之意也今除授是也

、定奪

居家必用曰所次事務之意也今自上處分謂榻前定奪

、安帖

漢史衛霍出征匈奴漢士卒物故亦數萬師古註言其同於鬼物而故也今爲死者之稱

、大故

檀弓曰非有大故不宿於外註大故謂喪憂

、扈從

韻會曰尾後從曰扈又註養馬者曰扈即左傳執羈靮

、侍衛

即漢時出警入蹕也今車駕出行呼安駕侍衛是

、小次

記曰大次小次註若今更衣所俗謂陵幸歇所謂小次周禮鄭註次謂幄也大幄初往所止居也小幄謂接祭退俟之處

石勒、指東晉謂白板天子

、黃腸白遏

漢史賜梁商以東園朱壽之器銀鏤黃腸註栢木心爲郭曰黃腸、、題湊是也今其物極品之稱也白遏之說亦出棺材也

、國恤

左傳云在昔夷羿忘其國恤今國喪之稱始於此

、昇遐

楚辭云載營魂而登霞兮註霞與遐同猶言適遠亦堯之升彼白雲舜之陟方乃死也曲禮曰告喪爲死之美稱莊子作登假

又今國葬謂因山出於漢灞陵因山爲陵而始也

物故

云到處生跡故作詩云慢呼小吏觧銅魚先寫黔陽借屋書我有芒鞋倂竹杖請丹山水不生跡

、孟浪

莊子曰夫子以爲孟浪之言註輕率諺傳仙鶴於天上見隴麥風起作浪勢以爲水浪下視之乃麥浪今無實虛荒言之

、困揣

唐史宣宗曰鄭光揣我不置今爲人所困謂困揣

、赤手

后山詩徑須赤手縛麒麟今白板謂赤手空拳

、白板

唐則天時封侯者衆鑄印不供遂以白板封侯又晉傳國璽在

、舍利

佛經註曰舍利子乃佛弟子名以其母眼似舍利弗鳥之眼即此間所謂鶖鳥其眼圓因以舍利稱其母此言舍利子若曰婦人舍利者之子也今改嫁謂後舍利即此

、撥皮

麗史元丞相伯顔目忠肅王曰撥皮言豪俠

、攔路

今豪俠誤入之稱也我 正廟謂凡事不熟者謂之生生以釋呼之山谷集註中州謂蜀人不遵軌轍者謂川蠚苴註泥不熟

、生踈

佛書云老宿有語生踈處常令熱熟我朝梁樸爲丹陽守其貽

十瞽一相

說文從木從目之謂相即瞽之杖也記曰瞽之先相倀倀乎何之註倀虎鬼也虎食人而奪人魂爲道之前行者也晋沙門曇瞿持一錫杖曰此是波若眼奉之可以得道人或藏之大哭開目須叟起而取之東詩云不夜常如夜非眠亦似眠若無三尺杖那免道傍顚今於人每事專恃謂瞽相

、十宵鏡鮮

俗謂難解之事今國家例以十盲祈禱故也

一盲者直門

三淵識山寺盲者詩云遠客来山寺秋風一杖輕直入寺門去四壁丹青明盖遠也杖也直入也丹青也皆用俗語而成句

今賤男曰奴又曰漢即光武指嚴陵狂奴桓温妻謂温老奴而始也武后問狄仁傑要一好漢佛經之羅漢而始也說文女之卑者曰婢俗音延又鄉俗傭者謂奴婢

、奴謂別監

芝峯曰霍光傳云受幸監奴馮子都今士夫家奴謂別監出此

、男衆女僧

梵語云僧伽史畧云四人以上名僧一人亦名僧我國俗言男僧曰衆即大衆普生也女則不曰尼而曰僧言從僧也尼媼曰菩薩本普濟佛號也今女老僧之稱

、盲鏡判事

俗謂盲者如盲之鏡無所見也又謂判事以盲者官故也

、八大君一翁主

世宗朝延昌尉安孟聃之公主也俗語少女奇愛之稱若三世獨子七十生男之謂也

、奴婢謂種

芝峯曰風土記云真臘國以野人爲奴婢俗呼爲種其國人詈呼爲種則恨入骨髓盖賤之也與我國方音同矣又國多二形人十數成羣惟矣按北史周文帝討諸獠獲生口以爲賤隸謂之壓獠唐史吐蕃之奴號嗢末後嗢末强吐蕃弱反附之

、家丁兀良介

胡人謂奴曰家丁故今謂勅使傔從爲家丁兀良介

、奴漢婢女

、曳皇帝

北史曰倭國王以天爲兄以日爲弟未明時出聽政日出便停理務曰委我弟芝峯曰倭皇不預政事惟享富貴國王號關白專管國政以尊事天皇故世謂無所事、者云曳皇帝俗謂倭爲曳者以曳踵也

諭書筒

道伯出行以教諭書納于朱筒騎馬者負而前辟行人今怙勢之謂也

、阿望尉

太宗朝平壤君趙大臨尚慶貞公主俗稱阿望尉今南別宫其家亦怙勢之稱

一、稼産兜

麗末元選童女而稼亭李穀入元奏罷故今村女子稱之如賈女之謂也或云麗季選嶺南男丁出軍而男丁不足以女人代充故謂假似那海又男偏女偏卽邉之訛也男人之人訛謂陳

一、判決事

我朝官名也今廢而俗謂善決事者云判決事

一官況

陸子履詩云若無官況莫來休韻玉活套曰與況情況佳況

一蟬聯

晉史王僧綽僧虔等歸位蟬聯文武相繼蓋名蟬相聯也今謂軒奕而與阿大語蟬聯不得歸則亦留連之語也

令良家子閑丁爲武士之號猶文士取禮之幼學爲稱也又今無所事丶者謂武閑良

、閭閻

漢史曰守閭閻者食粱肉今鄉曲謂朴京城良家謂閭閻舊矣

、所由

芝峯曰韻玉云唐進士有團司所由數十人卽保正而張平子請令所由將監觥村糴易憲府羅將爲所由未可知也

、執事

左傳曰敢盡布之執事今左右將命者之稱也

、似那海

麗朝李富春子名那海其貌甚美故以男子似那海稱之

唐人以進士爲先輩即荊南王呼梁震爲先輩又唐詩先輩匝中三尺水是也今士字爲先輩猶貴位公之類也

、先達

宋史檀珪求祿書曰僕一門雖謝文通乃忝武達俗以文武及第未官前稱先達者出此唐詩云朱門先達笑彈冠

、小人 左傳曰願以小人之腹爲君子之心鄒經曰小人學射於尹公之佗

芝峯曰燕北風俗不問士庶皆自稱小人今我國人對尊稱小人漢任尚代班超謂曰小人猥承君後卽李斯傳胥人是也

、武弁

說文曰覍也周曰弁孔氏曰士祭服韋弁卽戎冠故今謂武弁

、閑良

、使令

漢書史游急就篇曰萬方來朝臣妾使令韓文曰使令足於前今爲各邑軍奴之稱

、該色

該者當也今京司所當任者謂該曹該房是也色者猶方色之色本出麗朝崔瑀政色之稱而始也今外方該吏色吏是也

、有司

書曰不犯于有司論語則有司存焉今里有司之說出此

、自家

康節詩也能康濟自家身今任者自己之語亦宋時方語也

、先輩

磻溪曰親迎之禮雖國家行之而今士夫家因陋苟簡婚宿婦家故不曰娶妻而曰入文俗謂入文家之說是也

、下官

磻溪曰宋孝建中凡國官屬不得稱臣於其主改稱下官梁又定制諸王言曰令境內稱之曰殿下公侯言曰教境內稱之曰第下自稱皆曰寡人已下表疏如臣而不稱臣文書下郡官皆曰告

、九狼星

天機大要修井忌註曰九狼星牟家占井穴小耗星土公遊龍伏龍牛星猪胎馬胎羊胎是謂九狼今深居害人者為九狼神蓋天之隱星也在北斗塡星之間見則天下大亂云

左傳曰疏行首今各邑軍官行首之名出此

、郡倅

說文曰副車曰倅周禮戎僕掌王倅車之政趙充國傳倅馬什之今守令謂倅者叙以五馬也

、幼學

曲禮曰人生十年曰幼學疏幼者自始生至十九時鄭康成曰是十歲而就業也漢食貨志徑八分重五銖曰幼錢直二十

、秀才

賈誼傳吳廷尉聞其秀才召置門下韻會秀才之名始此後避光武名改爲茂才

、文家

但十分俻練狗皮餘半鞹行裝恰似御營事

、水剌薛里

芝峯曰我國鄉語不可解者謂御膳曰水剌謂內官曰薛里以奴稱主曰上典且奴婢収貢者謂達化主此則因胡元達魯化赤而訛傳云按水剌是需雅之訛又進食謂進支華音食爲支

、尚詔

磻溪曰秦時少府遣吏四人在殿中主發書謂之尚書今吏輩下屬尊吏稱尚詔尚主也詔令也漢山家吏布詔令

、公兄

今三公兄座首吏房戶長也諺傳牧隱從兄爲邑戶長故也

、行首

相與言故呼在殿下閤下足下侍者執事者而先與之言因卑達尊之義皆謙辭也因話錄三公開閤郡守比諸侯故稱閤下

。案前衙前

俗謂官長爲案前言對官案之前也謂吏爲衙前言衙門前任使之稱也近世有前行郡守者牽羸馬步至素沙坪逢一人問其姓名則曰金錫胄問其所業則曰老退衙前其人呼己必曰生員又問成歡察訪誰某則曰朱萬里問其家則曰遠在千里問有衙客則曰三分問能讀書否曰但十分蓋方語女壻門謂濕故也仍上馬馳去其人見狗皮俗練笑曰行色必是御營軍故韻其酬酌語爲詩曰碧莎長路素沙濱浪跡相逢日西曛老退衙前名古相曾經郡守號生員督郵萬里家千里冊客三分

我國最重都承旨之官言總角貴爲都令公也猶唐之秀才本科名而今又爲總角之稱也李翺年十二丙亂入胡自名都令

、閨秀處子

晉史顧家婦閨房之秀故今爲未適人之稱香山詩養在深閨人未識亦曰閨養又孟子曰東家處子田單傳曰始如處女

、內人姮娥

唐詩謂宮女爲內人即秦京記宮人葬處內人斜是也今內人相尊稱爲姮娥者以比月宮姮娥也

、足下閣下

風俗通曰晉文公思介子推割股之恩斮其屐於門上常曰足下云盖不忘舊也秦史天子曰陛下自始皇始也註羣臣士庶

也即治野人之君子而南行者居東西班之南以賀班言也寒散者寒門散班之謂也非六曹正班皆散也亦伽藍記所云石崇庶姓猶能畫卵雕薪也俗諺中國之女倭國之僧朝鮮之士夫於天下無爵而貴者然明太祖所謂伏釰東来其先不知便是快活底英雄男兒也必用曰品官謂九品正從者今鄉品班

、抹樓阿只氏 (小說作媽媽)

老婦人稱抹樓言粧抹樓下也猶閤下足下之義今男子或稱爲令監抹樓大監抹樓進賜抹樓則亦男女尊待之統稱也阿只氏幼少之稱即兒之謂也今爲新婦之號而近年大君生未百日而夭記別云大君阿只氏卒逝則亦男女幼少之統稱也

、總角都令

、當宁

曲禮曰當宁而立謂宁門屛間也亦今上之稱

大家

韻會曰漢魏以来宮中呼官家爲大家

、今上上監

馬史指斥天子曰上武帝則曰今上今上之稱始此我國或稱主上爲上監盖令監大監之上也咸昌有上監池土人謂伽倻王池故曰上監池則上監之稱亦久矣

、士夫兩班

周爵有大夫士之稱五代史有文武官爲東西兩班之號今士夫兩班之說始此澤堂所謂我國兩班不耕不役終身閑逸是

魏文帝詔曰三世長者知飮食佛書有舍衛國給孤獨長者斯
訶條國大富長者是也今富者謂長者出此
今名士古佛
佛書曰語瞿曇謂古佛釋迦謂文佛俗謂長老為古佛即孟思
誠為孟古佛是也稱人父親亦曰古佛乃尊之辭今名士古佛
令監大監
我國俗無官者尊少之稱為書房言在讀書房也即書生之謂
也尊老之稱謂生員言假終場生員也有官者稱進賜即中朝
老爺之說也堂上者稱令監言尚書令秘書監郎郭令公裴監
是也大監之稱宋有胡大監而非宰相之稱皇明宦侍貴者稱
大監其領黃門監而然今宰相稱大監者其效皇明語而然歟

山有丈人峯呼妻母爲泰水不知出何書也按樂丈又氷丈樂廣故也青城山記曰青城山爲五岳之長名丈人山故呼婦翁爲令岳妻之伯叔父爲列岳又爾雅曰妻之母爲外姑今謂丈母以丈人峯故也

丶先生弟子

論語曰先生饌管子曰弟子職又論語曰吾從先進後生可畏又易師卦弟子輿尸則弟子之稱最先也

丶老爺阿父

陸務觀筆記曰俗謂父曰老子所謂大范小范老子蓋尊之爲父如宗爺岳爺是也中朝稱尊貴曰老爺我國稱宰相曰阿父

丶大富長者

陳後主云女夫乃是兒例劉禹錫文曰命我長嗣爲君半子今謂婿爲半子始也朱邑傳陳平雖賢須魏倩而後進註齊魯閒婿謂之倩言可假借也

〻阮丈何咸

蓋出晉阮籍阮咸叔侄也今謂人侄爲阿咸則可陳后山詩從昔竹林雖小阮至今未可棄山王是也謂人諸父爲阮丈則不可欲其賢待而改其姓乎或自尊其諸父謂吾阮丈尤不可

〻渭陽

詩云我送舅氏曰至渭陽晉史袁堪請謝重曰無渭陽情是也

〻丈人列嶽

易師卦丈人註尊臨之稱歐陽公曰今人呼妻父爲嶽公以泰

于也侄謂族兒者亦從兒之訛也

稱兄稱弟

通論曰口儿爲兄儿者人在下以兄教其下也曲禮曰僚友稱其弟也今人敬人稱兄遜已稱弟者出此

私尉

通鑑解註漢武帝置掌御馬駙副也非正車駕皆爲駙馬魏晉尚公主者加之俗謂禁臠趙葵雜錄云皇女爲公主其夫必拜駙馬都尉故謂之駙馬宗室女封郡主者謂其夫爲郡馬縣主者爲縣馬不知何義國婚曰都尉家婚曰私尉又宋俗謂駙馬爲粉郎其兄謂粉昆韓忠彦兄嘉彦是也

、半子

芝峯曰俗謂父曰阿父謂母曰阿孃疾痛則呼阿爺驚恐則呼阿母即馬史所謂疾痛慘怛未嘗不呼父母之義也閩人呼父為郎罷呼子為囝、音銑、阿謈

東方朔傳郭舍人榜不勝痛呼謈註謈音暴今人痛甚則稱阿謈、痛冤聲

揚子方言曰吳人謂赤子曰㜷孲今呼小兒之稱、㜷孲

說郛曰東人方言以弟為阿兒或謂我亞云解早呼兄為阿于、阿兒

若中國人呼哥、也于似哥之訛又尊辭即羅時尊其臣謂阿

芝峯曰俗釋君字曰尼音今此語本出新羅時以多齒爲賢嚙
餅以試之推爲君號尼師今而中葉以後稱某王者仍其舊也

、君

儀禮君至尊也註有地者皆曰君而夫人稱君詩我以爲君也
子稱父母卽易家有嚴君也子孫稱先世孔安國傳先君孔子
也凡稱弟東坡謂卯君也妾稱夫內則君已食徹也婦稱夫古
詩十七爲君婦也夫稱婦東方朔之細君也上稱下申屠嘉傳
上曰君勿言也婦人封號史記尊臧兒爲平原君也彼此通稱
穰苴傳百姓之命皆懸於君也又成德之名論語不亦君子及
隱士爲徵君守宰爲使君之類亦多

、阿爺阿母

方言類

、漢捺天

說郛有鷄林類事天曰漢捺愒以為易言隤然在下謂地今釋地音似墮之訛也

、羅日

韻玉曰女真人呼日為圓羅曜外國呼濯羅曜今釋日音羅日

、火年

廣東通志曰古人一年四時改火今瓊州鄉音謂一年為一火或為之化今釋年音謂諧似火之訛也猶梵言一年為一白傳燈錄我止林間已經九白

、尼音今君

行商聯句

諺傳騶陽之起廢也私錚郊外暮投店宿夜晩有行脚商五人入焉曉忽一人曰店曙風景正宜聯句即曰行人秣馬茅三鷄一云十里平橋霧樹低一云良人販豆京師去一云少婦舂来月欲西其一評曰欲明未明之際惡少年有可笑之事騶陽聞之心動馳入京師則若差一時局勢傾云亦趍利者之警也

申聞鼓

明史有登聞鼓而我　太宗壬午設之冤者擊以訴之後移置闕内應劭曰尭設進善旌於五達衢立誹謗木於橋梁柱以書政治愆失也今匿名而詬天罵曰故禁之肺石多髮怨緜婦故廢也

焉鍾乃大矣以家量貸而以公量收之公量似今官斗、、之小於家量古矣又今市升號火印以家量三升爲火印一升則市升又大於家量也是以升平不滿斗

分財執籌

文子曰使信士分財不如定分而探籌此今執籌、板之始也

吹篪乞市

范雎傳曰伍子胥膝行蒲伏鼓腹吹篪乞食吳市今乞人吹簫是也

牙儈

中山詩話曰古稱駔儈今謂牙劉道原曰本稱互郎主互市唐人書互爲牙訛也安祿山傳互市牙郎是也

謂震人背市中用小斗之字矣

## 三陟銅尺

磻溪曰此乃 世宗朝布帛尺半其所刻年號月日俱在制造極精細入秋毫蓋當時旣齊律度鑄銅尺遍藏於各司各邑史庫名山而屢經兵亂今無存者唯幸保於此府人亦視為尋常未久又将埋沒可歎今公私所用布帛尺較此更加七分強又曰今京中水標橋所竪水標石刻周尺與 世宗朝周尺相準

## 官斗市升

律曆志竹管皆謂之龠惟黄鍾之管實以黍米容千二百黍合龠為合十合為升十升為斗十斗為斛左傳齊舊四量豆區釜鍾四升為豆各自其四以登於釜、十為鍾陳氏三量皆登一

鳴而散人從之多得異物云余見皇城為夜市按唐詩云鐵馬乘旗穿夜市

摸錢標

元魏史行臺給券當中竪裂一支給有功人一支送門下防巧僞也註支券也韓詩異日朝對舉當如合分支註今時人謂析產符契為分支帳是也今北商松人摸錢標實出於此

倭館銅斛

隋史趙煚為冀州刺史以市多奸詐置銅斗鐵尺於市人便之我國給倭館米每以盈縮相爭朴文秀為御史作銅斛按漢律曆志曰凡律度量用銅者名自名也同天下齊萬物也其為物至精不為燥濕寒暑變節不為霜露風雨改形則無龍城集所

## 、都沽

漢武帝紀榷酤註說文云榷一木渡水即杠也喻官専其利靈帝紀豪右辜榷馬一匹至二萬百註辜障也榷専也障餘人買賣而自取其利我國自道光世富商牟利買物盡取秪開數屢貴賣之謂都沽俗謂僜廛至盐米果蔬魚燭之屬雖豊而翔貴積而野殘蓋官榷而民有病况商沽而國不傷乎詩所云無封靡于爾邦也謀國者所當先知之

## 、何樓鬼市

周禮司市以度量成價而徵儥註徵召也儥古鬻字物有定價買者來也白眉故事云宋京師有何樓其下所賣物多假僞故今物不精好曰何樓者此也芝峯曰番禺有鬼市夜半而合鷄

市亦通外國之大都會也

穴假家

我國舊例凡物皆於鍾樓廛外不許賣買或私相交貨謂之亂廛沒其財刑其人雖蔬果塩醬亦然蔡相濟恭奏開穴假家雖便於細民而廛人無利云

擡估

五代時王章命有司高估其價丶定又增謂之擡估又減價謂降省估高士傳嚴光口授使者嫌太少光曰賣菜乎求益也今菜市加捧亦古矣趙廣漢傳爲鉤距得事情註鉤致也距閉也如欲知馬價先問羊價牛價之類也如鈎鉤之有距吞之則順吐之則逆使人入術中而不能出以鉤索本情也今驅儈之例

羅史印覿以為攬賣縣還署調、曰天也何受焉覿曰然則還汝穀並棄於市、官以聞賜二人爵、所以勸善也

槐市朔望

漢元始中即太學為市列槐數百行諸生朔望會市揖遜云若我國行此例會策問其郡物貴賤士之賢愚政之得失因好

都會

擇里志曰漢陽則蓉山麻浦忠清道則江景內浦則貢稅湖由宮浦廣川聖淵全羅道則江靈法城沙津慶尚道則七星浦平安道則大同江清川江黃海道則長山串江原道則興元倉元岩咸鏡道則元山島為大都會而商賈之言曰一元山二江景三草嶺朝北又開城平壤安州通燕路東萊通倭國會寧鐘城通交

東羅炤智王始置今鄉謂之塲星湖曰鄉邑虛市漸盛方數千里內無日不塲此遊手利也然不必禁抑依古亥市之例凡國中之市必令同日則其不急者自廢此亦紓民之一策也今斗升量尺京鄉官村各異若同律度量衡則牟利輩不逐日往遊

搨地錢

唐食貨志云茶商所過諸道置邸以收稅謂之搨地錢今塲地稅也

月收

王莽傳予民收息百月三註出百錢予民用月收其息三錢也今月收錢始此而又有日收

讓辭賜爵

也栗谷告我　宣祖曰我國之大比中國不及一道而官職反少於我國、、則太冗也郡邑過多或有坐守無民之地者生之者寡食之者衆請內而各司可倂者倂之外而列邑可合者合之只存有掌之官悉捐不急之員庶朝無倖位民有餘力矣

田宋至漢

東方之闢最晩我朝以年代計之當兩漢以規模考之近南宋何哉以議論治國故是非爲偏色以文具爲禮儀故貨實爲浮費外寇不侵而內自削弱年穀屢登而民多貧餒將迴宋至漢惟浮議浮費是務去其實政實德亦自成不止於漢後於道矣

亥市同月

原覽曰遂皇始設市肆吳蜀俗謂亥市者如痎瘧間日作也我

礌溪曰栗谷言一族切隣之弊一也進上煩重之弊二也貢物防納之弊三也役事不均之弊四也吏胥誅求之弊五也弊奚止此田不改量而陳荒收稅釋教尚存而游民不農不時之需辦於市人無名之稅重於貢賦從母之法良民盡爲私賤冗官尚多浮費尚廣民户漸縮郡縣太多然以田出兵則一族之弊除矣御供恒定則進上改矣吏數有定而有廩則誅求革矣按今進奉之門惟 聖上開之奈何

省事清心

晉史荀勗曰省吏不如省官〻〻不如省事〻〻不如清心耶律楚材曰生一事不如除一事唐陸象先曰天下本無事但庸人撓之耳蓋古今識時務之不易規模語也清心者寡欲之謂

## 選賢論色

歲歉矣一穀之登有以救地廼矣一城之固足以守世雖降而人之賢亦如之我國只以八道全羅則自麗祖以山水之背棄之北道以豊沛舊社棄之兩西以弓馬之鄉棄之松都又以殷頑棄之惟湖西嶺南是不棄而老少南北錯綜於其中選舉科宦者不問賢而惟老少南北是論則賢者獨出於老少南北之中乃可爲救歲之穀守地之城矣噫或備色錯望而謂公道或選後漏色而謂私情則公私秪在於色不在於賢賢者當以寧有老少南北之色不可有老少南北之心可也子夏曰賢賢易色雖曰未學吾必謂之學矣

## 時弊

、蕩平

老論首相洪致中少論首相趙文命唱蕩平之論蕩平者宋之調停也洋學是以有蕩平碑而宋寅明金在魯仍用事諺云趙宋乾坤金粧飾 今上甲寅冬碑有汗流越乙卯老少有伏閤焉

、厓鶴洪蔡

南人中又分柳成龍號西厓金誠一號鶴峯兩家子弟以俱為退陶門人爭首弟子謂厓鶴或鶴厓若葛王驢馬之辯也又有尒濁〻以許積尒以許穆洪則洪羲浩蔡則蔡濟恭

、湖洛時僻

老論中又分湖以韓元震李柬洛以李縡時也洪鳳漢僻也沈煥之金鍾秀云

皆名北人以山海家在京也鰲城嘗晩到政院而戲曰今朝来路見僧與俗鬪僧執俗髻俗執僧囊是也

大小北

主張廢母論者爲大北小歧貳者爲小北大北以爾瞻爲首而許筠韓纘男李惺白大珩等補之小北以南以恭爲首而奇自獻朴承宗柳希奮金藎國等以以恭攻斥廢母論爲多補之其中又有骨北肉北皮北中北之號而洪汝淳爲骨北領袖

老少論

西人中又分老論以金錫胄金萬基爲首宋時烈金壽恒壽興閔維重鼎重右之少論以趙持謙爲首韓泰東吳道一南九萬尹趾完朴泰輔崔錫鼎和之

吉許對李潑等以孝元家在京也西人推沈義謙朴淳鄭澈尹斗壽根壽具思孟等以義謙家在西也此乃我國朋黨之始我先祖拙修齋答林滄溪書曰以士類而攻勛戚以勛戚而攻士類其無補於國而同歸於私意則一也 宣廟至義州下詩於政院曰國事蒼黃日誰能李郭忠去邠存大計恢復仗諸公痛哭龍灣月傷心鴨水風朝臣今日後寧復各西東噫唐文宗所謂去河北賊易去朝廷朋黨難是也

南北

東人中又分南北於是右柳成龍者李元翼李德馨李睟光尹承勳李光庭韓浚謙皆名南人以成龍嶺南人也右李山海者柳永慶奇自獻朴承宗柳夢寅朴弘耈洪汝淳任國老李爾瞻

之乎當先問死者罪而無罪然後以無冤錄復讐狀論之可也

東西

後漢有南北部此黨之始也宋史元祐末明堂降赦臣僚賀訖欲往奠温公伊川曰子哭則不歌豈可賀才訖却吊喪客有曰未聞歌則不哭東坡遂以語戲伊川遂有洛黨蜀黨朔黨之名洛以伊川爲首朱光庭等爲輔蜀以東坡爲首吕陶等爲輔朔以劉摯爲首而輔者尤衆惟吕大防秦人無黨范祖禹師司馬光無黨論者以蜀爲侵陵之兵洛爲應敵之兵朔爲自守之兵劉元城所謂惟願士大夫有此名節不願士大夫有此門戶是也擇里志曰沈義謙枳金孝元銓郎 宣廟癸未甲申間東西名號始分東人推金孝元柳成龍金宇顒李山海鄭芝衍鄭惟

# 松南雜識